Truth In Fantasy 59
剣の乙女
戦場を駆け抜けた女戦士

稲葉義明とF.E.A.R. 著

新紀元社

剣の乙女
戦場を駆け抜けた女戦士

目次

はじめに 6

第1章 戦場を駆け抜けた女性たち 9
 ジャンヌ・ダルク 10
 巴(巴御前) 28
 アン・ボニーとメアリー・リード 36
 リディヤ・リトヴァク 46
 カラミティ・ジェーン 56
 ナージェジダ・アンドレーエヴナ・ドゥーロワ 64
 鶴姫 72
 ラクシュミー・バーイー 77
 山本八重子 86
 甲斐姫 95
 佐々木留伊 100
 神功皇后 105

第2章　勝利をもたらす美しきリーダー 111
　　　エリザベス一世 112
　　　カテリーナ・スフォルツァ 124
　　　武則天 136
　　　ゼノビア 146
　　　北条政子 152

第3章　神話・伝承の女戦士 161
　　　ヴァルキューレ 162
　　　ケルトの戦の女神 171
　　　ヘルヴォール 182
　　　ユディト 190
　　　メデイア 197
　　　ペンテシレイアとアマゾンの女王 204

第4章　戦に臨んだ女神たち 215
　　　ティアマト 216
　　　イシュタル 224
　　　ドゥルガー 230
　　　カーリー 236
　　　アテナ 242
　　　アルテミス 248
　　　アナト 252

第5章　物語のなかに描かれた女戦士 261
- ブラダマンテ 262
- 貂蝉 274
- 木蘭 280
- 九天玄女 284
- エオウィン 288

- 索引 296
- 参考文献 298

コラム
- ジャンヌの宗教裁判 26
- その他の女海賊 43
- 会津娘子隊 94
- ハイ・バ・チュン(徴姉妹) 110
- 唐代の後宮 140
- 平妖伝 145
- ボーディケア 160
- アーサー王伝説の魔女 181
- 女狩人アタランテ 214
- 七母神 241
- シャルカ 260
- 巾幗英雄 283

はじめに

　日本の若者向け創作物の多くには、人気あるキャラクター類型として戦うヒロインが登場します。

　剣を、銃を、あるいは魔法や不屈の意志を武器に、男性のキャラクターと肩を並べて勇敢に戦う女性たち。従順でおとなしい古典的ヒロインを押しのけて桧舞台に立った彼女たちは、いまやヒロイン像の主流として、映画、小説、コミック、ゲームの中でたくましく活躍しています。

　もはや創作物において欠かせない要素なのではないかとさえ、思われてくるほどです。もちろん、戦う女性の姿が、読者や視聴者からとても強く支持されているからこその現象です。

　最初に申し上げたとおり、戦いに身を投じるヒロインは、日本の創作物に非常に多く見られます。しかし独特の傾向であるかというと、そういうわけでもありません。海外にも、勇ましいヒロインが大活躍をする作品は少なからず存在します。戦う女性は、汎世界的に好まれているヒロイン像のひとつなのです。

　この"戦う女性"を、近代の娯楽志向の作品が生み出した荒唐無稽なキャラクター像と考える方もいるかもしれません。ですがそれは誤解というものです。ジャンヌ・ダルクを例に出すまでもなく、戦争や戦闘に関与し、歴史すら大きく変えてしまった"戦う女性"は、実際に昔から存在しました。女戦士、女傑、悪女、女王。さまざまに評されながらも、男勝りの勇敢な振舞いで人々の記憶に名を刻んでいる女英雄は、世界の各地域に一人や二人は必ずいるものなのです。

　一般論の上では、女性は身体的、精神的に血みどろの闘争に向いていませんし、好みません。それが要求される軍事や政治の世界は、歴史上長く男性の領域でした。けれど、これらの領域に参戦し、男性に伍して活躍した希な資質を持つ女性は、その行いを長く語り継がれることになりました。人々は実在した女戦士たちを英雄視して、逸話に好んで聞き入ったのです。現代の創作作品の戦う女性を応援する心理に、近しい心境だったはずです。

はじめに

　神話・伝説の、そして実在の女戦士は、現代の戦うヒロイン像の直接の祖先なのだといえます。ですから戦うヒロインにあまり違和感を憶えないばかりか魅力的に感じ、その活躍ぶりを知りたいと思うのは、ごく自然なことです。なんといっても女戦士は、古い起源を持つ魅力あるヒロイン像のひとつなのですから。

　しかしここでひとつ注意を促しておきたいことがあります。本書のヒロインたちを見てもらえばわかることですが、彼女たちの中には、望んで闘争に踏み込んだ者はほとんどいません。女戦士は、ほぼ常にやむをえない事情から、戦いに身を投じます。もっと具体的にいうならば、何かを"守るため"に戦うのです。祖国や生命、自分の生活のためなど、動機は各人によって違いますが、自分から奪うため、侵略のために武器を取ることは本当に希にしかありません。

　守るための戦いは、往々にして悲しい結末に終わります。武力の行使を厭う者は、厭わない者にいつかは敗れます。現実は苛酷です。

　ですから女戦士の物語は、それが現実を反映していれば反映しているほど、悲劇的になりがちなのです。

　しかし美しい女戦士たちの伝説を好む人々は、それに満足できませんでした。物語の結末は、いつだってハッピーエンドでなければならないのです。彼女たちをモチーフにした物語は、語り継がれていくうちに少しずつ形を変え、最後には人々が望む美しい結末を迎えるようになります。そうした発展形の到達点が、今日の娯楽作品群にて痛快な活躍を披露する、強い女性たちなのです。

　本書はこうした女戦士たちの原型を紹介しています。そして最初から順を追って読めば、彼女たちが、どのようにして偶像化、神話化されていったのかがわかるような構成になっています。もちろん、個々の格好いいヒロインたちの逸話を素直に楽しむのもいいでしょう。

　長年にわたって世界中の人々を魅了したヒロインたちが、あなたをも魅了してくれることを願います。

　　　　　　　　　――――稲葉義明

第1章 戦場を駆け抜けた女性たち

歴史上に存在したといわれる、実際に武器を手に闘争に身を投じた女戦士を紹介しています。その生涯や活躍の舞台は千差万別ですが、男性ばかりの戦いの渦中に咲いた一輪の花として、その颯爽たる戦いぶりを語り継がれた女戦士ばかりです。ですが彼女たちは、現実の風当たりを一番強く受けた人々でもありました。

SWORD MAIDEN

駆け抜けた救国の乙女
Jeanne d'Arc
ジャンヌ・ダルク

- ◆地域：フランス
- ◆時代：15世紀（英仏百年戦争末期）
- ◆生没年：1412年1月(推定)〜1431年5月30日
- ◆出典：同時代の年代記、日記など

絶体絶命の祖国を救った"乙女"ジャンヌ・ダルクは、女性戦士の原型的な存在である。平凡な村娘でしかなかったというのに、ジャンヌはまさしく神に遣わされた者のごとくフランスを再建に導き、そして役目を終えると足早に世を去った。活躍した期間は僅か2年。この英雄性と悲劇性こそ、戦う女性が大なり小なり背負う、宿命的な業なのである。

 ## 忘れられた救国の聖女

　女性戦士と聞いて、まず八割の人が脳裏に思い浮かべるイメージ。それはものものしい甲冑をまといながらも兜は被らず、毅然とした若々しい風貌をさらしている乙女の姿だろう。彼女はまれに剣を手にしていることもあるが、大抵は旗を持っている。旗を携え、兜を被らないのは、彼女が力をもって他者を圧する者ではなく、その存在で他者を導く指導者であることを暗示している。

　この少女のイメージこそ、多くの彫像や絵画に描かれているフランス救国の聖女、ジャンヌ・ダルクのものなのだ。

　だが現在でこそ知らぬ者のない——フランスの街角にはしばしば銅像が見られ、無数の文学に登場し、その名が教科書で紹介されるほどポピュラーな英雄像である——ジャンヌも、ナポレオンが19世紀初頭に国家団結の象徴として賛美するまでは、フランスにおいてさえほとんど忘れられた存在だった。

　ジャンヌ・ダルクは、祖国をイギリスの侵略から救い、フランス王家を再び国土に君臨させた立役者、救国の英雄だ。その彼女が、なぜ歴史の彼方から"発掘"されねばならぬほど忘れられていたのか。

　その理由は、ジャンヌという存在自体が宿命的に負っていた悲劇性の中に隠されている。ジャンヌ・ダルクの生涯を追いながら、その秘密に迫ってみよう。

百年戦争末期の混沌～引き裂かれたフランス

　ジャンヌ・ダルクという救国の乙女の物語は、当時フランスとその王家が置かれていた、混沌とした情勢を抜きにして語ることはできない。

　彼女が活躍したのは、歴史家によって「(英仏)百年戦争(1337～1453)」と名づけられている時代の末期にあたる。このとき、フランスは衰退の極みにあり、イギリスによって併呑される瀬戸際に立たされていた。

　事態がここまで悪化した発端は、フランス王シャルル6世(1368～1422)の発狂という不幸な事件にあった。シャルル6世は賢明な王であったが、こうなっては国政を担うことはできない。すると国王の側近で、もともと政敵どうしであったオルレアン公とブルゴーニュ公が武力を伴う対立を始めてしまった。ブルゴーニュ派とアルマニャック派(オルレアン派)の激突、そして情勢次第で自分に都合のよい派を利用した王妃イザボー(王太子シャルルの母)によって、フランスは国内を二分する内乱状態に陥った。

　戦争が激化するにつれ、両派は公然とイギリス軍に援軍を求めるようになっていった。イギリス王ヘンリー5世(彼の没後は王弟ベッドフォード公)はこれを勢力拡大の好機と見て、フランスに派兵。かくして内乱のさなかという最悪の時期に、中断されていた百年戦争が再開されたのである。

　そして1415年10月、アザンクールにて歴史的大敗を喫した王太子シャルルとアルマニャック派は、フランス北部での地盤を失い、南部に亡命せざるをえなくなった。

　この結果を受けて、ブルゴーニュ派はイギリス軍との同盟に踏み切った。そして1420年、フランスの王冠をイギリスに売り渡す「トロワ条約」が、イギリスとブルゴーニュ公フィリップ(善良公)の間で結ばれたのだ。これは英仏両国の王冠をヘンリー5世のいずれ誕生する嫡男の下に統合するという内容であった(このときヘンリー5世は、フランス王家の血脈を迎えるためシャルル6世の娘カトリーヌと結婚している)。南仏に退避していた王太子シャルルは、不在のまま、一方的に廃嫡されたのだ。

　しかし不幸中の幸いというべきか、その二年後、ヘンリー5世と狂王シャルル6世が相次いで没する。混乱のフランスはイギリスを加えた三派が割拠する地となった。

　英仏両国の王冠を約束された幼王ヘンリー6世を戴き、ノルマンディーを本拠として北部と南西部フランスを支配するイギリス軍(実質的な指導者はヘンリー6世の叔父、ベッドフォード公)。フランス貴族でありながらイギリス軍と同盟を結び、フランス北東部を支配するブルゴーニュ派(指導者はブルゴーニュ公フィリップ)。そしてブルージュに亡命し、イギリス・ブルゴーニュ連合に絶望的な抗戦を続けるアルマニャック派(王太子派)である。

王太子シャルルの憂鬱

　こうした複雑な経緯を経て、フランスの王位は二人の人物に争われていた。イギリス国王でもある幼いヘンリー6世と、前国王シャルル6世の息子、王太子シャルルだ。
　陰謀によって廃嫡されたとはいえフランスの正統な王位継承者たるシャルルと王太子政府は、南仏のほとんど（イギリス軍よりも広範囲）から支持を受けていた。地図上ではそう形勢不利には見えない。だがそれらの領地から実際に税が徴収できたわけではなく、現実にはいつも財政難に陥っていた。度重なる敗戦で貴族や騎士を失った王太子の軍は、必然的に強盗や傭兵などを雇わざるをえず、その支出が財政をさらに圧迫した。しかもシャルルの軍は（一度の例外を除いて）連戦連敗というありさまだったのである。
　ジャンヌ・ダルクが歴史上に登場する1429年、王太子シャルルは無気力、無関心な状態に陥っていたという。彼は王太子としてイギリス軍に徹底抗戦し、王国を再統一せねばならない。だが26歳のシャルルは、若くして挫折に次ぐ挫折、陰謀に次ぐ陰謀に遭い、またブルゴーニュ派に味方する実母イザボーからは「あの子は不義の子で王位継承権はありません」という中傷（真相は不明）を受け、深い憂鬱にはまりこんでいたのだ。己が私生児ならば、いっそ外国に逃亡したいとさえ思っていたのである。
　だから彼は、ついにイギリス軍がなりふりかまわず大攻勢に出て、要衝であるオルレアンの町を包囲した際も、大規模な援軍を組織するでもなく手をこまねいていた。ロワール川上流における最大の町、オルレアンが陥落すれば、もはやイギリス軍の進撃を阻む要衝はないにもかかわらず……。
　オルレアンの包囲を解いて王太子をランスに伴い、戴冠させる使命を神から授かったと唱える"乙女"ジャンヌという男装をした娘が、シノン城のシャルルに謁見を願い出たのは、オルレアンが刻一刻と陥落に近づく1429年3月のことだった。

ジャンヌとシャルルの会見

　"乙女"ジャンヌは、故郷のドムレミイ村から500km離れたシノンの城まで、敵地ブルゴーニュ領を横断してたどり着いた。伴っていた従者はわずか六人。敵の出現に怯える一行の精神的な支柱となったのは、唯一の女性で王太子に会ってフランスを救うという使命感に駆られる、若干18歳のジャンヌだった。
　慎重で猜疑心の強い王太子シャルルは、人を派遣して彼女を旅籠で尋問させ、周囲に引見すべきか相談した。ジャンヌはただの"羊飼い娘"に過ぎないし、神から予言

ジャンヌ・ダルク

と使命を授かったという言葉は、たやすくは信じ難い。

しかしジャンヌ一行の無事な到着はそれだけで奇跡のようなものとも考えられ、王太子に忠節な守備隊長ロベール・ド・ボードリクール（ドムレミイ村周辺の守将）からの書状もあった。また既に"神のお告げ"を携えた"乙女"の噂が民衆の間に期待を込めて広まってもいた。王太子自身も興味を惹かれたのだろう。

シャルルは結局二日後に、引見を許した。このときの様子は半ば伝説となっている。ジャンヌは50本の松明によって赤々と照らされ、300人の貴族や僧侶が集まるシノン城の大広間に案内された。伝承によれば、このときシャルルは替え玉をたて、自らは粗末な服を着て、群臣のかげに隠れていたという。

だがジャンヌは替え玉には騙されなかった。列席する群集の中から、会ったこともないシャルルを正確に見つけ出し、その前で跪いた。

「いとも貴き王太子殿下、あなたさまと王国をお救い申し上げるべく、神さまより遣わされて参りました」

続けて、ジャンヌは王太子にだけ、そっとある"秘密"を囁いた。長い間"乙女"と話し込んでいたシャルルは、最後には晴れ晴れとした表情を浮かべていたという。後に宗教裁判にかけられた折も、ジャンヌはこの"秘密"だけは頑として明かそうとしなかった。だが彼女が告悔僧に語った内容を信じるなら、その言葉は「主になりかわって申し上げますが、あなたさまは国王の御子でフランス王家の正統な後継者であらせられます」というものだった。それは自分は私生児なのかと悩むシャルルが、主に捧げた祈祷への解答であったのだ。

王太子は側近にジャンヌが神の他は誰も知るはずがない秘密を知っていたと語り、以後彼女に絶大な信を置くようになったのである。

 ## ドムレミイの少女

シャルルに謁見したこのジャンヌこそ、後にジャンヌ・ダルクと呼ばれる救国の聖女である。同時代の人は彼女をジャンヌ・ラ・ピュセル、ないし単に"乙女"と呼んでいた。

ジャンヌの故郷はロレーヌ公領の辺境にあるドムレミイという小さな村である。この村は王太子派に属していたが、中央から離れていたおかげで内乱の被害をあまり受けなかった。富農の家に生まれた彼女は、気立てがよく、優しい普通の娘だったという。後年の名誉回復裁判において、村人はジャンヌは宗教心が強く、ささいな仕事にも喜びを見出せる快活な少女だったと証言している。

しかしジャンヌの運命は彼女が求婚を受けた直後、13歳のときに急転した。ジャンヌ

は不可思議な「声」を耳にするようになったのだ。「声」はジャンヌに行いを正しくして教会に通い、フランスへと向かうように命じた。また神が望む間は処女を守りぬくようにとも戒めた。彼女は後の宗教裁判において、この「声」の主をフランスの守護天使である聖ミカエル、聖カトリーヌ、聖マルグリットの三人の天使だと語っている。

ジャンヌは自分にはできないと訴えたが「声」は許さなかった。実に四年にわたって啓示と使命を囁き続けたのだ。彼女の男装も、この期間に声に指示されたものである。そして1428年(ジャンヌ17歳)、ついにジャンヌは声に従う決意を固めた。

彼女は王太子派の牙城であるヴォールクールの城塞に赴き、守備隊長のロベール・ド・ボードリクールに「神の命でフランスに行かねばならない」と申し出た。むろん、けんもほろろに追い返された。しかし包囲されているオルレアンとフランスを救うのだと公言する不思議な男装の娘の評判は徐々に高まってゆき、やがて守備隊長も無視できなくなった。そして三度目の訪問(1429年2月)で、ついに根負けして協力する腹をくくったのだ。伝説では、このときジャンヌは知り得るはずのないオルレアンにおけるフランス軍の敗北「鰊の日」[註1]の様子を、敗戦当日に守備隊長へ告げたといわれている。

かくしてボードリクールから馬や剣、従者、心酔する市民から鎧や男物の服を贈られたジャンヌは旅立ち、歴史の表舞台に踊り出たのである。

「……そして一人の処女によって救われる」

内心では信じたいと思っていたろうが、王太子シャルルはなお慎重だった。彼はジャンヌをポワティエに送って、二度にわたり聖職者たちの審問を受けさせた。また申し立て通り、彼女が"乙女"であるかの純潔検査を高貴な婦人たちに命じて行わせた。どちらも結果はジャンヌに好ましかった。

聖職者たちはジャンヌの堂々たる応答に感銘を受け、彼女の中には善きものしか見当たらないと報告した。その席上で、ジャンヌはこれから起こる四つの重要な出来事——オルレアンの町を包囲するイギリス軍が彼女に追い払われ、王太子はランスで聖別を受け(戴冠式を挙げ)、パリの町が新国王に従うようになり、(捕虜となっている)オルレアン公がイギリスから帰還する——を予言したという。これは後にすべて実現した(半分は彼女の死後にであるが)。

そしてジャンヌは確かに処女であるとも確認された。当時フランスには「この国は一人の女によって滅び、一人の処女によって救われる」という伝説があり、広く信じられていた。"乙女"と自称するジャンヌこそ、この"救国の処女"なのではないかと民衆は期待していたが、彼女にその資格があると証明されたわけである。

註1) 兄(オルレアン公)の留守を守ってオルレアンを守備していたル・バタールが、鰊の樽を輸送中のイギリス軍を強襲し、撃退された戦い。両軍が鰊の散乱する中で戦ったことからこの名がついた。

オルレアン解放

　審問会の報告を受けたシャルルは、オルレアン救援軍の派遣という一大決心に踏み切った。同時に王太子は"ジャンヌの身体にぴったりの甲冑"を作らせ、旗などの武具、従者など部下も整えさせた。何ら地位を持たない田舎娘ながら、その待遇は軍の指揮官に匹敵した。このときジャンヌは、自分の剣はとある教会の祭壇の後ろに埋まっていると言い、その言葉どおりに発見された錆びた剣を研いで佩剣としたという逸話が残されている。またどこで学んだのかは不明だが、彼女ははじめから馬や槍を、戦場慣れした軍人のように扱えたという。

　軍備を整えたジャンヌと同僚の指揮官ら（実質的な司令官はエティエンヌ・ド・ヴィニョール、通称ラ・イール〈阿修羅〉という歴戦の猛者）は、ロワール川沿いにオルレアンへと進発した。総兵力は四千程度だったらしい。ジャンヌ自身には、武官一名、小姓二名、伝令使二名がつけられた。これは当時のフランス軍の標準的な戦闘単位である"槍組"に相当し、ジャンヌが貴族並みの扱いを受けていたことを意味している。

　オルレアン攻防戦で、ジャンヌは他の指揮官に物申す発言権を持ち、またそれなりの敬意を払われていたようだ。だがラ・イールや、オルレアンの守将デュノワ伯ジャン・ル・バタール（私生児ジャン。オルレアン公の実弟で兄の留守を預かる）は、好意は抱いても、素人のジャンヌに軍の作戦や行動までお伺いを立てようとは考えていなかった。

　オルレアンに直進し、イギリス軍指揮官タルボット卿に撤退を直接勧告しようとしていたジャンヌの指示は、安全な入城を優先して迂回路を採ったラ・イールとル・バタールに無視された。当時オルレアンは周囲に設けられた英軍の城砦群に封鎖され、食料不足にあえいでいた。両将は市への食料輸送と戦力の合流を優先したのである。

　1429年4月29日、ル・バタールの懇願にしぶしぶながら入城したジャンヌは、そこで市民の熱烈な歓迎に出迎えられた。七カ月の間包囲に苦しんでいた市民は、一時は諦めていた援軍と希望をもたらしてくれた噂の"乙女"に、感謝を寄せていたのである。

　ジャンヌの初陣は5月4日となった。この日、ジャンヌは接近しているイギリス軍の増援についてバタールと話し合った後、副官とともに眠りについた。だが小一時間後いきなり飛び起きたジャンヌは「声が私にイギリス軍と戦えと命じたわ！」と叫んで部下を叩き起こした。実はこのとき、サン・ルウ砦（市を囲む小砦のひとつ）奪取のため、バタールはジャンヌに内密で部隊を差し向けていたのだ。

　ジャンヌは女たちに鎧の着つけを手伝わせ、馬に飛び乗り、近習が窓から差し出した旗を受け取ると、風のようにブルゴーニュ門へと駆けた。門を出ると、サン・ルウ砦攻略に失敗したフランス軍の兵が逃亡してくる。その流れの只中を、旗を掲げながら

ジャンヌ・ダルク

逆走しつつジャンヌは叫んだ。「引き返しなさい！　砦は私たちのものです」。
　すると驚くべきことが起こった。敗走していたフランス軍がたちまち士気を新たにし、雄たけびを上げながら砦へと逆襲し、これを奪ってしまったのだ。
　この小さな勝利以降、ジャンヌは消極的な守備軍指揮官の尻を叩き、常に積極策を提案するようになった。彼女が戦場に姿を現すと士気は上がり、突撃すれば兵は勇を振るって後に従った。ジャンヌの命令や行動は無鉄砲なものが少なくなかったが、それがむしろイギリス軍の意表を突く効果を生んでいた。その活躍でオーギュスタン砦をも奪取すると、ジャンヌの関心は英軍のもっとも堅固な砦、トゥーレル要塞へと向けられるようになった。ロワール川の南岸に設けられ、オルレアンとは橋で結ばれたこの要塞さえ奪えば、市と南仏の連絡が容易になり、封鎖は事実上破られる。
　だがそれにはトゥーレル要塞を英軍の増援五千が到着する前に攻略せねばならない。ジャンヌはまたも慎重策を唱える指揮官らを説き伏せ、5月7日に要塞強襲を開始した。朝から日没まで続いたこの戦闘は、壁に梯子をかけようとしたジャンヌが回転矢で乳房の上を負傷するほどの激戦となった（ジャンヌはこの戦闘で自分が怪我をすると予言していた）。要塞はよく抵抗したが、日没直前にジャンヌが運命に導かれるように起こした行動が幸運な奇襲へとつながり、一日に満たない時間で陥落した。
　そして翌日、これ以上の戦闘を無意味と判断したイギリス軍は、包囲を解いて撤退を開始した。それはジャンヌ到着からわずか九日後の出来事だった。

 ## ジャンヌの肖像

　ジャンヌ・ダルクの容姿については、残念ながら正確なところはわかっていない。生前の肖像画が残っていないのだ。
　ただ彼女の姿をイメージするすべがないわけではない。たとえば王太子が作らせた純白の甲冑と衣服の寸法が残っており、ここから身長は1メートル58センチほどで、均整の取れた強健な体格だったと推測されている。ジャンヌはこの白い甲冑を着て戦場に出たが、兜は被らなかった。顔をさらしてジャンヌここにありと味方に示すことで、兵の士気を高めるためだった。
　鎧や槍を自在に使いこなした農村生まれのジャンヌであるから、深窓の令嬢のごとき痩身ではなかったというのは頷ける話だ。美しかったと表現する例は多いが、それは健康で邪気のない女性にすべからく備わった健全な魅力を指しているのだろう。
　ジャンヌの髪の毛は濃く（黒に近く）、瞳もまた黒かった。平時も男装で通していた。

ランスへの道

　オルレアンはイギリス軍の退却によって解放された。風前の灯火と目されていた王太子軍が、年端もいかない神の使いに導かれてほぼ十年ぶりの大勝利を収めたのだ。しかもその少女は、数々の予言を行い、それが次々と的中しているという。久しく勝利を忘れていたフランス人は一躍自信を回復し、逆にイギリス人は"乙女"の神がかり的な力に畏れを抱いた。

　だがこの劇的なオルレアンの解放は、ジャンヌにとって成就すべき予言のひとつに過ぎなかった。彼女は続けてランスに進軍して聖別を受けるべきだと、熱心に王太子を説得した。諸将は当初ノルマンディーに進撃すべきとの構想を描いていたが、戴冠さえすれば敵の勢力は自然に衰え、やがて消滅するというジャンヌの言葉に動かされた。優柔不断な王太子はそれでも連日評定を繰り返して逡巡していた。

　ジャンヌは多くの貴族と交流しながら王太子の決断を待ったが、6月になると兵馬を率いて出撃した。目的はランス遠征の補給線を安全にするため、ロワール川流域の英国支配下の要塞を制圧することにあった。軍はアランソン公（ジャンヌともっとも親しかった貴族の一人）に率いられ、「奇跡」の評判を聞いた多くの騎士が参加したので槍組の数は1200にも達したという。

　ジャンヌの関心はランスに集中していたのだが、しかし彼女は持ち前の型破りの積極性で他の指揮官を鼓舞し、ジョルジョー、マン、ボジャンシーの攻略を成功させている。また6月18日にはパテの会戦において、フランス軍を勝利へと導いた。それはイギリス軍の死者二千に対してフランス側の死者二名という、圧倒的大勝利だった。

ランスの戴冠式〜忍び寄る影

　王太子シャルルが重い腰を上げるには6月末を待たねばならなかった。400km離れたランスまでは、大半が敵領である。だが一度進発すると、一万を越える遠征軍はほとんど抵抗らしい抵抗を受けなかった。唯一トロワが抗戦の構えを見せ、王太子軍を食糧不足に追い込んだが、ジャンヌが市壁に攻めかかるとたちまち帰順した。

　年代記作家は「ジャンヌの出現前、イギリス兵は倍のフランス兵を追い払えた。だが出現後はこれが逆転し、フランス軍は五倍のイギリス兵を敗走させた」と記している。これは大げさにしても、ジャンヌを得たフランス軍の戦意がこれまでになく昂揚し、王太子の顧問官がそれをむしろもてあましたのは事実だ。敵はジャンヌの姿や紋章、旗を見るだけで怖気づいた。彼女は、フランス人に再び自信を取り戻させたのだ。

ランスに到着した王太子軍は、古式に則(のっと)って7月17日に戴冠式を挙行した。王太子はクローヴィスの聖油で聖別され、王冠を頭上に置かれた。列席する人々が万歳を叫ぶ間、"乙女"は新王シャルル7世の側に立ち、自分の軍旗を手にしていた。彼女はシャルルが王冠を戴いたとき「美しい王さま、神の御旨は果たされましたのね。陛下は聖油をお受けになって、フランスの真の王であることをお示しになったのだわ」と感涙にむせびながらいった。

事実、この戴冠式を境として、英仏間の均衡はゆっくりと仏側に傾く。伝統と神の権威によってトロワ条約を否定した結果、唯一正統な王と目されるようになったシャルル7世の求心力は、想像以上に高まったのだ。

だから正式の戴冠を受けるよう強く主張した唯一の人物たるジャンヌにとっては、正に勝利のときであったに違いない。だが、これは同時に彼女の絶頂でもあった。「私が恐いのは裏切りなのです」。ジャンヌはこの時期にそう漏らしていたという。

閉じられた城門〜コンピエーニュの悲劇

オルレアン攻防の時期、物事は単純だった。戦場で相対するイギリス軍は悪で、ジャンヌはただ彼らを打ち破ることに専念すればよかった。

だがシャルル7世が正式に王となると、ジャンヌは否応なく複雑な政治・外交の世界から干渉を受けた。王室顧問団は功績を上げるために外交折衝に傾倒し、また武勲派の筆頭アランソン公爵の勢力を削ぐためにジャンヌと彼を引き離した。ジャンヌが待望したパリ攻撃は、中途で断念を余儀なくされた。王太子をランスで戴冠させた大軍団は、戦費不足から解体され、パリ再攻撃の機会は遠のいた。

もともと戦争に自信のないシャルル7世は、ブルゴーニュ公との和解に向けた外交折衝に期待をかけるようになる。当初は二週間とされた双方の休戦は、折衝が長引くにつれて三カ月、八カ月と延長された。だがこれはイギリス、ブルゴーニュ側が反攻の態勢を整える時間稼ぎにすぎなかったのだ。ノルマンディーでの戦闘は続いていたが、ジャンヌは参加を許されなかった。

この無為な期間は、ジャンヌを激しく苛立たせたに違いない。彼女は「平和は槍の穂先で勝ち取るしかない」と考えていたし、「声」の予言で"自分に許された時間は一年だけ"だと知っていた。しかし冬の間、彼女はラ・シャリテの野武士討伐という無意味な作戦を命じられ、その戦意をよそに向けさせられていた。

やっとシャルルが騙されたと気づいたのは、イギリス・ブルゴーニュ軍が綿密に検討した作戦を実行に移した1430年5月初頭だった。戦備を整えていなかった彼の手駒

はジャンヌだけという、情けない状況だったという。だが鎖を解き放たれたジャンヌは、オルレアン進撃時とは比較にならない小部隊を率いて、ブルゴーニュ軍に脅かされた町々の救援に転戦した。

そして運命の5月23日、ジャンヌの姿はブルゴーニュ軍に包囲されたコンピエーニュの町にあった。その日の早朝、密かにコンピエーニュに入った彼女は、同日中に三度出撃し、やすやすとブルゴーニュ軍に痛撃を加えた。しかし夕刻の最後の出撃で、戦況は暗転した。戦闘の騒音を聞きつけた敵軍が、町から突出したジャンヌ部隊を挟撃すべく迂回を開始したのだ。

これまでの戦闘において、ジャンヌは果敢な積極策を用いて、味方を幾多の大勝利へと導いてきた。常道からかけ離れたその戦法は実に効果的だったが、同時に綱渡りの危うさを秘めた諸刃の剣だった。そしてジャンヌはついに綱から落ちた。兵が退路を断たれたことで動揺し、算を乱してコンピエーニュへと逃げ出したのだ。全軍総崩れの惨状の中、ジャンヌは殿軍を務め、味方の退路を確保すべく、町の橋頭堡付近でわずかな供回りの者とともに奮戦する。

その彼女らの背後で、無情にもコンピエーニュの城門は閉じ、跳ね橋が上げられた。味方もろとも敵が城内に乱入するのを恐れた守備隊長が、敵中に孤立したジャンヌらを見捨てたのだ。ジャンヌは奮戦を続けたが、やがて金襴の陣羽織を掴まれて馬上から引きずり降ろされた。

フランスの"乙女"はついに捕虜となったのだ。裏切りによって――。

捕らわれの"乙女"

恐るべき"乙女"を捕虜にしたとの報に、ブルゴーニュ公と軍は狂喜した。

またたく間に国内を駆けたこの報せは、幾つもの波紋を引き起こした。とりわけイギリス軍とパリ大学は、ジャンヌの身柄に強い関心を抱き、ブルゴーニュ公との引き渡し交渉に乗り出した。

パリ大学の神学部は当時の宗教界の理論的な権威で、その指導者たちはジャンヌの高い評判に、強い反感と憎悪を抱いていた(中世においては、神の意志は教会を介して授けられるものだった。しかしジャンヌは直接神の"声"を聞いた。教会の存在意義を揺るがしかねない問題だったのだ)。イギリスのベッドフォード公も引き渡しを望んだが、これは当然といえるだろう。

ブルゴーニュ派としてはより高い身代金を払うほうに"乙女"の身柄を引き渡したかったが、さまざまな政治状況を考慮せねばならなかったので、交渉にはほぼ四カ月が

費やされた。この間、ジャンヌはボーリュー・レ・フォンテーヌの城、続いてはボールヴァールの城に幽閉された。逃亡しないという宣誓を拒んだので牢獄に監禁され、二度脱走を試みている。二度目などは塔から逃げようとして落下し、水のない濠の中で失神しているところを発見された。しかし虐待などを受けていたわけではなかったようだ。

ジャンヌの身柄にまつわる諸問題を精力的に調整し、ルーアンの異端審問に引き出したのは、ボーヴェ司教ピエール・コーション（パリ大学の元総長で、トロワ条約の締結に尽力した）だった。完全なブルゴーニュ・イギリス派の人物で、またパリ大学にも顔がきいた男だ。野心家で狡猾、打算的なこの男は、"乙女"のせいで司教区であるボーヴェとランスから追い出され、彼女を恨んでいた。

コーションの交渉によって、ジャンヌの身柄はまずイギリスに引き渡され、その後パリ大学の神学者を中心とする判事によって、イギリス勢力下のルーアンで裁かれることになった。双方の要望が満たされたのだ。ジャンヌはルーアン城の獄に拘置され、イギリス軍兵の監視下に置かれた。本来、宗教裁判を受ける女性は、教会の牢屋に入れられ、もっと人間的な扱いを受ける。この一事を見ても、ジャンヌの裁判が公正ではなく、イギリス軍と教会権威の談合のもとで行われた政治裁判だったのがわかる。

ジャンヌの身柄はあくまで宗教裁判のため、イギリスから教会に貸し出されていただけだった。仮に彼女が教会から無罪とされても、イギリス軍の拘束下に戻され、改めて世俗の裁判を受けるのは避けられなかった。そこで待つ判決はひとつしかない。ただイギリスとしても、公然たる報復裁判ではジャンヌが神の使いではないと証明できない（イギリスが神の敵と認めるに等しい）。よって教会の手でジャンヌの聖性を否定させ、魔女として処刑させるのが政治的に必要だった。つまりジャンヌには、どう裁判が進行するにせよ、「死」以外の道は用意されていなかったのだ。

こうした思惑からイギリス側は、裁判の形式だけは立派に整えようとした。ジャンヌの事跡を調査するため、諸方に使者が派遣された。また純潔検査が再度行われたが、ジャンヌが依然として処女であると確認された。

続く約五カ月にわたる宗教裁判は、ジャンヌにとってもうひとつの戦いであった。落ち度を見つけようと次々と意地の悪い質問を投げかけてくる判事たちを相手に、無学ながらも堂々と応答するジャンヌの態度は敵であるはずの判事たちにさえ動揺を与えずにはおかなかった。

だがコーションは、どんな横紙破りをしてもジャンヌを罪に落とすつもりだった。コーションの強引な命令で火刑に処される直前に追いこまれたジャンヌは、死の恐怖に混乱して、改悛宣誓書に承認のサインを書き込んでその場は許された。だがこれは、自分の死刑執行命令書にサインしたも同然だったのだ。

改悛宣誓書には二度と男物の衣服を着ないという意味の条件が含まれていた。だが戻された牢屋で獄卒に貞操を脅かされた彼女は、自衛のためやむなく男物の衣服を身に纏った。
　一度守ると誓った改悛を破って旧習に戻ってしまう。この「戻り異端」だけが、死刑に値すると教会が認める罪状なのに……。

　　　　　　ルーアンの火柱　　　　　　

　コーションは陪審判事ら42名を召集し、異端に戻ったジャンヌをどう処置すべきか意見を求めた。彼の思惑に反し、判事のうち39名までが、もう一度ジャンヌに再考の機会を与えるべきだと返答をした。しかし採決権を持つコーションは、ジャンヌの俗権への引き渡しを強引に決定したのである。
　ジャンヌの火刑は5月30日の朝と定められた。さすがに平静ではいられなかったのだろう。その日の早朝、最後の告解を聞くために房に訪れた二人の修道士から今日待ちうける運命を聞かされたジャンヌは、自分の髪の毛をひきむしりながら泣き叫んだと

いう。「ああ、私をそのような恐ろしい、残酷な目にあわせて、私の汚れを知らぬ身体を焼きつくし、灰にしてしまわねば気がすまないのね。私が服従する教会の牢に入れ、教会の人が看守になってくれたら、こんなみじめなことにはならなかったろうに」。

そして続いて訪れたコーションには「司教さん、私はあなたのおかげで死ぬのです」「だから私はあなたを神の前で告発します」と言い放った。

朝の九時にルーアンのヴィユ・マルシェ広場に引き出されたジャンヌは、八百人の兵士と多くの市民が見物する中で、コーション自身から破門と俗権引き渡しの宣告を受けた。すると正式な手順をすっとばし、彼女はすぐさま火刑台へと引っ立てられ、うず高い薪の山の上に縛りつけられた。

炎を放たれた薪は油の力を借りて燃え盛り、たちまちジャンヌの身体を包んだ。胸に木っ端で作った十字を抱き、情けある修道士が教会から持ち出して頭上にかざしてくれた十字架を仰ぎながら、彼女は炎の中で「イエスさま」と叫びながら息絶えたと伝えられている。

周囲に集まった民衆と兵士は、その情景を見て深い感動の波に襲われた。イギリスの高官は「我々は破滅だ」と呟き、ジャンヌを虐待して嬉々として薪を運んだイギリス兵は「俺は聖女を焼き殺してしまった」と気絶した。彼は後に、火中のジャンヌの身体から白いハトが天に飛び立つのを見たと語った。ほとんどの人々は、無残な光景と少女の信仰心に心打たれ、その場で涙を流した。

ジャンヌの遺骸は完全に灰とされ、聖遺物信仰の対象とならぬようセーヌ川に捨てられた。だが伝説によれば、ジャンヌの心臓はどれほど熱しても燃えず、まるで彼女の心の正しさを証明するかのように焼け残っていたという。

フランス奪還～ジャンヌの名誉回復

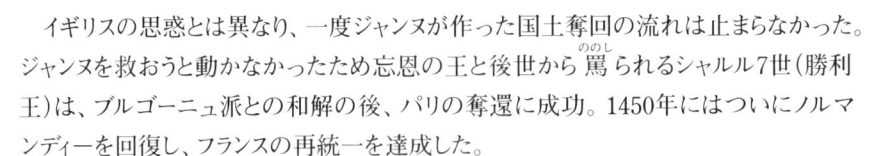

イギリスの思惑とは異なり、一度ジャンヌが作った国土奪回の流れは止まらなかった。ジャンヌを救おうと動かなかったため忘恩の王と後世から罵られるシャルル7世（勝利王）は、ブルゴーニュ派との和解の後、パリの奪還に成功。1450年にはついにノルマンディーを回復し、フランスの再統一を達成した。

"乙女"を救う手立てをほとんど講じなかった王にはさすがに悔いる部分があったのだろうか。それとも判決によって汚された己の王冠の正当性への嫌疑を拭う必要があったのか。ルーアンへの入城を果たしたシャルルは、ジャンヌの裁判の再調査を命じた。こうして始められた復権裁判は、ローマ法皇をも巻き込んで進められ、ジャンヌに対する起訴事実はことごとく否定された。そして1456年7月7日、ついにルーアンにおい

て、有罪判決無効の宣告がなされた。フランスの人々は喜び、各地では祝いの行事が行われたという。

けれどジャンヌの名と業績は、16世紀以降、急速に風化し、忘れ去られていった。彼女への感謝の念を絶対に忘れなかったオルレアンの町を除いて——。

彼女は平民の出自でありながら、男性のように勇敢に軍を率い、エリートのものであった"神"の助けを得て、偉大な業績を成し遂げた。ジャンヌの動機は"神の命に従って、王太子を助け、フランスを救いたい"という単純で、そして純粋なものだった。

だがそんなことを問題としない人々がいた。権力者層である。ジャンヌ自身にその意図はまったくなかったろうが（そしてこれが実に哀れみを誘うのだが）、ドンレミイ村の農家に生まれフランスを救った"乙女"は、その存在そのものが、封建制度、教会組織という中世ヨーロッパを支配した二大制度への挑戦だった。女性ながら鎧を身に纏い、羊飼いの娘ながら軍を率い、無学ながら神を語る。神に従うことを喜びとするジャンヌの熱情は、中世の道徳規範、身分制度、社会制度をはるかに飛び越えてしまっていたのだ。

ジャンヌを賞賛し認めることは、すなわち特権階級が実はなんら特別ではないことを認めるのと同じだった。それはできない相談だった。

だから彼女は殺されねばならなかった。忘れられねばならなかった。

弾劾裁判に出席していたあるイギリス貴族は、あまりに堂々たるジャンヌの応答に思わず叫んだという。「なぜこの娘がイギリス人ではないのだ！」と。

ジャンヌを直接的、間接的に貶めた人々は、ほとんどが似たような念を抱いたのではないか。「なぜこの娘が貴族ではないのか」「なぜこの娘は男に生まれつかなかったのか」「なぜこの娘は修道女でないのか」と。

ジャンヌを火に投じたのはイギリス軍であり、パリの宗教権威であり、また当時の社会情勢だ。だが本当の意味で彼女を死に至らしめたのは、中世という時代そのもの、あるいは悲しいことながらジャンヌ自身だったともいえるのである。

ジャンヌの宗教裁判

　ジャンヌに対する裁判は、おおよそ三つの段階を踏んで進められた。

　まずは予備審議。これはジャンヌが何を行い、何を行わなかったかを明確にする事実認定の手順で、1430年1月9日から3月25日まで続けられた。ジャンヌ自身は2月21日にはじめて証言した。ジャンヌが出廷した第一回の審議には44名にも及ぶ神学者が同席していた。

　続く一連の予審において、ジャンヌは"声"の出現や出生地、幼年時代、数々の戦闘などあらゆる事柄について悪意に満ちた質問を投げつけられた。彼女は弁護士すら与えられなかったが、矢継ぎ早に浴びせられる質問に、率直に、利発に、ときに皮肉を交えながら答えた。

　ジャンヌの過去から死に値する罪状をひねりだす目的の裁判とはいえ、彼女に同情的な者がブルゴーニュ・イギリス側にいないわけではなかった。純潔検査の後、ベッドフォード公妃はジャンヌの純潔を守ってやるようにと兵士らに厳命した。名目上の裁判長であるジャン・ル・メイストルは、当初「自己の良心の安穏のためにも、また本裁判の厳正な運営のためにも、本件には関与したくない」と返答した。だが彼も、上司の命令には抗えず第二審から裁判に出席した。ジャン・ド・ラフォンテーヌという陪審判事の一人は、真面目さから裁判の正当性に疑問を抱くようになり、「教会に従わないと大変なことになる」と親身の忠告を与えた。だがそれがコーションの逆鱗に触れ、身を隠さざるをえなくなった。

　裁判の実質的な指導者であるピエール・コーションは、ジャンヌへの求刑と判決を審議が始まる前から決めていた。「死刑」、それ以外の結論はありえなかった。多くの神学者、長々とした審議、手の込んだ手続きは、「立派な裁判」としての体裁を整え、"乙女"を人心を惑わした魔女として処罰する適切な口実を見つけるためであり、それ以上のものではなかった。裁判関係者の全員がそれを承知していた。たとえ良心の呵責に捕らわれたとしても、彼らはただ沈黙をもって抗議する以外のすべを持たなかったろう。そして大半の陪審判事は、積極的にコーションに協力した（だが審理が進行するにつれ、教会関係者の中からジャンヌに同情的な不協和音が高まっていった）。

　続いて開かれたのが普通審理。3月26日から始められ、翌日には予備審議の結果まとめられた告発状が、ジャンヌに対して読み上げられた。70カ条に及ぶ膨大な告発の内容は、魔術や妖術を使った罪、素行不良、奇跡をでっちあげた罪、男装した罪、武装を携帯した罪、作り話で信徒を惑わせた罪などで、多くの歪曲や捏造が含まれていた。ジャンヌは捏造された「事実」に対しては逐一反駁したが、この予備的な告発書を元にして12カ条の正式な告発書が作成された。

　告発書が何を指摘しているかを端的に要約するなら、それは「地上の教会への不服従」ということに尽きた。単純素朴な信仰の持ち主であるジャンヌは、そもそも裁判の途中まで地上の教会のなんたるかさえ知らなかった。そこがコーションのつけいる隙となったのだ。

　コーションらは告発書を元に、正道に立ち戻るようジャンヌに説諭を繰り返し、拷問器具を見せて脅しすらした。だが何があってもいままでの言葉を撤回する気はないと毅然と言い

放つジャンヌを見た判事らは、拷問を思い留まらざるをえなかった（拷問で得られた供述に信憑性が持たれないのは彼らも承知の上だった）。

そしてついに裁判の最後の段階がきた。5月24日、演壇の設けられたサン・トゥーアン墓地に多くの有識者が集められ、ジャンヌに最後の改悛の機会と判決が言いわたされることになったのだ。だがこの席で判決が読み上げられることはなかった。ジャンヌが悔い改めると申し出て、改悛の誓約書に×印のサインを書き込んだからだ。頑（かたくな）に意思を曲げなかったジャンヌが、まさしく土壇場で罪を認めた心境は、昔からさまざまにいわれている。病と長い裁判からくる疲労、眼前に準備された火刑への恐怖、教会の人々がこれほどにいうからにはひょっとして自分は間違っているのではないかという一抹の疑念。それらが渾然（こんぜん）として、極限の精神状態に置かれた彼女に影響したであろうことは推察できる。

だがこの大仰な舞台装置、宣誓書への署名は、コーションの策略だった。宗教裁判所が死刑を求刑し、被告の身柄を世俗裁判所に引き渡すのは、通常「戻り異端」の場合だけである。だからこのときコーションがジャンヌに死刑を言いわたせば、後に判決の不当性を追求されかねなかった。そこで彼は切迫した死の恐怖をもってジャンヌを揺るがし、甘言をもちいて宣誓書に署名をさせたのだ。公式のものとして残っているジャンヌが署名した42行にも及ぶ改悛宣誓書の内容は、実際に読み上げられた（彼女は読み書きが不自由だった）6、7行ばかりのものとは違っていた。

イギリス側の有力者は約束を破ってジャンヌを助命したと激怒し、コーションに詰め寄ったが、謀略家の司祭はこう答えたという。「心配ご無用。立派にあの女の尻尾をつかんで見せますよ」と。ジャンヌははめられたのだ。

ジャンヌは終身禁固を言いわたされたが、連れ戻された先は口約束とは違って元の（イギリス軍の）牢だった。そこで獄卒の虐待を受けた彼女は、自分の身を守るため男物の衣服を着ざるをえなかった（一説には女物の衣服を隠されてしまったのだともいう）。宣誓書の条項に違反するその行為は、すなわち彼女を「戻り異端」とした。

報せを聞いて飛んできたコーションとジャンヌの間で交わされた会話記録の中に、こんなものがある。

コーション：この木曜日以来、聖カトリーヌと聖マルグリットの声を聞いたか。

ジャンヌ：はい。聞きました。

コーション：二人はなんといっていた。

ジャンヌ：神は二人を通じて、私が命惜しさに改悛や前言取り消しに同意した、この大いなる裏切りを哀れんでいることを、そして命を惜しんでいては地獄に落ちてしまうと伝えられました。

そしてこの部分の欄外には、書記の手でこう注記されている。

「死を免れざる返答」と。

第1章 戦場を駆け抜けた女性たち

愛に生きた一騎当千の女武者
Tomoe

巴（巴御前）

- ◆地域：日本
- ◆時代：12世紀後期
- ◆生没年：——
- ◆出典：『平家物語』ほか

日本史の中で武器を手に戦った女性といえば誰かと問えば、十中八九「巴御前」という答えが帰ってくるはずだ。古典『平家物語』にて活躍する巴は、それほどまでに読者に鮮やかな印象を残す。それは無双の武芸を誇りながらも、けなげに一途な愛を貫く巴が、日本人の美学を体現する戦う女性だからなのだろう。

日本の女将

　日本の歴史には、勇敢な振るまいで人々に強い印象を与え、のちに女将三傑と並び称された三人の女性がいる。朝鮮半島への遠征を率いた神功皇后、弓の名手で鎌倉幕府に文字通り「弓引いた」板額、そして木曾義仲の愛妾で、同時に強力無双の女武者だった巴御前だ。
　巴御前の物語は正史には見えず、主に『平家物語』と数多くの異本（『源平盛衰記』など）の中に語り継がれている。
「色白く、髪長く、容貌がまことに美しい。しかも屈強の荒馬乗りで、どんな難所でも乗り下し、弓矢打物（太刀・長刀の類）取っては、いかなる鬼神にでも立ち向かおうという一騎当千の勇婦である。だから、いざいくさといえば、上等の鎧を着せ、強弓太刀を持たせて、一方の大将にあてたが、たびたびの功名に肩を並べる者もなかった（『平家物語』）」
　こう描写されている彼女は、『平家物語』中では「木曾最期」の段に登場する。平家を京から追い落とした勇猛な武将で、巴が愛した木曾義仲が、刀尽き矢折れ討ち取られる場面だ。しかしながらここにおいて従者として従った巴は、敗残の身である義仲のために奮戦し、天晴れな武者ぶりを披露するのである。

巴と義仲の関係

　巴について語るのは、木曾義仲と源平争乱の時代について語ることでもある。
　木曾（源）義仲は平安末期の武将で、その名の通り木曾の地で育った。北関東に

勢力を伸ばした源氏の名流、源義賢の息子だが、2歳の頃に父を源義平に謀殺され、木曾に勢力を張る乳母の夫、中原兼遠に庇護されて育ったのだ。

巴の出自については平家物語の異本ごとに若干の違いがあるが、彼女についての記述が充実している『源平盛衰記』に準じて、中原兼遠の娘とされているのがふつうだ。つまり義仲と巴は乳兄妹ということになる。

『平家物語』諸本の中でも古いものには、巴は幼少の頃から義仲と一緒に育てられ、義仲が組打ち訓練の相手にしても一歩も引かなかったので、平時はいうにおよばず、戦時においても身近に仕えさせたと記述されている。年齢については義仲より2歳年長から8つ下まで、諸本によって違う(『源平盛衰記』『吾妻鏡』の2つ年下というイメージが一般的)。

当時の武家には、当主の実子だけでなく親類縁者の子息も領主の元に集められ、子供集団としてまとめて養育される習慣があった。こうして同じ釜の飯を食べて成長した子供らは強い連帯意識を抱き、信頼できる「家の子」として養家に仕えた。

巴は木曾の富裕な在郷領主、中原兼遠の実子ではなく養女だった可能性も強い。血縁ですらなかった可能性もある。巴「御前」とよびならわされたことから、出自は白拍子だったのではないかとする説もある。しかし、義仲や右腕として義仲に殉じた今井兼平同様に、おそらくは同じ子供集団の中でともに学び、遊び、ときには喧嘩し、兄妹同然に共同養育された。だから巴は「中原兼遠の娘」と呼ばれたのであるし、兼平は最後まで義仲に忠節を貫いたのではないか。

やがて成長した巴は主筋である義仲に愛妾として仕えたが、それだけには留まらず、有力な武将としても義仲を支えるようになった。『源平盛衰記』には、義仲が越後の城長茂と戦った横田河原の合戦で巴は敵七騎を討ち名を轟かせたので、どこに出征するのにも伴い、一手の軍を任せるようになったとある。

巴と義仲は、幼馴染であり、愛人であり、乳兄妹であり、戦友であり、主従であるという強い絆で結ばれていたのである。

 ## 義仲の挙兵

おりしも世は平家の天下。しかし大立者たる平清盛が奇怪な熱病で世を去ったのと相前後して、風は平氏の赤旗から源氏の白旗へと向きを変えつつあった。

木曾に身を寄せて二十余年。駒王丸と名乗っていた少年はすこやかに元服し、木曾冠者義仲と名乗るようになっていた。源頼朝が関東で謀反を起こしたのに刺激された義仲は、ならば自分は東山道、北陸道を掌握して平氏を追い落とそうと決心し

た。衆に優れて力が強く、男らしい人柄の義仲は、治承4年(1180)に、養父兼遠の協力を得て挙兵。たちまち信濃を掌握すると、翌年には城一族を討って越後を手中に収め、越中では平家の追討軍を撃破し、北陸に一大勢力を築いた。

巴がこの戦役に武者、やがては一手の将として従軍したことは先に説明したとおりだ。木曾軍は七手に分れて騎馬突撃する木曾七陣の戦法を得意としていたというから、巴はこのうち一手を預っていたのだろう。

さて寿永2年(1183)になってやっと重い腰を上げた平家は、源氏討伐のため平維盛を大将とする十万余騎を召集し、まずは北陸道、すなわち義仲に差し向けた。両軍の主力は、5月に加賀・越中国境の倶利伽羅峠で対峙した。義仲勢は三万余騎にすぎなかったが、ここで地理に明るいことを生かして夜襲を仕掛け、驚いた平家の軍兵を倶利伽羅谷へと次々追い落とし、下馬評を覆す大勝を収めた。義仲が牛の角に松明をくくりつけ、狂奔した牛を敵陣に突っ込ませる「火牛の計」という奇計を用いたという伝説もある。これが砺波山合戦、または倶利伽羅峠の戦いとよばれる中世のもっとも有名な夜戦のひとつだ。

巴も一千余騎を任され奮戦したこの合戦が、ひとつの分水嶺となった。続けて越前でも平家軍を破った義仲を止める力は、落日の平氏一門には残されていなかった。平氏一門が幼い帝と三種の神器を握って西へ都落ちしたので、義仲は7月にほとんど無血での入京を果たし、朝日将軍の名を賜った。

武骨者の悲劇

木曾義仲に、たとえば平清盛のような野心、源頼朝のような政権構想があったかというと、それははなはだ疑問である。彼は優れた武士、武将であったが、政治家ではなかった。『平家物語』には粗野で無邪気な彼の、京における珍行為を笑う逸話が多い。確かに滑稽だが、義仲の飾らない、人懐っこい、純心な人柄を忍ばせる。道で会ったら「よう」と声をかけてやりたい、そんな好漢なのである。

しかし、だからこそ義仲は上洛すべき男ではなかった。

日本中世の公卿というものは、権威と権謀術数を頼みに生きていた。この時代の後白河法皇は、その申し子のような人物だ。義仲は百鬼夜行の住む都に翻弄された。そして上洛からわずか半年後には、後白河法皇が兵を挙げて立て籠もった法住寺を焼き討ちせねばならぬという事態に追い込まれたのだ。

法皇と対立した義仲は武力を用いて京の実権を掌握したが、主上に弓引いた彼から人心は急速に離れた。後白河法皇がひそかに発した義仲追討の院宣を受けた

巴（巴御前）

第1章　戦場を駆け抜けた女性たち

頼朝はこのチャンスを逃さず、翌寿永3年(1184)正月に蒲冠者範頼、源義経を大将とする六万の軍勢を京に攻め上らせた。

木曾義仲はこれを宇治川で迎え撃ったが、あいにくと手元には兵が少なく、たちまち陣を破られた。義仲が粟田口(あわたぐち)から京を落ち延びようというときには、主従わずかに七騎(本によって若干の違いあり)になっていた。

 ## 巴の晴れ舞台

逃走の過程で多くの武者や郎党が討たれ、また落ち延びていったが、巴は残り七騎になってもなお、義仲にぴったりとつき従っていた。

『源平盛衰記』の記述によれば、京を落ちようという義仲一行十三騎を、強力で有名な畠山重忠(大変な怪力で有名だった平安末期の武将。三メートルあまりの大岩を一人で運んだとか、有名な鵯越(ひよどり)えの際に馬を気遣ってかついで降りたという伝説がある)と手勢が追撃していると、紫皮の直垂(ひたたれ)(胴丸の下、小袖の上に着る上着。軍装用のものは鎧直垂ともいう)、萌黄糸縅(もえぎいとおどし)の鎧(縅とは、鎧の小札〈小さな装甲板〉をつなぎ合わせる糸の一種。縅は外部に露出する部分に使われ、人目に触れるために装飾的な目的で染められた。つまり萌黄糸縅の鎧は、遠目からは文字通り萌黄色に見える鎧であった)を身につけ、鷲の羽根をつけた矢を背負い、手には滋藤の弓を持ち、逞しい葦毛の馬に小さな鞆絵(ともえ)(鞆絵、巴とも書く。鞆〈弓を射る際に使用する防具〉の側面を図案化した模様)を摺った貝鞍を乗せて跨った武者が、義仲勢の先頭に立って奮戦したという。重忠はこの武者と戦ったが、射ても、切っても、駆け合っても強い。逆に重忠のほうが勢いに押されて三条河原に退かされてしまった。

「この重忠は17のときから戦場に出て幾度も戦ったが、今日ほど苦戦したことはない。義仲の家中には、今井・樋口・楯・根井の四天王がいるというが、いまの武者は今井でも樋口でもない。一体誰だ」と部下に尋ねると、部下の返答は「あれは義仲の乳母夫、中原兼遠の娘で巴という女です。強弓の達者で荒馬を巧みに乗りこなします。義仲の乳母子でありながら妾で、内では側小姓のように仕え、軍では将として働き、不覚を取ったということがありません。今井・樋口の妹で、恐ろしい奴です」というものだった。

畠山重忠は「俺は女に追いたてられたのか。敵も多くあろうに、巴と出会ってしまったのが不運だった。しかし義仲の想い者というのは面白い。ならばいっそ今日の獲物として、巴と組んで生け捕りにしてやろう」と義仲一行を追撃し、今度は執拗に巴を狙った。義仲は巴を守ろうと馬を駆け巡らせたが、重忠は強引に割り込むと、巴の鎧の

袖にむんずと手をかけた。力比べではさすがに分が悪いと見た巴が馬に鞭を入れると、二人の強力に耐えかねて、鎧の袖が引きちぎれて取れてしまった。これを見た重忠は、こいつは女ではない、鬼神の振るまいだ、矢でも射込まれたら一生の不覚と兵を引いたという。

　重忠は賢明な判断をしたが、さらに七騎に減った義仲一行と出会った内田家吉という遠江の武士はそう幸運ではなかった。このとき巴は何を考えたのか兜を脱いで、長い黒髪を背中に垂らし、額には天冠（舞楽で額にだけあてる冠）を、頭には白打出の笠（市女笠の縫目を銀で覆ったもの）を被った優美ないでたちだったという。

　家吉は巴が一筋縄ではいかない強敵だと承知していたが、女相手に武士の面目もあり、郎党の助けをかりず一人で挑むことにした。待ちうけた巴は堂々と名乗りをあげると、双方暗黙の合意の上、馬上で組み打った。どちらも強力のため勝負は拮抗し、窮した家吉は巴の黒髪を手首に絡ませ、空中でその首を掻こうとした。その振るまいを「卑怯者」と罵った巴は、相手の肘を打って刀を取り落とさせると、「戦いとは私のようにするのです」と家吉の顔を鞍に押しつけ、易々と首を掻き落としてしまった。

　また一部の『平家物語』には、巴が追ってきた無名の武者二人の鎧の綿噛（胴丸を肩から吊る帯）を掴み、両名の頭を両脇に抱えて一ひねりして捨てると、地面に落ちた死体の首がもげたという描写がある。実際には小刀を振るって馬上で首を掻き、落ちた拍子に武者の首がもげたにすぎないのだが、それにしても二人の武者と同時に組んで討ち取るなど、並大抵の武勇ではない。どうも巴は、力の強さ（組打ち、すなわち戦場格闘術）と乗馬、そして弓矢に秀でた女武者だったようだ。

落ちゆく巴と木曾の最期

　巴を含む主従七騎となった義仲は、しかしそのまま畿内から落ち延びていかなかった。苦楽を共にし、参謀として義仲を助けた今井兼平（巴にとっては兄）とはぐれていたからだ。このあたりに、政治家になりきれない義仲の情の濃さが表れている。

　幸運にも大津の打出の浜で兼平との合流に成功した義仲一行は、隠れている味方を集めるべく、いま一度旗を掲げた。そしてそれを見て再集結した軍勢三百ほどで、甲斐の一条次郎の手勢六千と最後の合戦を繰り広げたのである。

　一条勢の中を縦横に駆け巡るうち、義仲勢は次々と討ち取られ、やがて主従五騎にまで減ってしまった。巴の姿は、なおその五騎のうちにあった。

　いよいよ最期と悟った義仲は、巴に振りかえって告げた。「そなたは女だ。もう戦場を離れて、どこへなりと落ちよ。俺はここで自害か、討ち死にする。そのときに、木曾

は女を最期まで連れていたとあっては聞こえが悪い」。体面を楯にとっても何とか巴に生き延びてほしかったのであろう義仲の心境はよくわかる。

後ろ髪を引かれる思いの巴は、彼女には似つかわしくなく未練げにその場に留まっていた。「よき敵に出会いたい。せめて木曾殿に最後の働きを見せてからお別れがしたい」。そこにちょうど武蔵の御田八郎師重という剛の者が、三十騎ばかりを連れて姿を現した。巴はその中に駆け入ると、無造作に師重の顔を自分の鞍に押しつけて首をねじ切り、投げ捨てた。都の知識人ならば眉をひそめるだろうが、義仲は巴の餞別を見て、晴れやかに笑ったはずだ。果たして巴は笑えたか、どうか。義仲30歳、巴（通説では）28歳。幼少の頃から一緒だった二人の、これが今生の別れとなった。

巴は鎧を脱ぎ捨て、小袖に着替えて（非戦闘員となって）いずこかへと落ち、義仲は冬の深田にはまったところで眉間を射ぬかれ、討ち取られた。今井兼平は義仲死すと聞くと、刀を飲んでみずから落馬し、自害した。

そしてこの章をもって巴は『平家物語』から完全に姿を消す。行方も、その後も、『平家物語』の中では語られない。

 ## 愛され、育まれた巴伝説

義仲の死後、巴は杳として消息を絶った。

もともと古形の『平家物語』には、義仲と巴の別れの場面すらない。ただ乱軍の中ではぐれて、それきりである。落ちたのか、討たれたのかも定かではない。彼女に関する記述は、もともとそれほど多くない。だが夫に影のように従ってその背を守る美貌の女武者のイメージは後世の人にことのほか愛され、今日のような巴像にまで脚色されたのである。

そして人々は、行方知れずになったはずの巴のその後さえ、作り出してしまった。『源平盛衰記』には、義仲と共に死ぬことを望みながら正妻や子供のことを託され、涙を拭いながら戦場を去った巴が、戦後にそれを知った頼朝に召し出された後日談がある。鎌倉に出頭した巴は敗軍の将として死罪を申しつけられるが、彼女のような心も体も強い女性の子が欲しいと願った和田義盛の嘆願によって助命され、朝比奈義秀（和田義盛の三男。北条家に牛耳られた幕府に一族で背いた和田合戦〈1213〉において、強力を振るって奮戦した伝説的人物）を産んだ（昔の日本には、怪力は女性の血統を介して受け継がれるという通念があった）。そして和田一族が滅びた後は越中の石黒氏の元に身を寄せ、巴尼として91年の天寿を全うしたことにされている。越後友杉に身を寄せて尼になったともいう。

巴（巴御前）

　また謡曲『巴』では、戦場を離脱した巴は不運にも捕われ、源義経の前に引き出される。巴は義仲から形見の小袖を木曾に届けよと命じられたことを語り、夫の最期の様を教わるや自分も討ってくれと嘆願する。すると哀れに感じた義経は、剃髪を勧めつつ巴を放免するのである。

　現代、いや中世にあっても、巴御前は男勝りな女性の代表格としてのイメージで語られる。それは本当に正しい解釈なのだろうか？　巴の武勇のほどは、確かに男顔負けだ。けれど少しでも義仲の力になりたい、側にいたいと武者姿で働き、部下が次々と落ち延びてゆく敗軍の中で最後まで夫につき添おうとした彼女の心根の、なんと純で一途で女らしいことか。

　巴御前の魅力は、女だてらに戦場を疾駆する勇ましさと、慕情に殉じようとした純粋な内面の、どちらが欠けても成立しないのではないか。動機に一点の曇りもないからこそ、血飛沫あがる戦場においても、黒髪をなびかせて駒を駆る巴御前のイメージは清らかで美しく、儚くも凛々しいのである。

第1章　戦場を駆け抜けた女性たち

カリブの女海賊
Ann Bonnie & Mary Reed
アン・ボニーとメアリー・リード

- ◆地域：カリブ海
- ◆時代：18世紀初頭
- ◆生没年：──
- ◆出典：『イギリス海賊史』ほか

女海賊は、思うほど稀なものではない。海賊がかつて跋扈したことのある海域になら、大抵一人や二人の伝説は残っているものだ。しかしその実態となると、途端に足どりが掴めなくなる。アウトローは、人知れず生き人知れず死に、ただ伝説だけを残すものだからだ。アン・ボニーとメアリー・リードは、そうした女海賊の中の稀有な例外である。

女海賊！

　海賊の世界は、基本的に男性の社会である。これは戦闘を念頭に置いた集団で、さらに船単位の集団を組み、共同生活をしながら航海するのだから当然のことだろう。軍隊と同じ理屈で、海賊船にも女性を乗せる慣習はなかった。そもそも女性を船に乗せるのを忌避した文化もあるくらいだ。

　しかし海賊の歴史を調べると、海賊船に乗り組んだ女性が皆無というわけではなく、ちらほらといたことがわかる。奇妙なほどモラリストだったカリブの海賊バーソロミュー・ロバーツは、自分の船の規則に「男装させた女を船に連れこんだ者は死刑に処す」という条項を加えていた。規則にせねばならない程度には例があったのだろう。

　そして海賊船に乗り組んだ女性の中には、みずからカトラスとピストルを手に取り、男たちと一緒に戦った勇敢な女海賊もいた。彼女らの多くは無名のまま世を去り、僅かな例外もほとんど名のみが知られている程度だが、女海賊は確かに実在したのである。海賊の生涯がほとんど記録に残らないことを考えると、無名のまま死んだ女海賊は意外に多かったのではないかと思えるほどだ。

　こうした女海賊の代表例としてしばしば挙げられるのが、これから紹介する二人の女海賊、アン・ボニーとメアリー・リードである。数奇な生涯を歩んだ以外は特に何事かを成し遂げたわけではないが、捕らわれて裁判になったことで一大センセーションを巻き起こし、海賊の歴史に大きな足跡を残した女性たちである。

アン・ボニーの半生

　アン・ボニーは、荒くれぞろいの海賊たちですら鼻白む、奔放で勝気な女海賊だった。男勝りという言葉では足りないほどだったらしい。

　アンはアイルランド出身者である。彼女の父は弁護士という立派な職についていたが、いささか素行に問題のある人物だった。正妻に内緒で美人の女中に手をつけ、妊娠させたのだ。このよくある話の末に誕生した赤子がアンだった。

　不倫が露見すると、正妻は怒って家を去った。父は女中（アンの母）とアンを呼び寄せて共に暮らし始めたが、これが地域の人々の不評を買った。そのために仕事が減り、生活に窮した一家は移住を決意。アメリカのカロライナにたどり着くと、アンの父は弁護士から商人に転身した。この試みは成功し、やがてアンの一家は農場主となった。

　アンは父親と暮らしていた子供のころから、向こうっ気が強い性格だったという。ベッドに引き込もうとした若い男を殴りつけ病院送りにしたとか、自分の家で使っていた女中をナイフで刺し殺した（後にアンの裁判で出た話だが、事実無根という説もある）という逸話が残っている。粗暴な気性と腕っぷしの強さは、天性のものだったようだ。

　勝気で大胆なアンに、落ち着いた幸せな一生を送って欲しいと考えた父の願いにはもともと無理があったのかもしれない。年頃になった彼女は、無断で若い船乗りジェームズ・ボニーと結婚してしまい、激怒した父によって勘当された（もっともこれは彼女の思う壺だったのかもしれないのだが）。

海賊ジョン・ラカムとの出会い

　晴れて自由を得たアンは、夫とともにニュー・プロヴィデンス島（カリブ海に浮かぶ島のひとつ。ジャマイカ島を失ったカリブの海賊のメッカとして栄えた）に、職を求めて移った。そしてこの海賊島で、彼女は生涯の道筋を変える男、海賊ジョン・ラカムと出会ったのである。

　海賊ラカムは通称"キャラコ・ジャック（キャラコの衣服を愛用していたため）"と呼ばれた残虐な男で、荒っぽい手口で悪名高かったカリブの海賊船長の一人だ。当時、ニュー・プロヴィデンス総督に赦免を願い出て許されていたラカムは、プロヴィデンスを自由に闊歩できた。もとより本気の改悛ではない。ただ海賊行為で得た金を、大手を振って使える状況にあった。ラカムはそんなときにアンと出会い、彼女にぞっこんになったのだ。

結婚前からそうだったのかはわからないが、アンはニュー・プロヴィデンスで奔放な女になっていた。かつて海賊だったが改心して真面目に生きている夫に飽き足らず、浮気を繰り返す毎日。一度などは、別の男とハンモックの中で情事にふけっているところを夫に取り押さえられたという。羽振りが良くて自分にベタ惚れ、そして危険な匂いのする海賊ラカムは、アンにとって夫よりも好ましい愛人だった。
　贅沢をさせてくれるラカムと暮らすことに決めたアンは、夫に離婚を申し出たが、あまりにふしだらな理由が総督の耳に及んで公式な離婚が不可能となった。そこでアンとラカム、そして計画に引き込まれた元海賊の若者数名は、共謀してスプール船を強奪し、海に逃亡した。このときアンは男装をし、抜き身の剣を手に、腰にはピストルを突っ込み、スプール船の乗組員を脅したという。「ちょっとでも抵抗してみな。おまえたちの脳味噌が吹っ飛ぶよ」と。
　こうして男装の女海賊、アン・ボニーが誕生した。彼女は海賊ラカムの冒険航海のほとんど（子供を産むためにキューバに留まっていた期間を除く）に同行し、男たちの誰よりも勇敢に戦った。危険な仕事でも臆せず引き受けた。男以上に勇敢だったためか、ラカム以外は誰もアンを男装した女だと知らなかったという。ラカム一味が出会った船をすべて沈めると噂されたほど凶暴な海賊だったことを思えば、アン・ボニーの烈女ぶりも想像できようというものだ。

二人の女海賊

　ラカムという生涯の情人を得ても、アンはやはり多情な女のままだった。彼女はやがて、仲間の一人であるハンサムな細身の少年に夢中になり、彼に言い寄った。この少年は捕獲したオランダ船の船員だったが、海賊条項にサインしてラカム一味の仲間になっていたのである。
　アンは自分が実は男装した女であることをそっと明かし、年少の彼の歓心を買おうとした。だが少年の反応は、アンがまったく予想だにしないものだった。
　顔を赤らめるでも、喜ぶでもなく、少年はただただ困惑したのだ。
　そして口を開いていわく、「実は私も女なんです」。
　なんとこの少年、いや女性の正体も、男装した女海賊だったのだ。

アン・ボニーとメアリー・リード

メアリー・リードの半生

　名をメアリー・リードという彼女は、同じ女海賊ではあってもアンとは正反対のタイプで、貞節で慎み深い女性だった。
　メアリーはロンドン生まれのイギリス人だ。船員である夫を失った、若く美しい未亡人の第二子として誕生した。
　海で死んだ父に続き、メアリーの兄も不幸にも一歳で死んでしまった。独身で、貯金も底を尽き、生活に苦しむようになった母は、やがて一計を案じる。メアリーに男物の服を着せ、亡夫の母に「あなたの孫です」と偽って養ってもらおうとしたのだ。この計画はうまくいき、メアリーには毎週一クラウンの養育費が支払われることになった。
　養育費を受けるため、母はメアリーに男装をさせ続けた。物心がついてからは、真実を話して本人にも協力させた。「私は男の子として生きなきゃいけない」。幼心に考えた少女が、積極的に男性的な物腰を身につけ、女性的な言動から遠ざかろうとしたことは想像に難くない。

戦場の青春

　メアリーが13歳になったころ、祖母が没し、再び生活苦が襲ってきた。母は娘を女中奉公に出したが、男の子として育てられたメアリーにとって、それは退屈過ぎたのかもしれない。
　彼女は家出すると海軍に身を投じて軍艦乗りになり、それを降りるや歩兵連隊に志願、次には騎兵連隊へと移っていった。もちろん、男装し、男と偽ってである。騎兵連隊において、メアリーは優れた働きで上官に認められたが、ある美貌の青年に恋をしてしまった。そこで彼女は自分の正体を明かし、見事に青年の心を射止めた。両人は結婚し、メアリーは除隊して居酒屋を営むことになった。この事件は大変な評判を呼び、部隊からは多くの将校が祝福に訪れたという。
　だが、これでめでたしめでたしといかないのが厳しい現実。結婚からわずか一年で夫に先立たれたメアリーは、居酒屋の経営も立ちいかなくなるという不運にも見まわれた。そこで再び男装に身を包んだ彼女は、オランダへ向かって歩兵連隊に入り、次には西インド諸島に渡って運を試すことにした。
　メアリーが乗船したオランダ船は、イギリスの海賊に拿捕された。船で唯一のイギリス人であった彼女は、半ば強制的に海賊の一味に加えられた。メアリーは海賊家業をあまり好まなかったようだが、勝手の違うカリブ海では海賊以外に仕事の口がなか

ったのかもしれない。止めるチャンスはあったはずだが、彼女は私掠船の乗組員を経て、海賊ラカム一味の一員になった。

メアリーがアンに言い寄られたのは、こんな時期の話だったのである。

海賊として

互いの正体を知ったアンとメアリーは無二の親友となった。お互い以外には本当の性別を秘密にするつもりだったが、仲睦まじい二人の姿にラカムが嫉妬し、メアリーを殺すといきまいたので、船長にだけは友人の正体を教えざるをえなかった。ラカムさえ丸め込んでしまえば、船でもっとも勇敢な乗組員であるアンとメアリーが実は女などと疑う者は誰もいないのであった。

独り身のメアリーを、生涯二度目の恋が襲ったのがいつごろかは、正確にはわからない。ラカム一味は西インド諸島の船を次々と捕らえ、拿捕した船の船員で役に立ちそうな者は、強引に仲間にしていた。そうして仲間にされた一人の魅力的な青年に、メアリーは心奪われてしまったのだ。

メアリーは自分が内心では海賊を嫌っていることをほのめかして青年と親しくなってから、折を見て自分の白い胸を見せ、女であることを打ち明けた。既に親友になっていた青年は心底驚いたが、彼女の想いに情熱的に応えた。

海賊稼業に身を置いていても、メアリーは献身的で一途な女だった。彼女は恋人がある海賊に喧嘩を売られ、決闘することになったと知ると、相手のほうが自分の恋人より手強いのではないかと、不安で矢も盾もたまらなくなった。だが愛する人に臆病者の汚名を着せるわけにはいかない。

そこで彼女は恋人を守るため、自分が先に件の海賊と戦うことに決め、相手に挑戦したのだ。指定の時刻は恋人の決闘の二時間前。ピストルと剣で相手と戦ったメアリーは、見事に海賊を倒し、恋人の名誉と生命を守った。

この件以降、司祭はいなかったけれども二人は結婚を誓い、心の中では夫婦同然の絆で結ばれることになった。

二人の女海賊、捕らわれる

カリブを荒らしまわったラカム一味は、1720年10月ごろ、ジャマイカの北岸において停泊中、総督からラカム捕縛を依頼された私掠船に奇襲を受けた。

戦意を失った仲間が甲板の下に隠れる中、アンとメアリーだけは甲板上で雄々しく

戦い、捕らわれるまで奮戦を続けた。二人のうち一人に至っては、戦意を失って船倉に隠れる仲間らに向けてピストルをぶっぱなし、罵声を浴びせたという。

ラカム一味はサンジャゴ・デ・ラ・ヴェガに送られ、海賊裁判にかけられた。当然ながら、世間の人々は二人が女海賊であることを知ると大いに驚き、同情的になった。とりわけ「恋人以外とは誰とも私通のようなことをせず、夫とともにできるだけ早く海賊をやめようとしていた」と供述したメアリーに対しては、真剣に減刑が検討された。

けれど、メアリーは昔「常に危険と隣り合わせで、生き長らえたとしても屈辱的な死が待っているだけの海賊稼業のどこがいいのか」と問われたとき、「縛り首などは大したことと思っていない。その刑がなければ誰もが海に出て海賊になってしまうので、(獲物が海からいなくなってしまうため)勇敢な男たちが飢えてしまう」と語ったことがあった。それを聞いた男が証言を行ったため、裁判所は彼女を救えなくなった。

またアンのほうは非常に気が荒く、幾つもの罪を重ね、かつて女中をナイフで刺殺した嫌疑までかけられていたので、情状酌量の余地がなかった。海賊ラカムに死刑執行直前の最後の面会を許されたさいに、「あんたが縛り首になるのは悲しいよ。だけどあんたがもっと男らしく戦っていたら、犬みたいに吊るされなくて済んだんだよ」と語りかけたのも悪評を買った。気性の激しいアンらしい言葉だが、改悛の色なしと見なされたのだろう。

しかしアンとメアリーに宣告された死刑は、最後まで執行されなかった。彼女らが法廷でこう語ったからだ。「私たちのお腹には赤ちゃんがいます」と。

証言が事実と確認されたので、二人の縛り首は出産後まで延期された。メアリーにはいずれ減刑される見込みがあったのだが、不幸にも牢内で病気にかかり、そのまま世を去った。恋人のほうは無罪になり放免されたようだ。

アンは無事に出産を終えたが、縛り首は何度も順延された。ジャマイカにはアンの父と商売上で関係のあった人々が少なからずおり、彼らが死刑の阻止に尽力したのである。刑が最後まで執行されなかったことははっきりしているが、女海賊アンがその後どうなったのかは不明である。

アン・ボニーとメアリー・リードの二人は、大海賊というわけではない。彼女らがしばしば女海賊の例としてひきあいに出されるのは、捕らわれて正式な裁判にかけられたおかげで、比較的記録が残されているせいである。その二人にしてこの波瀾の生涯である。他の、名のみが残されている女海賊たちは一体どんな人生を歩んだのだろうか。興味は尽きない。

─── その他の女海賊 ───

　女海賊アンとメアリーの物語は、裁判記録があるだけに真実と認められ、また近世の事例だけに比較的詳細な事情がわかっている。しかしこれは非常に例外的なケースなのだ。世界には他にも女海賊の物語が伝わっているが、その多くは伝説の域を出ない、実にあいまいなものばかりである。

　海賊に限らずこういう社会からのはみだしものの生涯は、最初から最後まで伝説の霧に包まれるか、あるいは逆に完全に忘れ去られるかのどちらかなのだ。

　そんな世界の女海賊から、興味深い人物をあと二人ほど紹介しよう。

●ジャンヌ・ド・ヴェルヴィーユ ── 復讐の貴婦人海賊

　ジャンヌ・ド・ヴェルヴィーユは、英仏海峡に海賊行為が蔓延した14世紀に生きたという伝説の女海賊である。

　彼女はフランスのナント周辺に住む裕福な男爵、オリヴィエ・ド・クリッソンの妻で、「妖精のような美貌」をもつ貴婦人としてフランス中に名を知られていた。宮廷に知人も多く、港町ナントが多くのフランス海賊の拠点だったとはいえ、本来ならば血なまぐさい行為とはもっとも縁遠い種類の人だった。

　だが英仏百年戦争の開戦が、この貴婦人の運命を狂わせた。開戦から五年後の1343年8月、夫のクリッソン男爵がイギリスの海賊に便宜を図り、国益を損なったとの嫌疑をかけられ、パリに連行されたのだ。男爵は戦火が広がる趨勢に逆らい、隣国イギリスとの友好を説く融和論者だった。

　彼にかけられた嫌疑の真偽は定かでない。内通の証拠はなく、自白もなかった。だがジャンヌの必死の嘆願運動にもかかわらず夫は有罪を宣告され、断頭刑に処された。ナント随一の騎士の頭は、慣例に従ってナントの城壁から吊るされ、無残にも市民の前で晒し者にされた。

　愛する夫を理不尽に奪われ、いわれのない恥辱を味わわされたジャンヌの心に、フランス国王に対する憎悪の炎が灯った。彼女は夫を救うために集めた資金、所領や宝石、家財道具などの財産を投じ、三隻の快速船を仕立てると船出した。旗艦は「復讐（ヴァージャス）」と名づけられた。

　ジャンヌはフランス国王への復讐のため、残虐で無慈悲な海賊船団の首領となったのだ。まだ若い二人の息子を従え、彼女はフランスの沿岸を襲い続けた。沿岸の都市や村を襲撃しては焼き払い、捕らえた者は喉を抉った。船団に襲われた船舶は、ことごとく沈没させられた。ジャンヌは勇敢で凶悪な二人の息子を従え、斬り込みの際にさえ先陣をきったという。

　フランス国王は、ブルターニュ地方からノルマンディー地方にかけての海域で、海上交通が事実上不可能になるほどの深刻な被害に、討伐艦隊を二度にわたって派遣した。だがこの艦隊は、手ひどい歓迎を受けていずれも逆に撃滅されてしまったという。

村を焼き、港を襲い、船を沈め、フランス沿岸を荒廃させた貴婦人海賊は、最後まで捕まることはなかった。「永遠に姿をくらました」とされる彼女の最期について知る者はいない。出典すらも定かでない、伝説の物語である。

● 鄭(チエン)夫人──大海賊連合の女首領

続いて紹介する鄭夫人は、そのスケールの大きさにおいて他の追随を許さない女海賊だ。19世紀初頭の人である彼女は、総勢十万人にも及ぼうかという巨大な海賊連合の頂点に君臨し、広東(かんとん)省を中心に中国の南東岸に勢力を張った。

鄭夫人はもともとは売春婦で、鄭乙という海賊と結婚した。鄭乙は海賊として名誉ある伝統を誇る鄭一族の一人で、若い頃は戦乱に乗じてベトナムで暴れた男だった（当時のベトナム皇帝が招き入れたため、多くの中国海賊が彼と同様にベトナムで活躍した。海賊連合の提督はほとんどが同様の経験を持つ）。中国に戻った鄭乙は、優れた指導力を発揮して広東省の海賊小集団を集め、強力な連合へとまとめあげた。

1804年の時点で、すでにこの連合には七万人の海賊と四百隻のジャンク船が参加していたという。

彼が築き上げた連合は、非常に大規模な組織だった。ほとんど「海軍」と呼んでもいいかもしれない。連合は六個（初期には七個）の大艦隊にわかれており、それぞれ赤、黒、白、緑、青、黄の旗を使っていた。各艦隊には七十～三百隻の大小のジャンク船と数千～万単位の海賊が所属していた（たとえば鄭夫人が率いた最大の赤旗艦隊は三百隻以上のジャンク船と二～四万人の海賊で構成されていた）。

鄭乙はわずか数年でこの巨大海賊組織を作り上げ、清(しん)朝にも手に負えない男になったが、不運にも1807年11月ベトナムで村民の逆襲にあって殺された。

夫の死後、その跡目を継いだ鄭夫人は、すぐに厳格な規律を定め、海賊組織に徹底させた。分捕り品をきちんと帳簿につけ、規律違反者は死刑に処し、村人に勝手に暴力を働いた者には厳罰をもって報いる。その規律の厳格さは、たまたま処刑の場面を目撃した西洋人の手記にも記録されている。

亡夫よりも強い組織・ビジネスへの志向を持つ鄭夫人の合理的な指導の下、海賊たちはより強い経済基盤を手に入れた。通行保料と掠奪に支えられた財政、厳格な規律で統制された組織、地方海軍を圧倒する艦隊を誇る彼らは、一大企業、いや海の軍閥とでもいうべき存在へと成長したのだ。海上の覇者となった彼らは、やがて獲物を求めて陸上へも進出するようになった。

海賊は沿岸部を我が物顔で航行し、1808年には浙江(せっこう)省の最高司令官を殺すに至った。清国側は数度にわたって政府艦隊を派遣し、討伐を試みたが、逆に鄭夫人の巧みな戦術指揮の前に、大敗を喫してしまった。一時的に撃ち破られても、鄭夫人はすぐに勢力を挽回し、逆襲に転じるのだった。

一言でいえば、彼女は政府の艦隊を全く恐れなかったのだ。逆に海賊連合は、町や村を襲う際に平気で正規兵に襲いかかり、これを圧倒してしまった。

西洋人の力を借りても海賊連合を制圧できず、万策尽き果てた清国政府は、ついに奥の手を使うことになった。
　征伐できないなら取り込むしかない。罪を赦免し、地位を与えることで、凶暴な蛮族を手なずけるいつものやり方である。
　そのころ都合よく、鄭夫人と黒旗艦隊のオウ・ポ・テ提督の間で不和が生じ、オウ・ポ・テが清国に帰順してきた。そこで清国政府は彼を厚遇し、二つの町を与え、高禄をもって召抱えた。
　鄭夫人をはじめとする海賊提督たちは、オウ・ポ・テが赦されたのを見て、考えを改めた。鄭夫人ら海賊提督は、海賊行為で築いた財産を没収されないという保証を得たうえで、次々と清朝に帰順した。海賊を引退した鄭夫人は大密輸団の首領として安楽に一生を終えたという。
　指導者を失った海賊連合は瓦解し、政府の手に負える小海賊集団に分裂した。頑迷に海賊行為を続けようとした連中は、やがて鎮圧される運命だった。
　賢明な女首領に率いられた巨大な海賊連合が存在し、シナ海を制圧したのはわずか十年間ほどだった。
　最盛期には、彼らは清朝ですら倒せると豪語していたという。優れた経営手腕を持つ鄭夫人なら、本当に中国二人目の女帝の座を狙えたのかもしれない。だが彼女はそれをせず、みずからの分相応の成功に満足して第一線から身を退き、安楽な余生を得た。まこと中国的出処進退というほかない。

第1章　戦場を駆け抜けた女性たち

スターリングラードの白薔薇
Lidiia Litviak
リディヤ・リトヴァク

◆地域：ロシア(東部戦線)

◆時代：第二次世界大戦中

◆生没年：1921～1943年

◆出典：──

武器を手に戦う女性は、近代、現代にも数多くおり、むしろその数は増えているようにも思われる。兵器の発達により、身体的なハンデが埋められる面があるからだろう。第二次世界大戦の東部戦線で活躍した戦闘機エース、リディヤ・リトヴァクは、そうした近代の戦う女性の先駆である。だが彼女の空には、悲しみしか待っていなかった。

バルバロッサ作戦とソ連空軍最悪の日

　1941年6月22日は、ソヴィエト(現ロシア)国民にとって悪夢の日となった。"バルバロッサ"作戦──ナチスドイツが独ソ不可侵条約を一方的に破棄し、ソ連侵攻作戦を開始したのだ。ドイツ軍300万は最新鋭の戦車と航空機、そして同盟軍の援助を得て、怒涛のように国境線を越えた。対独戦の準備にまったく欠けていたソ連軍は初撃で甚大な被害を受け、敗退に敗退を重ねた。

　ドイツ軍が第一撃目として狙ったのは、ソ連空軍が所有する全作戦機の75%を配備していた独ソ国境地帯の前線飛行場、約60カ所への奇襲だった。突然の空襲を受けた前線飛行場では、ソ連空軍機が緊急離陸することすらできないまま、地上で残骸へと変えられた。ソ連空軍は開戦から一週間の間に4000機以上を失った。それは壊滅的な痛手だった。なんとか飛び立って迎撃を試みた者もいたが、旧式の機体、練度の不足のため、大半がドイツ空軍に鴨撃ちの的を提供するだけに終わるという悲惨なありさまだった。こうしてほぼ完全に制空権を握ったドイツ軍は、機械化部隊による破竹の進軍に移った。

　ドイツ機甲軍団は快調にロシアの大地を奥深くまで蹂躙し、1941年11月15日には首都モスクワへの総攻撃にかかった。だが自信過剰のヒトラーは、ナポレオンの轍は踏まぬと考えながら、まったく同じ過ちを繰り返した。早期決着を信じて疑わず、ドイツ軍に十分な防寒装備を用意しなかったのだ。ロシアの冬将軍の猛威と、ソ連軍の粘り強い抵抗の前に、モスクワの中心から20数キロの地点まで迫ったドイツ軍の猛攻はかろうじて阻止された。

　このように深刻な危機に追い込まれた祖国を前にして、ソ連の民間人からは多くの

志願兵、義勇兵が出た。二次大戦中のソ連軍の特異な点は、いくつかの分野で、少なからぬ人数の女性を前線で戦う兵士として登用したところにあった。その中には、著名な女性飛行家、マリナ・ラスコヴァの呼びかけで編制された、男性同様の戦闘任務をこなす女性飛行連隊も含まれている。

女子飛行連隊の成立と経緯

　モスクワ放送を通じて行われたマリナ・ラスコヴァの呼びかけには、飛行訓練を受けた女性という制限があったにもかかわらず、若い女性であるという理由でこれまで志願を受け入れられなかった全土の女性たちが応えた。願書が殺到し、面接の候補者だけで2000名に及んだという。
　条件を満たす女性がこれほどまでにいた背景には、各地の飛行クラブ(オソアヴィアヒム)の存在があった。これは労働者が休日に飛行ライセンス取得に向けた訓練を受けられる民営団体だったが、一面では有事に徴用できる軍用機搭乗員の予備軍を育成する役目をも担っており、成立から軍の支援を受けていた。第二次世界大戦勃発までに、クラブで飛行免許を得た男女は12万人以上にのぼっていた。志願者の大半はここの出身者か指導員だったのだ。
　マリナ・ラスコヴァは三個飛行連隊を作るために約1200人の女性を採用した。その中に、リディヤ・リトヴァクという小柄で可愛らしい、まだ21歳の娘がいた(もっとも他の隊員も、おしなべて若い娘だったが)。

大空を愛した少女

　リディヤ[注1](愛称はリリー)・リトヴァクは1921年に、鉄道労働者の父、店員の母から誕生した。父は1937年に「人民の敵」として処刑されている。生前、リディヤはソ連の英雄としてはふさわしからぬこの秘密を隠し通した。もし表ざたになれば、公的な活動から一切締め出される危険があったからだ。
　子供のころから大空に憧れていた彼女は、15歳のときにモスクワの飛行クラブへの参加を願い出たが、受け入れられなかった。17歳にならないと参加できないという規定だったので、これは仕方がない。普通ならば諦めて二年待つところだろうが、リディヤは違った。クラブへ通いつめ、自分の航空知識をアピールしたのだ。
　その甲斐あって、リディヤは16歳での特例参加を認められたのである。すると彼女は天稟(てんぴん)を発揮してたちまち飛行技術を吸収し、飛行員との同乗飛行四時間を終えた

註1)リディヤの正確な名前についてはリーリャ、リルヤ、リディアなど諸説がある。

後、若干16歳の身で単独飛行を許された。可愛らしい外見に似合わず、自分の意思を押しとおす勝気な気性の娘だったリディヤは、必ず反対するに決まっているからと、はじめは母親にまで秘密にして飛行クラブに通っていたという。

リディヤは灰色の瞳をした金髪の美少女で、身長五フィート（約150cm）ととても小柄な娘だった。無邪気な面があり、茶目っ気が強く、機転の利く魅力的な少女だったそうだが、内面深くには戦闘機乗りに不可欠な闘志を秘めてもいた。

同期の女性の証言によれば、リリーは飛行クラブに在籍中、自己顕示精神を発揮して、低すぎる高度で曲芸飛行を行い、しばしば教官ともめ事を起こしていたらしい。この「癖」は戦闘機パイロットとなってからも続き、敵機を撃墜するたびに、着陸前に飛行場の上で曲芸飛行を披露して、派手に勝利を祝うのが常だった。むろん後で連隊長に苦い顔でお小言をいわれるのだが、彼女のほうはしれっとしたもので、着陸すると整備士に「親父さんは怒鳴ってた？」と悪戯っぽく尋ねたという。

リリーは自分が美人の部類に入ることをよく自覚し、おしゃれには気をつかう娘でもあった。戦争中でも女らしさを失わず、野暮ったい軍服でもなんとか身だしなみを整えようと工夫した。彼女が花を好んだのは有名な話で、乗機の計器盤や帽子をしばしば野の花で飾り、機体の側面に白い百合（これが薔薇の花と見間違えられ、「スターリングラードの白薔薇」の異名を取ることになる）のパーソナル・エンブレムを描いていた。

だがこれらのエピソードは後の話である。マリア・ラスコヴァの募集がかかると、飛行指導員として働いていたリディヤは早速志願した。彼女は当然ながら採用され、新設の女子連隊の一員として迎えられた。

訓練と第586女子戦闘機連隊

すでに飛行時間が100時間以上に及んでいたリディヤのような例外を除いて、採用された女性たちの技量は平均するとそれほど高くはなかった。彼女たちはまずエンゲルスの飛行場に集められ、軍人としての規律と技能を六カ月にわたって叩き込まれた。大半が少女と呼べる年齢の娘たちにとって訓練は非常に厳しく、速成教育のためにそうとう危険な試験も行われたようだ。

しかしエンゲルスにおける女子搭乗員の飛行訓練でも、リディヤは自分の技量を存分に示した。過密スケジュールの中、ポリカルコフPo-2複葉練習機を使った格闘戦演習で、男性教官を破って見せたのである。曲芸飛行をやらせても、右に出る者はいなかった。技量で群を抜いていた彼女が、全志願者の目標である戦闘機連隊に選

抜されたのは当然のなりゆきだった。

　志願者は訓練の過程で、適性に応じて操縦士、航法士、整備士などの役目に割り当てられ、さらに三つの連隊に編制された。第586女子戦闘機連隊、第587女子爆撃機連隊、第588女子夜間爆撃機連隊である（ちなみにこれら女子連隊は必要な職種すべてが〈当初は〉女性で占められていた）。むろんリディヤが振り分けられたのは第586女子戦闘機連隊で、実戦に即し、新たに訓練機としてヤコブレフYAK-1戦闘機が使われるようになった。

　そして半年後の1942年5月17日、若き女兵士たちは基地の男性兵士を交えたダンス・パーティーで卒業を祝った。志願兵とはいえ彼女らは若い娘で、軍の規律が許す限り、戦争中もそうであり続けたのだ。若々しい娘たちの中でもひときわ魅力的な容姿に恵まれていたリディヤは、同僚たちの回想によればずいぶんともてたそうだ。

転属に次ぐ転属と初撃墜

　第586女子戦闘機連隊の最初の実戦は、サラトフという町の防空任務だった。続いて秋にはヴォロネジに進出し、ここでも要衝の上空を守る哨戒（敵の攻撃が危惧される地域を定期的にパトロールすること）任務についた。敵爆撃機が都市や戦略拠点に到達する以前に阻止するのが、女子戦闘機連隊の役目だった。リディヤもここで初出撃を果たしている。重要だが、第一線とは言い難い任務内容だった。

　そこで連隊中でも特に優れた技量を持つ者に、通常の連隊に補充兵として赴任し、男性に混じって戦うよう命令が来たのだ。リディヤ、そして彼女の親友であるカティヤ・ブダノヴァにも転属指令は来た。まずリディヤは第268戦闘飛行師団に配属され、次に第437戦闘機連隊へと異動になった。後者の連隊には新鋭のラヴォーチキンLa-5戦闘機が配備されており、リディヤはこの機体を駆って生涯初の敵機撃墜を果たしている。1943年9月13日、転属してわずか二日後に、メッサーシュミットBf109、ユンカースJu88の二機撃墜を記録したのだ。まことしやかに語られた伝説によれば、Bf109のパイロットは35機撃墜のエースであるハインリッヒ・グラフ中尉だったといわれていたが、戦後の調査によって中尉はその二週間ほど前に戦死していたことが判明している。

　リディヤはこの連隊で撃墜記録を伸ばしてから第287戦闘飛行師団の女性のみで構成された編隊に参加する。さらに11月になると名誉ある親衛第9戦闘機連隊に組み込まれた。しかしこのエリート連隊の男たちは女性であるがゆえに彼女を嫌い、リディヤは活躍の場もなくすぐに異動させられてしまった。

　こうしてめまぐるしい異動を経験した後、彼女とカティヤ・ブダノヴァは終のすみかとなった第296戦闘機連隊（後に親衛第73戦闘機連隊）とめぐりあった。当時連隊はスターリングラード上空を戦場に、連日ドイツ空軍（ルフトヴァッフェ）と死闘を繰り広げていた。眼下の市街では血で血を洗う市街戦が行われ、ソ連軍反撃ののろしとなるスターリングラード戦がまさにたけなわという重要な戦局だった。リディヤは少尉になっていた。

アレクセイ・サロマーテンとの出会い

　第296戦闘機連隊司令のニコライ・バラノフ中佐も、当初は配属されたリディヤ少尉を戦闘機乗りとして認めず、ぞんざいに扱った。すぐに転属させるつもりだったらしい。

　バラノフ中佐はバルバロッサ作戦当時から実戦で戦い続けていたベテランで、彼の連隊は自由索敵戦術（フリーハンター）を採用するソ連空軍中の精鋭部隊のひとつだった。自由索敵戦術とは二機の戦闘機が一組となって独自の判断で敵機を捜索する戦法で、長機

(先頭の機)が敵機との格闘、列機(後続の機)が長機の後方上空での警戒と援護を担う、攻防の役割を明確に定めたものだった。それまでソ連空軍が使用してドイツ空軍に侮られた時代遅れの戦術よりも、自由度が高くはるかに実戦的だったが、ペアには信頼関係と高い技量が要求された。

バラノフは、女子搭乗員に十分な技量があるとも、彼女たちと他のパイロットとの間に信頼関係が築かれるとも考えていなかった。スターリングラード上空は当時もっとも激烈な航空戦の舞台だった。激戦地であたら若い娘を無駄に散らせることはない、もっと危険の少ない任務はいくらでもある、そうバラノフが考えたとしても無理はない。

しかしバラノフの部下で、個人的な親友でもあった熟練パイロット、アレクセイ・サロマーテン大尉は違う考えだった。彼は初対面からリディヤに好印象を抱いていたのだ。実戦で腕前をテストしてくれと直談判に乗り込んできたリディヤに味方し、サロマーテンはバラノフを説得して、自分の列機として飛ばせることを約束させた。

翌日の飛行で、リディヤはサロマーテン機の後方に張りついたまま離れない、見事な操縦技術を披露した。誰もがこれには驚いた。美男子の大尉は既に多数の撃墜記録を有する連隊指折りのパイロットで、彼の操縦についていける者は隊内にもいなかったからだ（ついてゆくのに夢中になるあまり、サロマーテンがBf109と交戦して撃墜していたのに気づかず、着陸後に聞かされて唖然とする一幕はあったが）。アレクセイ・サロマーテンは、生涯で12機の単独撃墜、15機の共同撃墜を数えたエースだった。

サロマーテンの口添えで、バラノフ中佐は考えを改めた。リディヤとバラノフの列機として出撃したカティヤは連隊残留を許された（一度実力を認められたリディヤは連隊司令のお気に入りとなり、少々のお茶目は大目に見てもらえるようになった）。そして翌日もサロマーテンの列機として飛んだリディヤは、共同でハインケルHe111爆撃機を撃墜した。ふたりはいいコンビで、数日でお互いに戦友を越えた好意を抱くようになっていた。リディヤとサロマーテンは、敵機撃墜を飛行場上空での派手な曲芸飛行で祝った。

スターリングラードの白薔薇

スターリングラード上空への連日の出撃で繋がりを深めていったリディヤとサロマーテンは、半ば公然たる恋人関係になった。風紀を乱しかねない関係だったが、大尉の個人的な友人であるバラノフ中佐は、行き過ぎない限り大目に見てくれた。軍隊としてはずいぶんとおおらかな話だが、リディヤは恋愛によって戦意を鈍らせるどころか、サロマーテンを狙う敵機に普段は秘めている攻撃的な気質を剥き出しにして戦いを挑んだというから、戦力としてはむしろプラスに働いていたのかもしれない。互いを気遣

う両機は、巧みな連携を駆使して次々と撃墜数を稼いでいった。

　リディヤが1943年2月17日に最初の勲章である赤旗勲章（戦闘で著しい勇敢さを示した軍人に贈られた）を受け、中尉に昇進すると、軍の報道が彼女に注目した。21歳の美少女で、激戦地スターリングラード上空を飛ぶ凄腕の戦闘機パイロットとくれば、戦意高揚のネタとしてこれ以上のものはない。彼女は自分が過大に報道されるのを嫌ってインタビューをできるだけ避けたというが、それでも彼女の名はソビエト中に知れわたり、乗機の風防の下側面に描かれた白薔薇（本当は白百合）にちなんで「スターリングラードの白薔薇」の異名で有名になった。この宣伝の結果、リディヤ・リトヴァクはドイツ軍にも知られ、彼女の乗機が来ると警戒されるようになったという。

　ほどなくさらに上級中尉へと昇進したリディヤは、スターリングラードでのソ連軍勝利に伴う第286戦闘機連隊の移動に従って、ドンバス地方へと転戦した。だが3月22日に、九機目の個人撃墜であるJu88爆撃機と交戦中に、敵機銃座から（一説には護衛のBf109）から銃撃を受けて脚を負傷し、事実上の相打ちとなって不時着を余儀なくされた。彼女は上空を心配そうに飛ぶサロマーテン機に大丈夫だと手を振ってみせたが、実は後方で治療に専念せねばならないほど負傷は深かったのである。

負傷と恋人の死

　負傷治療の許可を得て故郷モスクワの母の下へ帰郷したリディヤは、やはり以前とは様子が違っていたという。かつての天真爛漫な無邪気さは陰を潜め、変わって真剣で緊張した表情を浮かべることが多くなっていた。母親は内心で娘の変化を悲しんだが、戦場に、戦友の所に戻りたがっているリディヤを止められなかった。

　リディヤはわずか二週間で休暇を切り上げ、入院も含めて三週間で連隊に合流した。だが彼女が留守にした短い期間に、大きな変化が起こっていた。第296戦闘機連隊はロストフ付近の飛行場に異動となり、名誉ある親衛部隊の称号を授与されて「親衛第73飛行連隊」となり、そして彼女とカティヤの理解者になってくれたバラノフ中佐が撃墜され、戦死していたのである。

　連隊は悲しみに沈んだが、感傷にひたっている暇はなかった。スターリングラードの大反攻作戦は成功したものの、大局的にはまだ一進一退の状勢だったのだ。いつ果てるともない戦いを、連隊は続けねばならなかった。そのさなか、さらなる別離がリディヤを襲った。次に死神の手によって奪われたのは、彼女が休暇中に書いた手紙の中で愛を告白したアレクセイ・サロマーテンだった。

　その事件は5月に起こった。飛行場上空で、サロマーテンと新入りのパイロットとが

リディヤ・リトヴァク

模擬格闘戦訓練を行っていた。リディヤが皆とともに見上げて見物する中、歴戦のエースであるサロマーテンは巴戦中にぎりぎりの低速旋回を駆使して新入りパイロットを破った。悲劇はその直後に起こった。サロマーテンは限界を超えて速度を落としてしまったのだ。機体は錐揉(きりもみ)状態に陥ったまま、態勢を立て直す余裕もなくまともに墜落した。最高の僚機であり、戦闘技術の師でもあった恋人は、リディヤの目前で大地に激突死したのである。

白薔薇は散った

　戦時中でなくとも、若い娘が恋人を目前で亡くせば、深刻なショックを受ける。リディヤがサロマーテンの死を振り払おうと、戦闘に没頭するようになったのを責めるのは酷だろう。リディヤは彼女とサロマーテンが共に乗機の翼に腰掛けている写真を大事にポケットに入れていたという。

　リディヤが10機目の敵機を撃墜し、晴れてエース(この時期のソ連空軍では10機撃墜でエースと認定された)になったのもこの時期のことである。10機目はドイツ空軍のエースで、機体に数発の弾丸を食らった死闘の末に、彼女は強敵のメッサーシュミットを火だるまにした。敵パイロットは機体を捨てて落下傘降下し、捕虜として連隊司令部に連行されてきた。多くの勲章を胸からぶら下げた壮年のドイツ軍パイロットは、意地悪な者に「自分を撃墜したパイロットに会いたいと思わないか」と問われ、「ぜひ会いたい。彼は連隊トップの男だろう」と自信たっぷりに答えた。

　呼ばれてきたリディヤが自分を撃墜した「強敵」だと教えられても、ドイツ軍パイロットは信じず、冗談はやめてくれ、私は自分を撃墜した男に会いたい、と言い張った。それがリディヤの逆鱗に触れた。彼女は男の前に胸を張って立ち(といっても小柄なので、頭が相手の胸にも届かなかったそうだが)、格闘戦の経緯を克明に語って聞かせた。当事者でなければ絶対に知り得ない内容だった。通訳を通して話を聞いた相手にもそれは伝わったのか、どんどんと態度が萎縮して、最後にはリディヤを戦った相手と認め、きちんと敬意を払うようになったという。身近な人々によればリディヤは地上では娘しからぬ攻撃的な気性を隠していたが、この事件が唯一の例外だったそうだ。

　撃墜されるという不運は、何もこのドイツ軍パイロットに限った話ではなかった。この一件の直後、リディヤも二度にわたって続けざまに撃墜された。二度ともドイツ軍戦線の後方に不時着したが、一度目は徒歩で、二度目は味方のパイロットに救助されて、無事に基地まで帰還している。

　しかしリディヤの昔からの親友で同僚、相談相手、そしてやはりエースだったカティ

ヤ・ブダノヴァはそう幸運ではなかった。カティヤは10機目、11機目を単独で撃墜した7月18日に、フォッケウルフFw190に撃墜され、不時着に失敗して戦死したのである。

　親しい人々を次々と失ったリディヤは、深い孤独に沈んでいたようだ。そして彼女にも刻々と最期のときが迫っていた。1943年8月1日、朝の出撃の前に、リディヤはモスクワの母にあてた手紙を友人に代筆してもらっている。

「戦いが長く続く生活の中に、私は完全に飲み込まれています。戦闘のこと以外は何も考えられないように感じます。便りを書く時間がなかなかなく、今やっと書くことができました。お察しのとおり私は元気に過ごしています。ちょっと手に負傷したので、友達に代筆してもらったところです。何よりも、私は祖国と大好きなお母さん、あなたを愛しています。私たちが昔のように楽しく一緒に暮らすことができるように、頑張って戦い、ドイツ人どもを祖国から叩き出します。お母さん、あなたに逢いたい気持ちでいっぱいです。心からキスを送ります(ブルース・マイルズ著/手島尚訳『出撃! 魔女飛行隊』)」

　この日の最後の出撃で、リディヤと列機は敵爆撃機の捜索任務中に敵のメッサーシュミットの編隊と遭遇し、空中戦となった。激しい空戦のさなか列機のパイロットが、8機のメッサーシュミットに同時に狙われ火を吹いている長機のYak-1を見たのを最後に、彼女の消息は途絶えた。敵は白薔薇の目立つリディヤ機に狙いを定めて、執拗に追いすがっているように見えた、と列機のパイロットは語っている。

　撃墜されたはずのリディヤの行方は、長い間不明だった。捜索にもかかわらず乗機の残骸も死体も見つからなかった。一年足らずの間に168回の任務をこなし、個人撃墜12、共同撃墜3を数え、22歳の若さで散ったスターリングラードの白薔薇は、行方不明のため最高の栄誉である金星記章を受けられなかった。捕虜となったのではないか、という疑いがかけられたのだ。

　だが関係者は諦めずに捜索を続け、1979年になってからついに身元不明の戦死者として埋葬されていた彼女の遺体を発見した。彼女は慣例に従って乗機の翼下に埋葬されていたのだが、残骸が撤去されてしまっていたのでなかなか発見されなかったのだ。科学的な検査の結果、小柄な女性の亡骸がリディヤのものであるのが確認され、1990年にゴルバチョフ大統領からGSS金星記章が追贈されている。

　リディヤは誰よりも空を愛していた以外は、年齢相応の普通の娘だった。ただ時代が彼女に与えてくれたのは、爆音と殺意が交錯する空だったのである。

　最後の出撃の朝も、彼女は野の花を摘み、自機の計器盤を飾っていたという。戦争のさなかにあっても娘であり続けた女性エースは、愛してやまなかった花の運命をなぞり、短く咲いて、美しく散った。スターリングラードの白薔薇、その異名どおりに――。

西部の女アウトロー
Calamity Jane
カラミティ・ジェーン

- ◆地域：北米
- ◆時代：19〜20世紀
- ◆生没年：1852〜1903年
- ◆出典：『カラミティ・ジェーンの生涯と冒険』など

古きよき西部を代表する女アウトロー、カラミティ・ジェーンの生涯は、生前から様々な伝説に彩られていた。当人の死後もその名声は高まり、いまや世界的な有名人とさえいえる。厳しい西部の現実をしたたかに生き抜いたジェーンが、女性の美徳を十二分に備えたヒロインへと美化されていく過程からは、女性の英雄がいかにして生まれるかが読み取れる。

若き、荒々しき西部

若き大国アメリカにとって、西部開拓、無法時代の物語は神話にも等しい。

危険に満ちた荒野を、銃一丁を頼りに渡る命知らず(デスペラード)たちの時代。後世にはロマンチックにも"荒野の騎士"と異名されるカウボーイが、何千里にもわたって牛追いの旅(ロング・ドライブ)をし、西部の山々に金を夢見る山師、金鉱師が殺到した時代。金の噂や鉄道の敷設に絡んで、一夜にしてブーム・タウンが出現した、荒々しい活力に満ちた時代。

ある者は一攫千金を狙い、ある者は家族を養える土地を望み、またある者はほんの数日生き延びる糧を求めて、大胆かつ向こう見ずにフロンティア・ラインの向こう側へ歩を進めた。侵略者を憎むネイティブ・アメリカンの襲撃、無法者(アウトロー)の脅威、毒蛇などの危険な生物……。法の秩序が届かぬ領域まで拡散した人々は、己の身を己で守るために拳銃やライフルで武装していた。町には保安官がいたものの、必ずしも全幅の信頼がおける存在ではなかったのだ。

いまもスクリーンを賑わす西部劇の名ガンファイターたちは、こうした「六連発拳銃が法律」という荒々しい背景から誕生した。伝説的青年ガンファイターたるビリー・ザ・キッド、名保安官ワイアット・アープ、"ワイルド・ウエスト・ショー"で西部を世界に知らしめたバッファロー・ビル、西部の義賊ジェシー・ジェイムズ、伊達男ワイルド・ビル・ヒコックなどなど……。小説やスクリーンで華々しく活躍した彼ら西部の英雄の中には、創作上の人物も混ざっている。実在の人物でも、その生涯は多くの点で脚色され、美化されている。古き伝統を持つ欧州に騎士物語があるように、年若きアメリカには神話・物語としての西部劇があるのだ。そこに登場するヒーロー、ヒロインはアメリカ人にとって神話上の登場人物同然だといえる。アメリカ人が抱く個人主義的な正義感の体現者として

英雄化された西部の荒くれ者たちは、"古き良き西部(オールド・ウエスト)"の記憶と一体となっていまも親しまれている。

そうした群像の中に、紅一点として必ず名が挙げられる女性がいる。

本名マーサ・ジェーン・カナリー、通称"災難(カラミティ)"ジェーンだ。

"災難"が彼女の名

　男装してガンベルトに銃を吊るし、口汚く悪態をつき、平然と酒を飲みタバコを噛んだジェーンは、男勝りの鉄火な気性の姉御だった。酒場で酔っ払うと銃を抜き、保安官の足元に鉛玉を連射してダンスを躍らせるようなこともしたという。酒場で銃を抜いてシャンデリアやランプを撃ち抜くので、いくつもの町から出入り禁止にされていた。乗馬と射撃の名手だった彼女は、性別が女性である以外は他の無法者(アウトロー)とまったく同じような服を着て、同じような悪習に馴染み、同じような仕事をして生活の糧を得ていた。これは男女の身分差にやかましかった西部では異彩を放ついきざまであった（西部の女傑には他にベル・スター、サリー・スカルなどがいるが、その数は少ない）。

　ジェーンは陽気で豪快な言動で知られていたが、因縁深いデッドウッドの町が天然痘に襲われた際に、伝染病患者を献身的に介護するような同情心をも備えていたのは有名な話である。

　いかに無法の西部とはいえ、女デスペラードという"職業"は型破りで、人々の好奇の視線を集めた。生前から人気者だったジェーンの冒険は脚色され、死後にはほとんど伝説化した。荒くれ男と対等にわたり合いながら女性の美徳をも備えていた"平原の女王"は、アメリカ人の好みに叶い、幾つもの小説、映画で永遠の生を得た。

　晩年に書かれた自伝パンフレット『カラミティ・ジェーンの生涯と冒険』（ジェーンが口述した内容をもとに、ゴーストライターが執筆したものと思われる）は、そうした伝説に強い影響を及ぼした文書である。もともとジェーンは、ショーマンシップと稚気にあふれた人柄だった。老いてからは酒場で体験や冒険を面白おかしく語り、聴衆に一杯奢らせて回っていた。それで聴衆が喜ぶなら、ちょっとした誇張くらい朝飯前だったのだ。だからわずか七ページの"自伝"の内容は、ある程度の事実を含んでいるとはいえ年代や事実関係がいいかげんで、史実とは認めがたい。

　しかしジェーンのように風来坊な生活を送った人物の足跡を後世の人間が追うのは、とても難しい。だからここではこの"自伝"を中心に、彼女の生涯を追ってゆく。それはマーサ・ジェーン・カナリーの実像ではないかもしれないが、少なくともアメリカの人々が愛した"災難"ジェーンには違いないのだから。

受難の若かりし日々

　ジェーンは1852年5月10日に、ミズーリ州プリンストンに生まれた。父は牧師ないし農夫、弟が二人、妹が三人いたという。家族は南北戦争が北軍の勝利で終結した1865年（ジェーン13歳）に、幌馬車に乗ってモンタナのバージニアシティに移住することになった。

　もともと乗馬が得意だったジェーンは、この当時から冒険心を抑えきれない血気盛んな少女で、五カ月の旅の大半を、幌馬車隊の男たちと一緒に狩りなどして過ごしたという。旅が終わる頃には、ジェーンは正確な射撃の腕と同年齢の少女としてはずば抜けた乗馬技術を身につけていた。

　しかし新天地への移住は一家に災いをもたらした。翌1866年に母が死に、その翌年にはユタのソルトレークで父までもが没したのだ。残されたジェーンらは1868年（ジェーン16歳）、ワイオミングのフォート・ブリッジャーに流れ着いたが、その後彼女の姉妹がどうなったかは不明だ。おそらく父の死後、離散を余儀なくされたのだろう（バージニアシティ近辺で起きたネイティブ・アメリカンの蜂起に巻き込まれ、はぐれたという説もある）。

　うら若いジェーンは、無法の西部に一人で放り出された。仕事をえり好みする余地はない。頼れるのは自分だけだ。彼女はワイオミングにまで敷設が進んでいたユニオン・パシフィック鉄道（後に大陸横断鉄道となる）のキャンプで、労働者の雑用をして生活の糧を得るようになった。同業者と同じように売春もしていたと考えられている。この当時、ジェーンは娼婦をしながらビリング、シャイアン、ランダーなどかなりの広範囲にわたって放浪していた。生涯一所に長くとどまることが少なかった彼女には、強い放浪癖があったのかもしれない。

"災難"ジェーン誕生

　転機が訪れたのは1870年（ジェーン18歳）だった。ジェーンはワイオミングのフォート・ラッセルで、カスター将軍の軍に斥候（スカウト）として雇われたのだ。彼女はここではじめて男の衣装（合衆国陸軍兵士の制服）をまとった。はじめは違和感があったが、すぐに馴染んだという。しかし自伝の記述とは異なり、陸軍には彼女を斥候として採用した記録がない。正式採用ではなく、現地雇いとして現金払いを受けていたという説もある。ともかく、ジェーンはまだ十代のうちに娼婦の過去とともに女性の姿を捨て、男性と同じように生きる道に踏み出したのである。

カラミティ・ジェーン

"Calamity" Jane

第 1 章　戦場を駆け抜けた女性たち

　ジェーンと軍隊との関係は、1876年まで続いた。ジェーンは西部各地を転戦し、乗馬や銃の腕前を振るって活躍した。彼女が"災難"の異名を手に入れたのも、この時期のことだ。ジェーンはその経緯を次のように語っている。

　ジェーンが、1872年から73年の秋まで続いたネイティブ・アメリカンの蜂起を鎮圧する作戦に参加していたときのことだ。彼女が所属するイーガン大尉の騎兵隊は、数日に及ぶ任務を終えて駐屯地に帰還する寸前で、敵の待ち伏せを受けた。ジェーンは斥候任務を命じられて部隊に先行していたが、後方で無数の銃声が轟いたのを耳にして、急いで馬首をめぐらせた。

　駆け戻った彼女が目にしたのは、銃弾を受け、いまにも落馬しそうに鞍上でよろめくイーガン大尉の姿だった。馬を飛ばして近寄ったジェーンは、鞍からずり落ちた大尉をぎりぎりで抱きとめた。そして意識を失った隊長を自分の馬上に乗せると、敵中を突破して駐屯地へと帰還したのだ。

　意識を取り戻したイーガン大尉は、命の恩人であるジェーンに笑いながら告げた。「あんたに綽名（あだな）を贈ろう。"平原の女王"カラミティー・ジェーンだ」

　勇ましいジェーンに実にお似合いで、真実と信じられている話だが、この逸話は彼女の作り話らしい。ただ場所と登場人物が違うだけで、もしかしたら上の逸話に近いことは実際にあったのかもしれない。

　"災難"の由来には諸説あって、どれが真実かはわからない。確かなのは誰かがジェーンを"災難"と呼び、それがいつのまにか定着したことだけだ。"災難"をもたらすという意味か、それとも"災難"から救うという意味か。きっと呼ぶ人ごとに、"災難"に違うニュアンスを込めたのだろう。ジェーンはそのへんはあまり気にせず、このいかした綽名を笑って受け入れたはずだ。彼女はそういう稚気にあふれた女性だった。

ワイルド・ビル・ヒコックとの恋

　1874年にブラックヒルズ地方で金鉱が発見されると、流入する白人と先住民の間で争いが起こった。聖地の冒瀆に耐えかねたスー族は決起し、第二次スー族戦争が勃発した。そして1876年6月、リトル・ビッグ・ホーン川において、スー・シャイアン連合軍に、カスター将軍率いる第7騎兵隊第5中隊が全滅させられる。西部史の有名な一場面だ。

　実はジェーンも、このとき合流を命じられてビッグ・ホーン川に向かっていた。しかし途中で病気にかかり、14日間身動きが取れなかったのだ。もしかすると彼女は危ういところで命を拾ったのかもしれない。

病気が癒えたジェーンはフォート・ララミーに向かい、そこでジェイムズ・バトラー・ヒコック——通称ワイルド・ビル・ヒコックというハンサムな男と出会った（1870年には既に出会っていたという説もある）。このワイルド・ビルは高名な西部のガンマンで、二丁拳銃の早技で名保安官としての名を売った伊達男だ。まだまだ駆け出しだったジェーンに対し、ワイルド・ビルはすでにヘイズ・シティやアビリーンの治安回復を成し遂げていた勇猛、豪胆、冷酷な西部の名士だった。
　多くの創作物では、出会った二人は恋人となった、あるいは結婚したとなっている。二人は荒野で式を挙げ、立会いの牧師が聖書の見返しに結婚証書を書いてくれたという話が有名だ。しかしこの有名なロマンスには多分にフィクションの香りがする。ワイルド・ビルは当時別の女性（アグネス・レイク）と結婚したばかりだった。ジェーンの自伝の記述から察するに、ロマンスは彼女の片思いだったのではないかと思われるが、真実のところはよくわからない。
　しかし軍との関係を打ち切ったジェーンが、1876年にワイルド・ビルと連れ立ってデッドウッドの町（ブラックヒルズ地方のゴールドラッシュによって出現したブームタウン）に現れたのは確かなことだ。
　ジェーンはデッドウッドで、ポニー・エクスプレス（早馬便）の騎手になった。暴漢が根城にする危険な地域だったが、巧みな騎手である上に射撃の名手としての名声を博すジェーンが仕事を邪魔されることはほとんどなかった。
　けれど一方のワイルド・ビルにとって、この町は悪運の尽きる墓場となった。デッドウッドに到着してからわずか二カ月後の8月、悪名を西部に轟かせたワイルド・ビルは酒場で博打にふけっているところを、ジャン・マッコールというちんけな命知らずに背後から後頭部を撃ち抜かれ、あえなく死亡した。
　自伝の中で、ジェーンは語る。
「そのときちょうどデッドウッドにいた私は、殺しがあったと聞くと現場に駆けつけた。そして友がマッコールに殺されたのを知った。すぐさま犯人を追いかけた私は、サーディ肉屋で暗殺者を見つけて、その場にあった肉切り包丁を突きつけて両手を挙げさせた。ビルが殺されたショックで、拳銃をベッドの柱にかけたままだったからだ」
　ジェーンはこの事件でも、自分の武勇伝をでっちあげている。マッコールを捕らえたのは別人だったのだ。もし彼女が本当に犯人を見つけていたら、腰のコルト45口径が火を吹かずにはおかなかったろう。

放浪の日々

"恋人"を失ったジェーンは、それでもしばらくはデッドウッド周辺に留まり、軍や男のやる仕事をこなしながら、幾つもの逸話を残した。天然痘患者を献身的に(罪のない悪態をつきながら、ではあるが)看病したり、御者がネイティブ・アメリカンに撃たれた郵便配達馬車の乗客六名と郵便を救い出したのもこの時期のことだ。彼女は言動が荒く、酒好きで、勝気な命知らずだったが、不思議なほど弱者に優しい一面を備えていた。だからこそ、人々は本来は鼻つまみ者である無法者のジェーンを許容し、好意をもって遇したのだ。

しかし放浪癖を持つジェーンは、やがてデッドウッドから離れ、流浪の生活に戻った。金鉱掘り、ポニー・エクスプレスの騎手、牧場や宿屋の経営など、次々と仕事を変えた。アメリカの国土を広く旅し、遠くカルフォルニアまで足を伸ばした。だが無法時代が終焉を迎え、足早に秩序が整っていった時期である。ジェーンのような命知らずが容認される余地は、急速に失われつつあった。

1885年(ジェーン33歳)になると、ジェーンはテキサスのエルパソで、クリントン・バークという男と結婚した(少なくともそう主張した)。だがこの結婚は長続きせず、二人はすぐに別れた。この他にも、ジェーンは幾度か結婚したという説がある。だが真実としても、それはいずれも短い蜜月に終わった。家庭的な標準的女性に戻ることに憧れても、悲しいかなジェーンは命知らず、無法者としての生き方しか知らなかったのだ。

晩年……そして伝説へ

17年間の放浪の末、ジェーンは1895年にデッドウッドに"帰って"来た。職を転々とし、当時人気だった西部劇を再現するショーにも出演したが長続きせず、尾羽打ち枯らして古巣に流れついたのである。

西部の厳しい風の中を生きたジェーンに、老いは急速に忍び寄っていた。すでに旧知の友人でも、一瞥では誰であるかわからなかったほどだったという。酒浸りになっていた彼女は、幾度も酒場で悶着を起こした。せっかく得たパン・アメリカン博覧会での職も、酒が原因で失ってしまった。だが人々は好意を失うことなく、貧しい彼女が酒場に現れれば一杯奢り、伝説の"災難"ジェーンが語る若かりし日の冒険譚に耳を傾けた。彼女の伝説の多くは、この時期に語られたホラ話が下地になっているのだという。

ジェーンは1903年8月1日に、デッドウッド近くのホテルで死んだ。酒場で泥酔して体

調を崩し、運び込まれた部屋で天に召されたのだ。「"古い友人"のワイルド・ビルの隣に葬ってほしい」という遺言を受け入れたデッドウッドの住人は、彼女の願い通りデッドウッドの町を見下ろすモリア山の墓地に遺体を埋葬した。女性の葬式としては前代未聞の数百人が参列した。棺の蓋を閉じたのは、かつて少年のときに、ジェーンの看病で天然痘から救われた男性だったという。

　マーサ・ジェーン・カナリーとして誕生した娘は、"災難"ジェーンになり、"災難"ジェーンとして生き、"災難"ジェーンとして死んだ。それは彼女が内なる衝動に従った結果かもしれないし、あるいは娼婦としての暗い過去を消すためだったのかもしれない。だが彼女は活躍の舞台と男装の必要性が失われた後に、器用にマーサに戻ることができなかった。最期までビルへの想いを忘れず、弱者を労わったジェーンは、勝気な言動とは裏腹に、心の奥底に純粋で不器用な部分を抱えていた。それは彼女を幸福な晩年からは遠ざけたが、代わりにアメリカ人に親しまれる永遠のヒロインに昇華させた。

　人々は、バイタリティと自立性、道徳心と女の美徳を兼ね備えた義賊として、"災難"ジェーンを記憶した。西部の荒波を懸命に、不器用に渡った実像とは違う。汚い部分は忘れられ、美しい部分が誇張されたイメージだ。人々がそう望んだとき、事実はたやすく無視され、より好ましいフィクションが真実として受け入れられる。

　マーサ・ジェーン・カナリーの生涯は、一人の孤児が激動の西部を彼女なりにたくましく生きた軌跡だ。だが"災難"ジェーンの生涯は、アメリカの人々が望み、育て上げたアメリカの"伝説"なのである。

第1章　戦場を駆け抜けた女性たち

ロシアの女騎兵
Nadezhda Andreevna Durova
ナージェジダ・アンドレーエヴナ・ドゥーロワ

◆地域：ロシア

◆時代：18〜19世紀

◆生没年：1790(1783)〜1866年

◆出典：『女騎兵の手記』

ナポレオンの時代の帝政ロシア、「大祖国戦争」に従軍した退役騎兵アレクサンドル。後年に"彼"が書いた自伝は、豊かな文才だけでなくその内容で読者を驚かせた。騎兵アレクサンドルは実は女性で、本当の性を仲間に隠しながら二度の戦争を戦い抜いたというのだから無理もないだろう。これは、その女騎兵ナージェジダの物語である。

女騎兵の噂

　1838年、アレクサンドル・アレクサンドロフという著者による『乙女騎兵――ロシアの出来事』という書籍が、ロシアで出版された。

　これは本名をナージェジダ・アンドレーエヴナ・ドゥーロワという、女性ながらロシア陸軍に騎兵として勤務したと主張する著者が綴った、軍隊生活を回想する手記だった。著者の豊かな文才に支えられた手記は好評だったが、あまりに突飛な内容は、手記の形をした小説と受け取られかねないものだった。

　しかしロシア陸軍に勤務していた人々は、かつて軍営に流れたひとつの噂を思い出した。19世紀の初めごろ、アレクサンドル帝のロシア軍に、勇敢な男装の女性騎兵が所属しているらしいという話があった。皇帝に個人的に謁見するという栄誉を受け、女性の身ながら軍務を許された乙女がいるという話だ。プロシア戦役、そしてロシア軍が苦境に立たされた祖国戦争(ナポレオンのロシア遠征)において、その風聞はロシア兵の間を流れ、彼らを勇気づけた。

　祖国戦争後、"彼女"は死んだという新たな話が流れ、女性騎兵の噂は口の端にのぼらなくなった。はじめから半信半疑だった兵士たちは、彼女の実在を疑うようになり、やがて忘れてしまった。

　しかしいつまでも髭を生やさない、年若の、少年にすら見える騎兵将校アレクサンドルのことを憶えている者は少なからずいた。『乙女騎兵――ロシアの出来事』の出版は、アレクサンドルと面識があった兵士たちの記憶を呼び覚まし、驚かせた。

　噂の戦場を駆ける女騎兵は、実在したのだ。それも彼らのすぐ近くに――。

騎兵の申し子

　ナージェジダ・アンドレーエヴナ・ドゥーロワは、1790年に、ウクライナのキエフに生まれた。彼女の父は軽騎兵大尉のアンドレイ・ドゥーロワ、母はウクライナ出身でナジェージダ・アレクサンドロヴィチェワといった。美しい娘だった母は、富裕で厳格な地方貴族出身で、祖父は娘と一介の軍人との結婚を認めなかった。そこで二人は、親族に祝福されぬ多くの恋人がそうするように、手に手を取って駆け落ちしたのだ。

　やがて誕生した愛の結晶であるはずのナージェジダは、しかし母には愛されなかった。優美な息子を望んでいた母は、生まれた癇の強い娘を愛することができなかったのだ。不安定な精神状態にあった母は、父の連隊とともに次の赴任地に向かう旅の途上で、発作的に赤子を馬車の窓から投げ捨ててしまった。

　幸いにもナージェジダは怪我だけで済んだものの、もはや彼女に母親としての務めを期待できないのは明白だった。驚愕した父アンドイ・ドゥーロワは、自分の目の届くところで娘を育てることに決め、部下の軽騎兵たちにナージェジダを預けた。

　ナージェジダは毎日サーベルやピストルの光に大はしゃぎし、軍楽隊の演奏を聞きな

がら眠りについた。ろくに言葉も話せないうちから、意味もわからないまま騎兵の号令をまねして叫ぶようになった。母の愛を受けられなかった赤子は、騎兵の申し子として養育されたのだ。

少女時代

　退役し、市長の職を得た父に従い、一家はサラープルの町に移り住んだ。母はここで、騎兵の影響を受けてやんちゃになったナージェジダを躾（しつけ）なおそうと厳しく接したが、それはうまくいかなかった。12歳になっていたナージェジダは、父の乗馬である賢く雄々しいアルキードを手なずけ、母の目を盗んでは乗馬の練習を繰り返していたのだ。母に手芸を強要されるのをかいくぐって、活発な彼女は周囲の豊かな自然を存分に楽しんでいた。

　だがついに、夜間アルキードに乗っていることが母にばれた。母に顔を見ることすら嫌がられるようになってしまったために、ナージェジダはウクライナの祖母の元で生活させられるようになった。ウクライナでのナージェジダは優しい親族に囲まれて落ち着いた（少女らしい）生活を送ったが、旧家の人々である彼らに軍人に対する強い憧れへの理解を求めるのは無理な話だった。

　14歳になると、ナージェジダは穏やかな生活から実家に突然呼び戻された。父の浮気から両親が不仲となり、仲直りのためにナージェジダを連れ戻すことになったのだ。だが娘が戻っても父の浮気は止まず、世を儚んだ母は元気を失って隠遁生活に入ってしまった。

　母の監視を受けなくなったナージェジダは、父からアルキードを贈られ、大っぴらに乗りまわすようになった。コサック騎兵の着る長上着を着た彼女の心の中には、長年抑え込んでいた欲求がふつふつと沸きあがった。軍人になりたい！　それは母の寂しい運命を見た反動だったのかもしれないが、ともかく彼女は女を捨て、男として騎兵のキャリアを進みたいという大それた計画を実行に移す決意を固めたのだ。

　1806年9月17日、ナージェジダは家族の誰にも告げずに、ただ人馬一体の絆で結ばれた愛馬アルキードだけを連れて、家を抜け出した。身に纏うはコサック騎兵の制服、腰には父のサーベルを吊るして。

　ナージェジダ16歳。ナポレオンのプロイセン侵攻が最終段階を迎え、ロシアを含めたヨーロッパが戦いのさなかにある時期のことだった。

少年騎兵アレクサンドル誕生

　二日前に町を出発していたドン・コサック連隊(勇猛で知られるコサックは河川名単位で区分けされていた。ドン・コサック連隊はドン川流域の部隊)を追いかけた彼女は、「自分は貴族で、軍務につくため両親の反対を振り切って家を出てきました。正規軍の居留地に着くまでコサック騎兵として同行させてもらえないか」と頼み込んだ。

　コサック騎兵の軍服を着た、奇妙な少年(髭を生やしていないナージェジダは、後年まで少年に見えた)の申し出に連隊長の大佐は困惑したが、素性は明かせないというナージェジダの言葉にもかかわらず、親身になって彼女の面倒を見てくれた。このとき、ナージェジダは変名として初めてアレクサンドルを名乗った。よって以降はアレクサンドルの名を使うことにしよう。

　コサック連隊とともにはるばるドンまで騎行したアレクサンドルは、しばらく親切な大佐の家で過ごした後、赴任する大佐とともにグロドゥノへ向かった。そこでなら、目的とする正規の騎兵連隊への入隊ができるからだ。

入隊そしてプロシア戦役

　一行はグロドゥノに到着した。庇護してくれた親切な大佐と別れたアレクサンドルは、街頭で派手に兵隊募集をしていたコノーポリ槍騎兵連隊への入隊を試みた。彼の素性とコサックの衣装が少し問題になったが、コノーポリ連隊は先の戦闘で兵員を多く失っていたため、採用は望外にすんなり認められた。また理解ある大尉の尽力で、アルキードを引き続き乗馬とすることも許された。アレクサンドルは、実に幸運なことに望み通りの形で、ロシア陸軍の槍騎兵として採用されたのである。プロシア戦役のまっただ中という情勢が幸いしたのだ。

　プロシア戦役。それは本格的なドイツ進出を目論むナポレオンと、第4回対仏大同盟の間で戦われた一連の戦争である。ロシアは対仏同盟の一員として、プロイセンが1806年10月にベルリンを失った後もフランスと戦い続けた。だがロシア軍の劣勢は色濃く、アレクサンドルの入隊はロシアがポーランド北部、プロイセン東部へと敗退を続けている最中だったのだ。

　なにぶん戦時中、しかもこのような状況なので、新兵はロクに訓練されることなく前線に送られる。アレクサンドルも同様だった。彼女は1807年5月22日の初陣の戦場で、そうせねばならないものと思い込んで、自分の中隊の番でもないのに突撃ラッパが鳴る度に突撃に参加するほど、戦争について何も知らなかった。また負傷兵を救うため

に騎兵の命ともいえる乗馬（しかも愛馬アルキード！）を戦場で貸し出して、徒歩のまま戦場をうろうろするというお人よしぶりも発揮している。アレクサンドルは、案の定売り払われたアルキードを買い戻さねばならず、装備と食料も失ったので空っ腹と寒さに悩まされることにもなった。なんとも見事な新兵ぶりを披露したわけだ。

この後も彼女は居眠りをして連隊からはぐれてしまったり（女性である彼女には、連戦の続く戦役は体力的にかなり負担だったようだ）、フリートラントの戦い（ナポレオンの巧みな作戦の前にロシア軍は大敗を喫し、多くの将兵が溺死した）では性懲りもなくまた負傷兵を助けて連隊に置いていかれたりと失敗を繰り返した。

戦場で何を為すべきかわからないアレクサンドルを助けたのは、常に賢く勇敢な戦友アルキードだった。

失敗続きの彼女は、カホフスキー将軍から大目玉を食らって輜重隊に退くようにと命じられた。将軍はアレクサンドルを勇敢で前途有望な将校候補と見なし、無知なまま自殺的行動に走らせるべきではないと指示したのだが、アレクサンドルにとっては失意の命令だった。

ほどなくプロシア戦役は終結し、彼女は手柄を立てることなく戦場から遠のいた。だがこの戦役で示した果敢な勇気と道徳心（無分別さから生じたものとはいえ）が、後にアレクサンドルに大きな幸運をもたらすことになる。

さよならアルキード

戦役の後、アレクサンドルはコノーポリ連隊とともに駐屯地に移り、軍営生活を営むことになった。それは単調な日常だったが、新兵の彼女にはさまざまな事柄を学ぶ重要な日々だった。

そしてそんな生活の中で、突然悲しい別れが訪れる。少女の頃から彼女の傍らにあり、戦場の只中でも守ってくれた愛馬アルキードが、事故であっけなく世を去ったのである。アレクサンドルは死骸に取りすがって泣いた。上官が二日間はそっとしておいてやるようにと命じるほどの嘆き悲しみようだった。しかしこんな経験が、彼女を紅顔の新兵から、次第に一人前の騎兵へと成長させていったのである。

皇帝との謁見

アルキードの死に意気消沈するアレクサンドルは、突然ブクスゲヴジェン総司令官から呼び出しを受けた。出頭した彼女を待っていたのは、驚くべき報せだった。皇帝ア

レクサンドル一世が、彼女の正体を知り、会いたがっているというのだ。反射的に正体がバレて家に送還されるのだと恐れた彼女に、総司令官は告げた。「陛下は君のプロシア戦役での勇敢な振るまいと、同情心あふれる行為に感銘を受けている。軍務を続けるのが望みなら、陛下はそれを叶えてくれるだろう」と。

その言葉は正しかった。ペテルブルクで謁見した彼女は、皇帝に温かく出迎えられた。アレクサンドル帝は彼女が女性であることを知っており（父が娘の安否を知るべく出した手紙がきっかけだった）、さらに調査させた結果から並外れた勇気の持ち主であるとも承知していた。

皇帝は彼女を褒賞したうえで、実家に名誉ある帰還をさせる心積もりだった。しかしアレクサンドルの必死の嘆願に心動かされ、軍務を続ける許しを出す。そして戦場で名門の貴族を救った褒美として、自分の名前とゲオルギイ勲章を授けたのだった（これよりアレクサンドル・アレクサンドロフと名乗らせた）。

これ以降、アレクサンドルは皇帝が目をかけた兵士、貴族の子弟として将校（騎兵少尉）に任じられ、また皇帝からの特別の俸給に預かる立場となった。

祖国戦争

　いったんは近衛軽騎兵連隊に任じられたものの、金のかかる軽騎兵を続けられなくなったアレクサンドルは、再び槍騎兵へと戻った。ロシア陸軍に皇帝に謁見した女騎兵がいるらしいという噂が軍営に流れていたが、一見ひどく若い男に見える彼女の正体に気づく者は、ほとんどいなかった（せいぜい会った後で別の者に教えられてはじめて気づく程度）。彼女自身も隠していたので、連隊内でも隊長などごく少数を除いては知らなかったようだ。この頃には男性としての挙措(きょそ)や言葉遣いが身に染みついていたのだろう。下宿先の夫人に惚れられ、大弱りしたというエピソードが微笑ましい。

　リトアニア槍騎兵に所属したアレクサンドルは、その部隊で「祖国戦争」を迎えた。プロシア戦役を終結させたティルジット条約によって、ロシアとフランスは辛うじて平和を維持していたのだが、両国の利権はもともと噛み合っていなかった。イギリスへの経済封鎖をロシアが解除したことがきっかけとなり、両国は一気に戦争に向けて加速した。

　1812年6月12日、50万というナポレオンの「大陸軍」（友軍を加えると61万）が、ネマン川を越えてロシア侵攻を開始した。圧倒的に劣勢なロシア軍は、焦土戦術で対抗した。ナポレオンの武器が未曾有の大軍ならば、ロシア軍の武器は地の果てまで続く広大な国土だ。フランス軍を国土の奥深くまで誘い込み、物資が途切れたところで反転攻勢にかかる。これがロシア側の戦略だった。

　アレクサンドルの連隊は騎兵として、フランス軍を誘い込む囮(おとり)の役目を担った。撤退戦に次ぐ撤退戦。補給はロシア側もけっして潤沢とはいえず、反転攻勢を試みたスモレンスク、ボロジノの両会戦では、脱走兵が相次いで弱体化したフランス軍にさえ及ばず敗れ去った（ロシア軍のほうも、退却に次ぐ退却で士気が低下していたという）。

　アレクサンドルはかつての無鉄砲な新兵ではなくなり、大勢の部下を預かる将校になっていたものの、陽気で勇敢な気性はそのままだった。周囲の者は大いに勇気づけられたに違いない。しかし彼女はボロジノの会戦において、左足に砲弾を受け、打撲傷を負ってしまった。軍医の応急処置を受けて軍務に復帰し、痛みを耐えてクトゥーゾフ総司令官の伝令を務めたものの、結局はクトゥーゾフに諭されて実家で休養を命じられてしまった。

　おりしもモスクワ陥落の直後（9月）。大きな犠牲を払って続けられた戦略が、フランス軍の戦闘力を奪い去る直前だった。アレクサンドルは無念の思いを飲み込んで戦場を去らねばならなかった。

彼女が去った後の10月になって、ロシアが降伏しないと悟ったナポレオンは撤退を命じる。だがすべては遅すぎた。冬将軍を味方につけたロシア軍の追撃を受けたフランス軍は、壊滅的な打撃を受けながら地獄の敗走をせねばならなかった。50万の「大陸軍」のうち、生きてロシアを脱出できたのはわずかに二万。ナポレオン凋落の直接の引き金となる大敗であった。

退役ともうひとつの生

　戦後、軍務に戻ったアレクサンドルは、1816年まで軍人生活を送ってから、父の懇願に負けて退役した(26歳)。もしかしたらふと耳にした噂——例の女騎兵が祖国戦争で戦死し、埋葬されたらしい……という——が影響していたのかもしれない。ともあれ、二等大尉まで昇進した永遠の少年将校アレクサンドル・アレクサンドロフは姿を消した(手記に従えば軍人として期間中に殺した相手は鶏一羽といういささか戦功には乏しい兵士だったが)。

　故郷に戻った彼女は、女性の姿には戻らず、男装を貫いた。地元では「旦那」などと呼ばれて敬愛され、男同然の生活を送っていたという。もしかすると、彼女は今日でいう性同一性障害的な傾向の持ち主だったのかもしれない。そうでなくとも、この時代に己の心の欲求に従い、男として生きた胆力、意思力、自立心は本物の男に勝るとも劣らない。

　1836年にアレクサンドル・アレクサンドロフ名義で『手記』を発表した彼女は、一躍有名作家となり、多くの作品を発表した。実は彼女は『手記』の中で、ふたつの事実を隠している。ひとつは実際の年齢が作品中より七つ年上であること。もうひとつは空白の七年間に一度結婚しており、一子を設けていたことである。これは発表当初、彼女には素性を明かす意思がなかったためといわれている。

　ナージェジダは1866年に83歳で生涯の幕を閉じた。軍服を纏い、アレクサンドル・アレクサンドロフとして埋葬されることを望んでいたが、男性としての埋葬は司教に許可されなかった。女性として生まれながら、時代の壁を乗り越えて男性以上に思うがままに生きた彼女は、今日多く見られる自立した女性の先駆と見なすこともできるだろう。

第1章　戦場を駆け抜けた女性たち

瀬戸内の姫将軍
Turu
鶴姫

◆地域：日本

◆時代：16世紀前期

◆生没年：1526～1543年

◆出典：『つる姫さま(原題：海と女と鎧)』

日本に現存する、ただひとつの女性向け甲冑。その鎧の主とされているのが、鎧が奉納されている大三島の神社の姫、鶴姫である。
戦国時代初期に生きた鶴姫は、水軍達者な一族の伝統を継ぐ、世にも稀な女水軍大将であった。一族が大国大内家に脅かされ、危機に陥ったとき、彼女は敢然と立って瀬戸内の海を駆けた。

大山祇(おおやまずみ)神社の女鎧

　愛媛県(伊予)沖に浮かぶ大三島は、瀬戸内海で四番目に大きな島だ。中国地方と四国を繋ぐ道として、そして瀬戸内海の海運を掌握する要所として、この大三島と周辺の群島は、古くから戦略的に重要な場所であった。
　この島に大山祇神社という由緒正しい神社がある。「日本総鎮守大山祇大明神(三島大明神)」を祭るここは、水軍力を誇り瀬戸内に勢力を張った越智氏(伊予の水軍・海賊を統括した名家)によって、8世紀初期に築かれた。越智氏は後に、伊予の守護である河野家と、大山祇神社の大祝職(おおふりしょく)(大宮司)を司る大祝職三島家に分れた。
　大山祇神社は、水軍を中心とした武家から厚く崇められてきた。武運長久を祈る武将、大名、海賊たちは、神社に武具を奉納しては海の守護神である大明神に加護を祈った。こうしてたくさんの武具が奉納された大山祇神社には、日本に現存する甲冑のうち国宝級、重文級のものの80％が保管されている。
　源義経がかの有名な「八艘飛び」のときに着ていたという赤糸縅鎧(あかいとおどしよろい)など貴重な甲冑群の中に、ひときわ異様な甲冑がひとつ混じっている。非常に珍しい女性用の胴丸だ。胸部が大きく膨らみ、逆に腰の部分が通常のものよりくびれている。通常の鎧ならば四枚か八枚の草摺(鎧の腰部分から垂れ下がる装甲板。スカートのように見える)が11枚あり、なだらかな曲線を形成している。その形状は男性用の品とは明らかに違う。
　日本で唯一現存する女性用甲冑というこの鎧は、大山祇神社の伝承によれば、室町時代末期に神社の姫として生まれた鶴姫のものだったという。

海神の娘

　鶴姫はその存在を長らく忘れられていたが、昭和41年に出版された小説『海と女と鎧』で世に知られることになった。

　著者である三島宮司の家系に連なる三島安精氏は、修復の結果女性用とわかった胴丸を見て、若き日に見た古文書『大祝家記』中の「鶴姫の比類なき働き、鎧とともに今に伝わるなり」という一文と結びつけた。そして大祝家に伝わる『大祝家記』の記録を土台、そのほかの家伝資料を参考として、女水軍大将であった鶴姫の生涯を小説としてよみがえらせたのだ（鶴姫が実在の人物であったことは確実であるようだ）。

　鶴姫は、大山祇神社の大祝職である大祝兵庫介安用（やすもち）を父、妙林という女性を母とし、大永6年（1526）に生を受けた。彼女には安舎（やすおく）、安房（やすふさ）という二人の兄がおり、それぞれ神社の大宮司たる大祝職、大三島を守護する水軍大将たる祝職になることが決まっていた。平和な時代ならば、特に難しい役目を担うことなく生涯を送ることも不可能ではない立場だった。

　だがときは室町末期。応仁の乱から半世紀を経て、室町幕府の権威は地に落ちていた。日本を覆わんとしている戦国の嵐からは、大三島も無事ではない。すでに大永2年（1522）、中国地方の強大な守護大名、大内氏が尖兵を大三島に送り込んできていた。大祝家は同族の河野氏や村上水軍の救援を得て、この侵略軍を波打ち際で撃退していた（当主の安用は神職にあるので、祝職の長兄安舎が、若干17歳で指揮を取った）。これを第一次大三島合戦という。

　伊予の守護たる河野氏は、九州の大友家とよしみを通じていた。中国地方の雄で、大友家と激しく対立する大内家としては、これは見逃せない。大三島周辺は京都と中国・九州を結ぶ重要な海の回廊なのだ。当時の大三島は、いずれ戦雲に覆われるのが確実という情勢にあった。

　そんな中で誕生したからか、それとも特別な運命を背負っていたからか。赤子の時分から顔かたちが整い、体格も大きかった鶴姫は、大祝家の人々に愛されながらすくすくと成長すると、早くも4歳の頃から武術に興味を示した。島民から三島明神の申し子とも呼ばれ、体格、勇気ともに並みの男子をしのぐ姫は、武術に非凡な才能を示した。それを見た父の安用が軍学を教えてみると、これもたちまち理解してしまう。安用はそんな姫をいたく可愛がり、身辺から離さなかったという。

　だがこの良き理解者である安用は、鶴姫が8歳のとき病死した。長兄の安舎が大祝職を継ぎ、次兄の安房が祝職となって神社を守る三島城の守りに入った。

大三島に迫る暗雲

　鶴姫が16歳の美しい娘に成長した天文10年(1541)、ついに大三島の平穏は破られた。大内家の武将、白井縫殿介房胤と小原中務丞が軍船数百隻を擁して攻め寄せたのだ。物量に勝る敵を相手に、祝職の安房は数日にわたる抗戦を繰り広げた末に討ち死にした。河野家、村上水軍の援軍を得ているとはいえ、もはや三島水軍に進撃を阻む力はなく、大内艦隊は大三島に迫ってきた。

　後がない三島軍は、台の浜に上陸した大内軍を決死の覚悟で迎え撃った。指揮をとるのは、兄の仇討ちと明神守護の宿命に燃える鶴姫だった。この場面を、『つる姫さま』は次のように描写している。

漆黒の黒髪をなびかせた女武者鶴姫、神々しく、威風堂々、あたりを圧していた。鶴姫は大薙刀を持ち、騎馬にまたがり、頃合いを見はからって、
「われは三島大明神の使い鶴姫と申すものなり、われと思わんものは出あえ」
　声は高々と響きわたった。この鶴姫の大声に力を得た味方の軍勢は、鶴姫に続けとばかり勇気をふりしぼり、手負いの武士たちも、渾身の力を出して、じりじりと海岸へ敵の軍勢を押し返していた。鶴姫は敵陣の真中におどり込み、陣頭指揮で敵を追い払っていた」(三島安精著『つる姫さま』)

　ひるむ様子もなく陣に突撃し、一心不乱に薙刀を振るう鶴姫の勢いに飲まれ、大内軍はたまらず退却を始めた。その勇姿を見た人々が、姫は本当に大明神の権化なのではないかと考えてしまったほどだったという。三島勢は船に逃れようとする敵勢の背に追いすがり、台の浜は血に染まった。

　思わぬ痛手をこうむった大内軍は一時防州(広島県)に退いたが、四カ月後、小原中務丞を主将として再度侵攻してきた。先の海戦で三島水軍がこうむった痛手はまだ回復していない。

　そこで三島水軍は、かねてからこの日のために訓練してきた小型船での朝駆け(夜明け直前の奇襲)を決行。鶴姫は小早船(乗員わずか数名の小型船)を率いて敵の旗艦に乗り込み、もはや勝ったつもりで酒盛りに浮かれていた中務丞を、みずからの手で討ち取った。その混乱に乗じて押し寄せた三島水軍によって、大内家の艦隊は撃滅された。

鶴姫

波間の鈴音

『つる姫さま』は、安房の死後、鶴姫のおさななじみである越智安成という若武者が、三島城の陣代に就いたとしている。鶴姫と安成は、互いに恋心を抱いており、協力して三島水軍の再建に力を尽くした。

だが国力においてはるかに勝る大内家は、失った艦隊を再建するのも早かった。天文12年(1543)6月、猛将として知られる陶晴賢率いる大内艦隊が迫っているとの報が、三島城に届いた。安成と鶴姫は三島水軍を率いて出撃したが、御手洗において正面からの対決を余儀なくされ、敗北した。安成は敗北の責任を取ってか、敵艦に斬り込んで鶴姫らの味方の船が退却する時間を稼いで、戦死した。

大三島に戻った鶴姫を待っていたのは、さらに悲しい大祝職の言葉だった。
「姫、御神託が下り給うた。戦いは終わったのだ」

大打撃を受けた大三島は、一時大内家に膝を屈し、時節を待つことに決していたのだ。だが鶴姫は、大祝職の言葉に納得できなかった。彼女は別の神の声を聞いたのだ。最後の戦いをもう一度挑めとの声を。

鶴姫は三島城に戻って軍の指揮官を集めた。安成亡き後、三島水軍の実質的な司令官は彼女だった（長兄の大祝安舎は、神職のため軍事には関わらなかった）。鶴姫は諸将に、御手洗沖に停泊している大内家の艦隊に夜襲をかけることを命じ、出撃した。天が恵んだのか、三島水軍は激しい嵐に助けられ、見事に夜襲を成功させた。大内家の艦隊は右往左往した末に、我先にと逃走した。

安成の弔い合戦に勝利した鶴姫は、一度三島城に戻った後で、小船に乗ってたった一人で船出し、入水自殺した。城には辞世の句が残されていたという。
「わが恋は三浦の浦のうつせ貝　むなしくなりて名をぞわづらふ」

鶴姫の死後、大内家と大祝家は和睦した。大内の当主、義隆が大山祇神社を参拝し、平和が戻ったかのように見えた。だが大祝家はかねての恨みを忘れていなかった。大内義隆が陶晴賢に殺され、その陶晴賢と毛利元就が厳島で戦うことになると、三島水軍は敢然と毛利側に味方し、名高い厳島の合戦を毛利方の勝利へと導いたのだ。厳島の合戦は、毛利に勝ち目は薄いという下馬評が高かった合戦で、勢力的には事実その通りだった。その毛利方にあえて味方したのは、三島水軍の復讐でもあったからなのだろう。

なお鶴姫の没した海では、後の世まで波間から鈴の音が聞こえたという。

インド民族独立の象徴
Lakshmi Bai
ラクシュミー・バーイー

◆地域：インド

◆時代：19世紀中期

◆生没年：不明(1827前後)～1858年

◆出典：——

藩国ジャーンシーの王妃、ラクシュミー・バーイーは、己の国を取り戻すために白馬に跨ってイギリス軍と果敢に戦って散った、インド独立のシンボルの一人である。だが彼女は、当初はむしろ親英の立場をとっていた。その王妃がやむなく反英に傾き、やがて英国軍に妥協無き戦いを挑む様は、運命と呼ぶにはあまりに悲しい。

英領インドの悲しみ

悠久のインドは、目も眩むような多様性を内に抱えた文化大国である。そこでは独自の価値観の下に、幾多の人種、言語、宗教が共存していた。インドの文化的な歴史の系譜は、西欧世界のそれより遥かに長い。だが18世紀にインド進出を果たした西欧社会は、この地域を下等な文明と野蛮な習慣のはびこる地と見なし、植民地的収奪の舞台とすることにためらいを抱かなかった。

インドにとっては不運なことに、西欧諸国が進出してきた時期はムガル朝の解体期と重なっていた。権力の分散は、外国勢力の浸透を容易たらしめた。

インドの植民地化を試みた列強の中で、最後に勝ち残ったのはイギリスだった。1757年のプラッシーの戦い（親仏派のベンガル太守(ナワーブ)軍を英軍が破り、ベンガル地域の支配権を確立した戦闘）に勝利し、フランスを競合者の座から蹴落としたイギリスは、全インドの植民地化へと踏み出していった。

その実行役となったのが、イギリス東インド会社という商社である。東インド会社は、当初はインド貿易の独占権を許されていたが、政治状況の変化からその特権が撤廃されると、インドを「経営」する企業へと体質を変えた。インドに領土（会社領）を保有し、統治を行い、税収によって莫大な利益を獲得するようになったのだ。

東インド会社は会社軍すらも用いて積極的に領土を広げたため、1820年代にはインドのほぼ全域で軍事的覇権を確立していた。会社そのものが事実上インドの主権を握るという、特異な性質の会社になったのだ。広大なインドは、イギリスどころかイギリスの一企業に経営される植民地に転落してしまった。

第1章　戦場を駆け抜けた女性たち

インド大反乱（セポイの反乱）

　東インド会社の軍事力の中枢となったのは、皮肉にも会社に雇われたインド人の傭兵、シパーヒー（セポイ）たちだった。会社軍の全兵力約二十四万のうち、実に二十万がシパーヒーであったという。彼らは非常に有能、勇敢で、会社軍の戦力の大半を占めていたが、軍内における差別的待遇、カーストの禁忌に対するイギリス人の無理解などに、常に不満をつのらせていた。
　不満の火薬に火花を注いだのは、1857年に支給された新型のエンフィールド・ライフルだった。この新式銃の薬包には豚と牛の脂を使った紙が使われていた。銃を撃つには、これを口で噛み破らねばならない。だがヒンドゥーにとって牛は聖獣、イスラムにとって豚は卑しむべき獣である。その銃が支給されるとの噂が流れると、宗教的な禁忌を破るよう迫られた高いカーストを持つシパーヒーは、激しく憤慨した。
　そして1857年5月10日、新式銃の使用を拒絶した者に対する処罰に激怒したメラートのインド人兵士が蜂起し、イギリス人将校を殺した。これをきっかけとして、北部・中部インドでインド人兵士の反逆が相次いだ。
　シパーヒーの反乱（セポイの反乱）が始まったのだ。原隊を離脱した反乱シパーヒーらは、ムガル帝国の首都デリーに続々と集結し、年老いて無力なバハドゥール・シャー2世（ムガル皇帝）を擁立した。それに呼応して、主に北部・中部インドで、人々が続々とイギリスに反旗を翻した。
　イギリス人はこれをあくまで「反乱」と呼ぶが、その実体は独立戦争と呼ぶにふさわしいものだった。確かに引き金は会社軍の傭兵であるシパーヒーが引いたが、各地の反乱軍の戦力を支えたのは、圧倒的な数の民衆だったのだ。
　インド全土が混乱の渦に巻き込まれた。そしてこの混沌の中から、後にインド独立運動の英雄として称えられるジャーンシーの女王（ラーニー）、ラクシュミー・バーイーが歴史の表舞台に押し出されてきたのだ。

ガンジス川の名をもらった少女の数奇な運命

　ラクシュミーの正確な出生の年は定かでない。彼女の父は、かつてマラータ連合（ムガル朝を倒しかけたが、イギリスに撃破されたヒンドゥー系勢力）宰相の弟に仕えた有力者であったが、連合の瓦解に殉じてベナーレスに隠遁し、貧しく暮らしていた。
　その子として誕生した彼女は、ガンジス川の聖名にちなんでマナカルニカと名づけられ、マヌーと通称された。イギリスに領国と夢を取られたマラータの人々に囲まれて成

長した少女マヌーは、侵略者らに対して好感情を抱かなかったであろう。

だがマヌーが内心でイギリスをどう思っていようと、親英的な態度を取らねばならないときがやって来た。マヌーは(推定)15歳になると、旧マラータ連合の藩国のひとつ、ジャーンシーの王に花嫁として迎えられることになったのだ。ジャーンシーは中央インドの小国で、新郎のガンガーダル・ラーオ王は実に40歳。当然ながら後妻である。

この不釣合いな結婚の背景には、当時東インド会社が地方政権に強要していた悪名高き「失墜の原理(直系の嗣子なき王国は断絶し、会社政府が所領を併合する)」があった。ガンガーダル・ラーオ王には先妻との間に子供がなく、このままでは国が東インド会社に併合される危機にさらされていたのだ。

ジャーンシーはマラータ連合の中では数少ない親英派で、それゆえに連合崩壊の際も併合を免れ、独立を保った。逆にいえば、イギリスに逆らえば国を維持できない状況にあった。だから王は、健康な肉体の持ち主で、インドの習慣としては晩婚といえる15歳(女性は5〜10歳で結婚するのが普通だった)のマヌーを後妻に迎えたのである。1842年に結婚したマヌーはラクシュミー・バーイーと改名し、九年後の1851年に待望の赤子を出産した。これは女児で、王国は併合を免れた喜びでお祭り騒ぎとなった。

だが不幸にも赤子は三カ月で早逝し、王も失意のまま二年後の1853年に病没した。

後にはラクシュミー・バーイーと、夫婦の養子となったダモダルという5歳の少年が残された。彼女のイギリスとの戦いは、実は大反乱の四年前から始まっていたのだ。

ジャーンシー王国併合 —— 平和的交渉の挫折

当然ながら、王の死の前日に養子縁組されたダモダル少年の王位継承を、イギリスは承認しなかった。ジャーンシーの統治権をラクシュミーに委ねて欲しいという王の遺言は、総督の意志によって黙殺された。

1854年の3月にジャーンシーの併合命令が届くと、ラクシュミー・バーイーは「わがジャーンシーは決して放棄しない」と語り、イギリス本土に特使を派遣するなど王国の存続に腐心した。

けれどすべては徒労に終わった。イギリス側にまともな交渉をしようというつもりが毛頭なかったのだ。ジャーンシー王国は併合されて消滅、王妃の軍隊は解体され、ジャーンシー城には会社軍の歩兵連隊、砲兵隊、不正規騎兵連隊が駐屯することになった。権限を失ったラクシュミー・バーイーは、城を出て市内の館に住居を移さざるをえなかった。

ジャーンシーの蜂起 —— ラクシュミーの迷い

歳月が過ぎ、やがて1857年になった。シパーヒー反乱の年である。メラートにおける決起の報が届くと、北部、中部インドで呼応する武装蜂起が相次いだ。当初、ジャーンシーは他地方の蜂起に同調しなかったのでイギリス側は安堵したようだが、駐留しているシパーヒーに「決起しないならカーストから追放されたものとみなす」という秘密通告が届けられたことで事態は一変した。カーストからの追放は宗教的、社会的に抹殺されることを意味する。シパーヒーたちに無視できる通告ではなかった。

そして6月3日、駐屯していた会社軍のシパーヒーが蜂起すると、市内の群集が呼応した。身の危険を感じたイギリス人は家族を連れてジャーンシー城に立てこもったが、僅かな人数ではどうしようもなかった。彼らは交渉で生命の保証を得た上で6月8日に降伏したが、連行される途中で裏切られ、ほぼ全員にあたる60余人が殺戮されてしまった。この虐殺事件が、後にラクシュミー・バーイーの命取りになる。

しかしラクシュミーがイギリス人の抹殺を命じた可能性は、限りなく低い。ジャーンシー城の包囲中に、反乱したシパーヒーとラクシュミー・バーイーは会談をもっている。だ

がシパーヒーは王妃を信用しなかったようで、独自に先王の縁戚であるサダシェオ・ラーオという人物と接触、招聘している。

これはラクシュミーの親英的な態度にシパーヒーが不信感を抱いたためと考えられている。ラクシュミーは、(多くのインド人支配者層同様に)イギリス人に対する武装蜂起が成功するとは、当初は考えていなかった。むしろ彼女は、この騒動を平和裏に収拾することで、みずからの統治能力と英国への協力的態度を証明し、王国再興という譲歩を勝ち取ろうとしたとおぼしいのである。

ラクシュミーの決意

歴史の濁流は、ときに望みとは逆方向に個人を押し流す。

ラクシュミーはイギリス総督に自分が反乱に関与せぬこと、やむなく周辺の治安回復に乗り出したことを釈明する書簡を送ったが、イギリス側の認識は厳しく、事態の収拾後に彼女が責任を問われるのは避けがたい状況だった。

さらにジャーンシーを解放したシパーヒーの部隊が、デリーにて同胞と合流するために立ち去ったので、彼女は周辺の治安を守るべく、二度にわたって軍を集めて戦わねばならなかった。一度目はシパーヒーが擁立しようとしたサダシェオ・ラーオ相手に、二度目は近隣の都市オルチャーの太守、ナーテ・ハーン相手にである。

彼女は私財を投じて兵を集め、みずからは男装をして、勇ましく部隊の先頭に立って勝利を勝ち取った。挑まれた戦いであり、避けられぬ戦いであった。だがこうしてジャーンシーの領主としての立場を確立したことで、ラクシュミーは引き返せない道へと踏み込んだのだ。ジャーンシーに集い、彼女と共に戦った兵士、民衆は、誰もが強い反英感情を抱いていた。ジャーンシーを攻めたオルチャーの太守は親英領主で、領地防衛のための同盟を承諾してくれたのは反英的な領主だった。何よりも、イギリス側はラクシュミーを、虐殺事件に関与したと見なして反乱鎮圧後に断罪する姿勢を明確にしつつあった。

反英的な人々に支えられるラクシュミーは、望む望まざるにかかわらず、反英武装勢力を糾合する有力な地域指導者の一人と目されるようになっていたのだ。

ことここに至って、ラクシュミー・バーイーは東インド会社との和解についに断念した。そして一度思いきれば、彼女はもはや後ろを振りかえらない、意思堅固でストイックな女性だった。ジャーンシーはラクシュミーを中心に独立国の体裁を取り戻し、通貨が制定された。約一年間の短い期間だったが、ラクシュミー体制下のジャーンシーは、民主的で身分差別の緩い国として成立した。

イギリスとの対決を覚悟したラクシュミーは、ジャーンシー城を補強し、(おそらくは)他地域の反乱軍と連絡を取った。またシパーヒー二千を含む約一万四千の兵力を集め、英軍の侵攻に備えた。彼女の軍で特徴的だったのは、かなりの数の女性が参加していたことである。ジャーンシー軍の女性兵士は、輸送や看護だけでなく、砲手、戦士としても活躍し、イギリス軍を驚かせた。

ジャーンシー城攻防戦

　これ以降ラクシュミーの宿敵となるサー・ヒュー・ローズ少将が、兵千五百を率いてジャーンシー城に迫ったのは、1858年3月のことだった。
　ローズ少将は本国から派遣された非常に有能な司令官で、ボンベイから六カ月をかけて中央インドの不服従地帯を忍耐強く進撃してきた。彼の部隊の最終目的地はカルピーという都市で、そこに至る最大の関門が、ラクシュミーの守るジャーンシーだった。ラクシュミーは軍を城に集め、篭城の形で迎え撃った。
　兵数では劣っていたものの、ローズ部隊は18ポンド砲に代表される圧倒的に優れた火力を誇っていた。降伏交渉が決裂すると、彼らは城の防備がもっとも弱い南側から砲撃を仕掛けた。だがこの城での戦闘は、今までとは勝手が違っていた。城側からの反撃が正確で、また使用不能にしたはずの砲がすぐに修復されてしまうので、いつまでたっても総攻撃に移れなかったのだ。一説には、ジャーンシー城は17日間の砲撃に耐え抜いたといわれる。ジャーンシー軍の結束力は強固の一言に尽きた。
　苦戦しながら城の砲をすべて破壊したイギリス軍は、ここで一転して絶体絶命の窮地に陥る。ジャーンシー城を救うべく、旧マラータ連合の武将タンチャ・トゥープが二万二千の兵を率い、背後から迫っているという情報が入ったのだ。
　このとき、ローズはほとんど敗北を覚悟したはずだ。城兵と増援に挟撃されては、いかに装備で勝っていようと敗北は必至である。城側が増援の接近を知っているのは、城内からの喚声で明らかだった。だがラクシュミーは、なぜかこの勝機に、連携して城から出撃しようとしなかった。そのためタンチャ・トゥープの増援軍は単独でローズ部隊と戦い、敗走した。確実な勝利を見逃したラクシュミーの真意はいまもって謎である。
　急死に一生を得たローズは軍を再編制すると、4月3日の未明に総攻撃を開始した。城兵が激しく接近を阻んだため城壁での一進一退が続いたが、やがてイギリス軍が乱入に成功し、凄絶な市街戦となった。その際の血みどろの虐殺については、英印双方の資料が言及している。この内乱中の他の戦闘同様に、勝者は敗者に対してまったく情け容赦なかった。

ラクシュミー・バーイー

敗軍の将

　敗戦の混乱の中で、ラクシュミーはみずから剣を手に戦っていたという。彼女はここで討ち死にするつもりだったが、人々の言葉に心動かされ城を落ちることを決意した。

　白馬に跨ったラクシュミーは、僅かな騎兵と従臣のムスリムの少女だけを連れて、急傾斜の城壁を駆け下りて城から脱出した。彼女は両手に拳銃を持ち、養子のダモダルを背負い、頭にはターバンを巻き、鎧と剣を纏った凛々しい姿で、城壁から身を躍らせたという。イギリス兵はまさか脱出したのがジャーンシーの王妃(ラーニー)その人だとは思わず、本気では追跡しなかった。

　一行は、道中でイギリス軍のダウカー中尉に捕捉されるもこれを退け(中尉の腕を剣で斬ったのはラクシュミーその人だと言い伝えられている)、翌日には百マイルを走破してカルピーにたどり着いた。

　だがこのカルピーも反攻の拠点とはならなかった。当時ここには反乱軍の指導者が多く集い一大拠点となっていたが、彼らが協調性に欠けたため、善戦しつつも補強を受けたローズ部隊の前に敗れざるをえなかったのである。ジャーンシー城での教訓に学んだのか、ラクシュミーは常に積極策を主張し、戦闘においてはみずから兵を率いて突撃する果敢さを発揮した。だが極端に戦闘的かつ非妥協的になった彼女の姿勢は、他の指導者らとの温度差が激しく、それゆえに疎まれがちであったという。

ラクシュミーの死

　卓越したローズの指揮の前に、カルピーは陥落した。行き場を失ったラクシュミーら反乱指導者たちは、ガンジス川を渡り、グワーリヤル城に身を寄せた。

　反乱側に味方するように見せかけながら、実際にはイギリス軍に通じていた城主(シンディア家の当主)を排除した反乱軍は、膨大な武器、弾薬と兵員を補充し、息を吹き返した。彼らはグワーリヤル城でマラータ連合の復活を祝う祝賀の宴を開いたが、その席にラクシュミーの姿はなかった。彼女はそんなことをしている暇がないのを骨身にしみて知っており、着飾って宴席に連なる同志たちを白眼視していたのだ。

　そして正しかったのはラクシュミーのほうだった。確かにマラータ連合の復活の報は中央インドに激震をもたらしたものの、それは同時にイギリス側の素早い対応も招いたのだ。宴の三日後には、ローズ少将が急遽カルピーから出撃し、さらに十日後の6月16日には城外まで迫ってきた。想像を絶する速度の上に、ローズは兵を休息させようともしなかった。彼はインド人を相手にする際には、巧遅よりも拙速を尊ぶべしという必

勝の定理を持っていたのだ。当然ながら反乱軍に迎撃態勢は整っていなかった。

　翌日の決戦において、ラクシュミーはもっとも防備が手薄な城の東側の守備を受け持った。彼女は敵の砲撃を受け、味方からは援護を受けられない不利な地形で、部下を先導しながら奮戦した。当日の彼女は短く髪を刈り、騎兵の服を着て、口に手綱をくわえながら馬上で双剣を振るっていたという。

　ラクシュミーの部隊は一度は敵を退け、増援を得たイギリス軍が盛り返しても陣を堅持して戦い続けた。だがその混乱の渦中で、彼女は銃弾に撃ち抜かれ、落馬した。従臣が彼女を庇って後方に退いたが、致命傷を受けたラクシュミーはそのまま息を引き取った。勇猛な女神の訃報を知った反乱軍は意気消沈し、グワーリヤル城は陥落した。いつの間にかインド大反乱の象徴となっていたラクシュミー・バーイーの戦死は、この蜂起がインド側の敗北に終わったことを意味していた。

独立の象徴となった女性

　インド大反乱は、失敗を宿命づけられていた。

　これはイギリスに支配されたインドで起こった、はじめての大規模な「独立戦争」であったが、インド側当事者に独立に対する意識は希薄だった。彼らは単純にイギリス支配に対する反感から反乱に参加し、それから先のビジョンを持っていなかった。個々の反乱指導者の集団は連携せず、それぞれの思惑に従って行動した（ジャーンシー城に救援軍が来たのは非常にまれな例だった）。全土を巻き込む組織的な独立闘争ではなく、同時多発的に発生した小規模な反乱。それがインド大反乱の実態だったのだ。結集の旗印たりえるムガル皇帝を早期に失った以上、高度に組織化されたイギリス軍に敗れたのは、むしろ当然であったといえる。

　だがインド大反乱は、後世にひとつの大きな贈り物をした。

　インド全体をひとつと考える、近代的ナショナリズムが誕生する下地を作ったのである。この巨大な事件を経て、封建的な古い枠組みに捕らわれていたインドの人々は、自分たち全員が共通の圧政の下に苦しむインド人なのだという漠然とした認識を抱くようになった。イギリス政府は東インド会社に大反乱の責を問い、直接統治に乗り出すが、一度灯った独立への欲求を消すことはできなかった。血と涙で贖われたこの尊い教訓をもとに、インドの人々はこの後約百年をかけて、インドを真の独立へと導いてゆく。

　そしてそのきっかけを作ったラクシュミー・バーイーは、民族独立の精神的象徴として、長くインドの人々に記憶され、愛されているのである。

第1章　戦場を駆け抜けた女性たち

鶴ヶ城篭城戦を戦った近代女性の先駆
Yaeko Yamamoto
山本八重子

- ◆地域：日本
- ◆時代：幕末〜明治（19世紀中期）
- ◆生没年：1845〜1932年
- ◆出典：──

戦争は個人の意思を超えたところで起きる。多くの人は、望まずしてその渦に巻き込まれる。特に社会参加が制限されていた時代の女性は、その傾向が顕著だった。だから戦う女性の物語は、おおよそにおいて何かを守るよう宿命づけられる。幕末の会津藩に生まれ、進歩的な思想を持った山本八重子も、そんな"守る戦い"を戦った女性の一人だった。

幕末という時代の生け贄

　260余年続いた徳川幕府が倒れた幕末から明治初期にかけては、日本が内乱に揺れ動いた最後の時期にあたる。近世であることから豊富に資料が残されており、そこから内乱という巨大な悲劇に巻き込まれた人々の生きざま、死にざまを観察することができる。当時は内心では別の志を抱いていたかもしれないが、社会制度や情勢、生まれた土地のために、運命と己の社会的な立場に殉じることを余儀なくされた人が大勢いた。

　ここでそうした人の一例として紹介するのが、戊辰戦争に巻き込まれた会津藩の山本八重子という女性だ。砲術師範である兄（山本覚馬）を持つ八重子は、新政府軍が城下に迫ると、合戦の渦中で行方不明となった兄、戦死した弟に代わって会津鶴ヶ城に入城した。彼女は大砲隊の指揮を執り、またみずから銃を手に銃撃や夜襲に参加して新政府軍と戦った。

　兄の覚馬は会津の侍としては例外的に、内戦を無益と断じ、戦争を避ける努力を重ねる開明的な人物だった。その兄から強い影響を受けた八重子も、本心は同じ意見だったかもしれない。だが目前に戦火が迫ったとき、彼女には会津の武家の女として、入城して戦う以外の選択肢はなかったのである。

会津藩の悲劇的な宿命

　すべてを押し流す理不尽な「時代の流れ」を実感できる時期という点では、幕末は日本史で一番適した時代だといえるだろう。

会津藩は、混沌とした「時代の流れ」という魔物に翻弄され、一番の貧乏クジを引いてしまった藩だ。会津藩の祖は、三代将軍徳川家光の末弟、保科正之である。成り立ちからして他の藩と違う会津藩は、藩祖保科正之が遺した「将軍に一心に忠勤を尽くせ。他の藩の例を見て行動を決めるな」という言葉に従って将軍家に忠勤を貫く、一途な藩風を守りぬいてきた。

　それゆえに、幕末の会津藩主、松平容保（養子だったために、ひときわ謹厳実直に遺訓を守ろうとしたという説がある）は幕閣の要請を拒みきれず、京都守護職を拝命し、京に浪士粛清の血の雨を降らせた。鳥羽・伏見でも戦い（1868年）、一貫して佐幕派の重鎮として働いた会津藩は、薩長から感情的な恨みを買っていた。こうした宿怨から江戸開城後も徹底的に敵視され、追討令を出された会津藩は奥羽列藩同盟の雄として立たねばならぬ立場に追いこまれたのである。将軍家に忠節を尽くした末の、悲劇的な展開であった。

砲術師範、山本覚馬

　幕末を通して保守的な主戦論が大勢を占めた会津の藩論だが、少数ながら和平派、恭順派と呼べる人々は存在した。たとえば松平容保に京都守護職辞退を諫言し、また戊辰戦争では和議恭順を主張して二度にわたって免職された城代家老、西郷頼母。同じく家老の神保内之助の嫡男で、非戦論者として切腹を強要された神保修理などだ。

　八重子の兄である山本覚馬も、そんな一人だった。火縄銃師範の家に生まれた彼の場合、三年間の江戸遊学（留学していた時期はちょうどペリー来航と重なる）のさいに洋式兵学、砲術、蘭学を学び、また佐久間象山、勝海舟などと親交したことから、国内の内乱は諸外国につけ入られる隙を生むだけだというひらけた視野を育んだのである。

　帰藩した覚馬は藩校である日新館の教授となり、会津に蘭学を学ぶ場所と進歩的な認識とをもたらした。けれど保守的な会津家においては、彼のような先鋭的思想はなかなか受け入れられなかった。西洋式の兵制・軍備の威力を知る覚馬がいかに兵制改革の重要性を訴えようと、鉄砲を足軽の武器とさげすむ会津武士たちは容易に首を縦に振ろうとはしなかったのだ。彼の建言は強い反発を招き、激論の末に一年間の禁足を命じられもした。

　やがて林権助ら藩の重臣も改革の重要性に気づき、覚馬を軍事取調役兼大砲頭取に任じ、また軍制改革に関する建言を採用したのだが、それは遅きに失したようだ。

覚馬が外国人に注文した一万五千丁のスナイドル銃は会津軍に届かず、皮肉にも紀伊藩に接収され、鶴ヶ城攻撃に使われた。

覚馬は会津藩の軍備を整えつつも、内乱の愚を幕府に説き、国内戦を避けようと努力したが、それは実らなかった。

覚馬は蛤御門の戦いにおいて会津藩の砲兵隊を指揮し、長州軍に大きな被害を与えている。しかしこの戦いで負傷した彼は目を病み、鳥羽・伏見の戦いでは京都の藩邸に居残らざるをえず、やがて薩摩軍に捕らわれてしまった。非戦論者である彼は獄中から薩摩に和平を訴えたが、その声は黙殺された。

若き日の山本八重子

山本八重子は、ずいぶんと覚馬と年齢が離れている。弘化二年(1845)に八重子が誕生したとき、すでに覚馬は17歳だった。父は山本権八、母は咲。咲はとても聡明で教育熱心な婦人で、覚馬と八重子はこの母から強い影響を受けたという。「決して自分からは、仕かけるな。けれども先方から争いを挑まれた場合はあくまで抵抗して、ただ自らを守るだけでなく、進んで勝ちを得なくてはならない」という咲の言葉が残っているが、八重子(と覚馬)は戊辰戦争においてまさに母の教え通りの行動を取った。

八重子は子供の頃から男っぽく育っていた。後年に彼女自身が述懐した言葉によると、13歳のときには四斗俵を四回も肩に上げ下げできたという。男の子の遊びが好きな活発な娘で、逆に女性の基礎教養とされた和裁の練習やその後のお喋りなどはあまり好まなかった。八重子は練習が終わるとそそくさと家に帰り、兄の覚馬から洋式の砲術や射撃術の手ほどきを受けていた。もちろんその過程で、八重子が覚馬から西洋的な合理思想を受け継いだであろうことは想像に難くない。

これは単純に八重子が好んだからだけではなく、山本家家伝の銃砲操作技術が確実に子孫に伝わるようにという意図も込められていたのだろう。八重子が、蘭学所の教授として招かれた川崎尚之助という洋学者と、元治元年(1864)頃に結婚したのも、同じ理由である。尚之介は蘭学や化学だけでなく、銃器類の製造にも明るい学者だったという。世情不穏な当時、家を継いだ覚馬、八重子の弟である三郎の身に万一の事態が起こらないとも限らない。そのときにも、山本家が存続するよう計らったのではないか。

そしてこの最悪のシナリオは、不幸にも現実となった。鳥羽・伏見の戦いにおいて弟の三郎は戦死。覚馬も藩邸で捕らわれ、後に斬首されたとの虚報が届けられた

（実際には獄に入れられていたわけだが）。山本家の重責が、一挙に八重子の双肩にのしかかったのである。

やがて新政府軍が会津に迫ってくると、会津藩では防衛のため大規模な軍制改革を行った。有名な少年白虎隊が編制されたのはこのときのことだ。代々火縄銃の師範を務めてきた山本家には何人かの白虎隊士が訪れ、八重子からゲーベル銃（先込式の旧式銃。会津藩の主力銃だった）の操銃法を学んだ。隣の家に住んでいた伊藤悌次郎という少年は、若年のために白虎隊に入れなかったが毎日熱心に通いつめ、銃の操作を教わったという。少年は、後に年齢を偽って白虎隊に入隊し、飯盛山で自決を遂げてしまう。射撃の轟音につい目をつぶってしまう悌次郎を、八重子が「臆病者！　目をつぶっては駄目！」と何度も叱りつけ、きちんと射撃ができるよう鍛えたという逸話は悲しい。

会津鶴ヶ城下の混乱

北陸に派遣された新政府軍は、参謀大村益次郎の方針に従って主力である会津は後に回し、周辺の小藩を切り崩してゆく作戦を行っていた。しかし戦役が予想外に長引いて冬が迫ると、「根元を叩けば奥羽動乱は終わる」と急遽方針を転換した。同盟諸藩に援兵を送って本国の守りが手薄になっていた会津藩は、これに十分に対応することができなかった。

天嶮の母成峠を信じられない早さで抜かれ、間一髪の差で十六橋（日高川に架かる石橋で、鶴ヶ城に至る最後の関門）を破壊し損ねた会津藩は、8月23日の早朝、本城たる鶴ヶ城城下に、白河口を担当した板垣退助率いる新政府軍の急襲を受けた。

敵がすぐそこまで迫っているのを知らなかった城下は、敵襲を告げる突然の半鐘に大混乱に陥った。防戦準備が整っておらず、婦女子、町民の避難どころか籠城のための兵糧すら運び込んでいなかったのだ。混沌とした状況の中で、多くの武士の家族が足手まといになるよりはと自決した。西郷頼母一族の自刃をはじめとして、多くの潔い、だが悲しい話が伝わっている。一部の女性は薙刀を手に武士に混じって新政府軍に立ち向かった（少年白虎隊に並ぶ悲話として有名な会津娘子軍など。本項末のコラム参照）。残る者は、避難するか、籠城のため鶴ヶ城に入城した。

八重子は入城を促す武士の言葉を受け、鶴ヶ城に向かった。入城のさい、彼女は弟の形見である着物と袴に身を包み、大小の刀を腰に差し、肩には最新式の七連発スペンサー銃を担いでいたという。周囲の恐慌状態をよそに、八重子は弟の敵を討つという強い意欲に燃えていた。三郎の身代わりとして、女ながら主君のために戦

うつもりで入城したのである。

　この日、鶴ヶ城には守備兵力がほとんどいなかった。外郭の外側での防衛戦に出払っていたためだ。藩主容保すら、乗馬を射殺されて危うく帰還したほどだった。だが少ない城兵は避難した老人や婦女子の助けを得て懸命の防戦を繰り広げ、なんとか敵の城内乱入は防いだ(奥羽最大の堅城として有名な鶴ヶ城の防御力は非常に優れていた)。

　特に大手門では、老兵の部隊である足軽玄武隊と城内に避難した婦女子がゲベル銃を使って土佐藩の兵に猛烈な射撃を浴びせ、寄せつけなかった。ここの守備にあたっていた八重子は、白壁の銃眼から銃を突き出して城に近づく新政府軍をつるべ打ちにして防いだ。七連発スペンサー銃は非常に効果的だったという。

　苦戦する土佐藩は薩摩藩に支援を求めたが、遮蔽物がない状況下では大手門にたどり着くことさえできず、城からの銃撃の的になるばかりであった。そこで薩摩藩は大砲を引いてきて、邪魔な銃眼と城兵ごと壁を破壊する構えを見せた。砲術に明るい八重子には、その攻撃が防備に及ぼす破滅的な効果が手に取るようにわかった。そこで彼女は取っておきの四斤砲を運ばせ、邪魔な土壁に無理やり穴をあけ、そこから砲口を突き出して官軍めがけて砲撃を行った。薩摩軍には、一気の突入を諦めて退く以外の道はなかった。城の兵力がもっとも脆弱だった23日午前の危機を防ぐのに、八重子の砲術が大いに役立ったのは間違いない。

明日なき篭城戦

　なんとか23日の日中をしのぎきると、会津勢は逆襲を試みた。地の利と土地勘をいかし、城下町(郭内)に居座る新政府軍に夜襲を試みたのだ。大胆不敵な八重子は邪魔になる長い髪をいさぎよく切り、ただ一人女ながら同行して、次々と敵兵を狙撃。味方の斬り込みを援護したという。予想外の逆襲に狼狽した征軍は、鶴ヶ城を攻めるには兵力が足りなかったこともあり、急遽外郭線まで退いた(主君には止められたものの、この夜以降も八重子は夜襲と聞けばついていったと述懐している)。

　翌日以降になると、国境線に出ていた会津藩の部隊が続々と帰還し、新政府軍の戦列を突破して入城を果たした。一部は阻止されたが、それでも鶴ヶ城の防備は強化された。だがそれと同時に新政府軍の戦力も増強され、包囲もより厳重になっていった。最終的には会津軍五千余(女性、老人二千を含む)、新政府軍は諸藩合同の三万を数えたという。

　城方をとりわけ悩ませたのが、鶴ヶ城を見下ろす小田山という小山から撃ち込まれ

る大砲の弾だった。後には内郭に迫った包囲軍も砲門を揃えて城内に砲撃し、多い日には一昼夜に二千七百発もの砲弾が撃ち込まれたという。その激しさは、鶴ヶ城の天守閣が破壊されて使用不能になり、また子供たちが砲撃に慣れてしまって「今夜はトンボが多いなァ」と夜空を飛ぶ砲弾を眺めて語っていたという逸話から察せられるだろう。小田山に運び上げられた強力無比なアームストロング砲の威力の前に、美しかった石垣は穴だらけとなり、城内の建造物は次々と破壊されていった。

　この砲撃に、八重子は夫の尚之介とともに城内の大砲隊の指揮を執って、果敢に対抗した。砲の操作を知らない兵にはみずから教授した。ただ城中砲門のほとんどは旧式のもので、火力は圧倒的に新政府軍が優勢だった。新政府軍は無数の塁壁を築いて鶴ヶ城を包囲し、日夜を問わず銃撃を加えた。内郭、城下の建造物は軒並み焼き払われ、鶴ヶ城の周辺は荒野と化した。爆裂する榴弾の轟音にかき消され、城内では会話すらままならなかった。八重子は城内唯一の四斤砲を操作する夫、川崎尚之介の助手として働き、小田山に陣取る官軍砲兵隊の主力と果敢に射ち合ったことが記録されている。

　当時の会津方の苦しさを伝える悲喜こもごもの逸話が伝わっている。新政府軍が

撃ち込んだ砲弾は、殺傷力を高める石榴弾だった。着地後に爆発し、内蔵された鉄片で人馬を殺傷することを目的とした対人兵器であるこの砲弾には導火線がついており、着弾してもすぐには爆発しないことがあった。そこで城内の女性たちは落下した弾に駆け寄り、布団やムシロで火を消そうとしたという。むろん間に合わずに吹き飛ばされる者もいたが、回収された石榴弾は逆に敵側に向かって撃ち返されたそうだ。籠城の準備が十分でなかった会津方には、城内で製造できる銃弾はともかく、砲弾の蓄えは乏しかったのだろう。近代戦の砲弾消費量は、それまでの合戦とは文字通り桁が違ったのだ。

　砲撃がもっとも激しくなったある日（九月中旬頃ではないか）、八重子は天守閣付近の楼門の下に、藩主容保から召し出された。洋式軍装で御前に進み出た八重子は、敵軍が使用している石榴弾（四斤弾）の性能について説明を行った。単なる説明に留まらず、回収された四斤弾を慣れた手つきで解体し、冷静に構造を解説する八重子に、周囲は驚きの声を禁じえなかったという。

残す月影

　八重子ら城内の女性、会津藩士の苦闘をよそに、籠城戦が進むと城内外の情勢はどんどんと会津方に不利になっていった。戦局の打開を賭けた8月29日の城外出撃は失敗に終わり、救援の望みも頼みの綱である米沢、仙台藩が新政府に恭順したために失われた。
　それでも会津方は頑強に籠城を続けたのだが、新政府軍の戦力が充実した9月14日からは総攻撃が開始され、ついに内郭へと押し込まれた。落城は時間の問題と感じた会津藩首脳は、ここに至りこれ以上の抵抗を断念。米沢藩を通しての停戦交渉に乗り出した。
　そして籠城戦が始まってからほぼ一カ月が経過した9月22日、鶴ヶ城は降伏開城となった。それまで砲兵隊を指導し、またみずから銃を取って戦っていた八重子は、父と夫を失っていた。父の権八は9月17日に一ノ堰で戦死、尚之介は藩士ではないので開城前に城外に去っていた。八重子は入城する新政府軍の歓声を聞くと、身を切るような悔しさを感じたという。
　明日には城を去らねばならないその夜。八重子は三の丸雑倉庫の前に立ち、月明かりを頼りとし、悲憤を込めた歌をかんざしで壁に刻んだ。
「あすの夜はいづくの誰かながむらむ、馴れしむ空に残す月影」
　こうして勇婦、山本八重子の幕末は、深い悲しみと無念と共に、終わった。

会津人の終戦

　だがこれで八重子の人生が幕を閉じたわけではなかった。むしろ彼女にとっては、これが始まりだったといっていい。

　戦後に覚馬が京都で生きており、京都府顧問として京都の近代化に尽力しているのを知った彼女は、母と共に兄を頼って京に出た。洋風の衣服、洋髪に装い、盲目で身体の自由が利かなくなっていた兄の仕事を手伝う八重子は、やがてアメリカから帰国した新島襄(同志社大学の創始者)と出会い、結婚する。このときクリスチャンとなっていた八重子の結婚式は、京都初の洋風だった。

　新島夫妻は覚馬の協力を得て同志社を大学にするべく運動した。八重子は病弱だった襄が亡くなった後も女子教育者、福祉運動家として活躍し、昭和7年に88歳で没した。現代では近代女性の先駆者として名が高い。

　型破りで前向きな八重子に風当たりは強かった(古い道徳を重んじる会津人は型破りで先取的な八重子を快く思わなかったという)が、彼女は幕末のときと同じように逆境に屈さず、最後まで己の信じるところに従って生き続けた。敗戦を経て形は変われど、八重子の内には劣勢にもかかわらず果敢に戦い抜いた精神が脈々と息づいていたのである。

───「会津娘子隊(じょうしたい)」───

　会津鶴ヶ城では、八重子の他にも五百名ほどの武家の子女が、藩主容保の義姉、照姫を中心として防戦に協力した。その中に、後世に「会津娘子隊」と名づけられ、少年白虎隊に並ぶ悲劇として語り継がれた女性たちの姿もあった。

　「会津娘子軍」は会津藩が正式に編制した部隊ではない。いよいよとなれば武器を手にし、一隊となって戦おうと打ち合わせていた藩士の妻女たちの自発的な集団である。江戸詰勘定方・中野平内の妻こう子とその娘で、美貌で知られた竹子・優子の姉妹を中心に、二十数人が約束を交わしていたという。

　だが城下への新政府軍の乱入があまりに突然だったため、この隊は集結できなかった。中野母娘は手早く髪を切って身支度を整えると、長刀を手に鶴ヶ城へ向かった。しかし城門がすでに閉ざされていて入城できない。道中で数名の同志と合流した彼女らは、照姫が坂下宿に向かったという報に接し、では照姫をお守りしようと坂下に向かった。

　だがその情報は虚報で、照姫は鶴ヶ城に留まっていたのだ。娘子隊はやむなく坂下宿の寺に一泊し、翌日になると会津藩部隊の陣を訪ねた。そして懸命の懇望を繰り返し（会津藩家老の萱野権兵衛は、彼女たちを戦場に送るまいと説得したが、最後には熱意の前に折れた）、25日に幕兵で構成された衝鋒隊とともに鶴ヶ城に向かう許可を得た。萱野権兵衛は、歴戦の衝鋒隊ならばこの妻女たちをなんとか無事に鶴ヶ城まで届けてくれるのではないかと期待したのだ。しかしひそかな期待は叶わなかった。

　娘子隊が新政府軍の部隊と遭遇戦を演じたのは、城に向かう途上のことだった。涙橋(なみだばし)付近で進路を阻まれた衝鋒隊は、銃撃戦の後に抜刀突撃を敢行。娘子隊も長刀をひらめかせて続いた。

　壮絶な白兵戦が続くうちに女が混ざっているのに気づいた敵兵が驚きの声をあげ、生け捕りにしようと一斉に襲いかかってきた。とりわけ執拗に狙われたのが、美人の中野竹子、優子の姉妹だった。長刀の達人で、男勝りの覇気がある竹子は妹を庇いつつ奮戦したが、一発の銃弾に胸を射抜かれて倒れた。

　こう子、優子母娘は、姉の負傷を見ると勇を振るって敵兵を追い払い、涙ながらに竹子の首を介錯した（髪の毛が絡まって完全には打ち落とせなかったので、首はその場に放置されたが、幸いにも会津の農兵の手で持ちかえられた）。この戦いのとき、竹子の長刀には「武士の猛き心にくらぶれば、数にも入らぬ我が身ながらも」という辞世の句が書かれた短冊が吊るされていたという。

　中野竹子は22歳の若さではかなく散ったが、その名は潔く一途な会津魂を現代に伝える会津の女性の鑑として、現代に伝えられている。

忍城を守り抜いた姫武将
Kai
甲斐姫

- ◆地域：日本
- ◆時代：16世紀
- ◆生没年：──
- ◆出典：『成田記』

鶴姫が戦国日本の海で戦った女性ならば、こちらの甲斐姫は陸で戦った女性である。成田家の姫である甲斐は、果敢に石田三成らの軍勢を引き受けて、最後まで城を守り抜いた女武者であった。戦国の武家の女性は基本的には城を守るときのみ武器を取り、多くが城と運命を共にしたのだが、甲斐姫のように見事な働きで運命を勝ちぬいた者もいたのである。

後北条家の最期

戦国時代日本の関東地方には、下克上の元祖といわれる北条早雲を祖に持つ北条家（鎌倉時代の執権北条氏と区別するため後北条家ともいう）が君臨していた。北条家は全国的に見ても屈指の有力戦国大名で、関東一円に強固な地盤を築いていた。地理的に京から遠かった北条家には上洛して天下を統一しようする意欲が薄く、その視線は関東の制覇と経営に注がれた。地方政権志向といっていいだろう。

だが早雲から五代を数える氏直の代になると、中央で豊臣秀吉が覇権を握り、長く続いた戦乱の世も終わりが近づいてきた。天下統一を明確に目指す秀吉は、北条家にも服属を要求してきた。北条家では秀吉の威勢は承知していたものの、箱根の険と名城小田原城、そして関東での優位性に頼って、煮え切らない交渉を続けた。この態度に激怒した秀吉は、己の力を天下に誇示するという目的もあって、諸国に北条征伐の大号令をかけた。かくして二十万という空前の兵力が動員される、小田原攻めとあいなった。

圧倒的な豊臣軍の前に、北条家が頼みとした小田原城の支城網、箱根の険はほとんど防波堤の役を果たさず、小田原城は長い包囲の末に開城。北条家は滅亡することになる。だがすべての支城が潰されたわけではなく、中には敵中に孤立しながらも最後まで戦い、立派に役目を果たした城もあった。北条家の重臣、成田家の忍城もそのひとつ。この城では、なんと城主成田氏長の長女、甲斐姫が、獅子奮迅の働きで父の留守を守り抜いたのである。

忍城に敵迫る

　甲斐姫は東国一と噂される美貌の姫でありながら、文武に精通し、力に優れていた。男として生まれたならば天下に名を轟かせ、成田家中興の祖ともなったろうに、女とは惜しいことよと人は噂したという。
　男子に恵まれなかった成田氏長にすれば、その思いは人一倍だったに違いない。天保18年(1590)の2月、篭城のため小田原城に向かう準備にかかった氏長は、お前は女としてはまれなほど武勇に優れているが、勇にまかせてうかつな戦いをするなと諌めたうえで、城将と協力して城を守るよう、甲斐姫に申しつけた。まるで初陣の息子にかけるような言葉から、当時19歳の甲斐姫を、父が当然のように武将の一人と見なしていたことが伺える。それほどの腕前だったのだろうし、また当の姫もきっと相当に勇ましい気性だったのだろう。
　さて成田氏長が小田原に向かうと、3月末には豊臣軍が各方面から一斉に関東めがけて進軍してきた。なんなく小田原城まで到達し、包囲を固めた彼らは、まず周辺の支城を徹底的に潰す作戦に出た。忍城に、友軍の城が陥落したという報せが続々と届く。善後策を練った忍城の諸将は、氏長夫人(甲斐姫の養母で、賢夫人として有名だった)の意見に従って領内の人々を城中に入れて防御の備えに加え、固く城を守るのに専念することを決めた。
　6月になると、ついに石田三成、大谷吉継、長束正家を主将とする豊臣軍二万三千が忍城に襲来し、これを囲んだ。本丸に入った甲斐姫は、特定の持ち場を分担せず、劣勢の場所を救援する予備隊の役目を担うことになった。

忍城の攻防

　忍城は、利根川と荒川に挟まれた水田地帯に設けられた城で、沼にも等しい泥田に囲まれた島のような浮城だった。城のそれぞれの出入り口に通じる道は田のあぜ道のように狭く、大軍で数押しにするのは不可能。かといって泥田に踏み込めば進退もままならない。攻めるに難く、守るに易い名城といえた。
　一度力攻めを試みて撃退された石田三成は、小智恵の働く男らしく、秀吉の小姓として実地で見た「水攻め」を応用することを思いついた。だが攻め手が堤を作る大工事をしているのを、城方は安心して見ていた。彼らはいかに水攻めをされようと、地形上水が膝以上にまでなることはないのを知っていたからだ。逆に勇敢な城兵が嵐に紛れて堤を切り破ったので、寄せ手は洪水で大損害を被るハメに陥った。後年石

甲斐姫

田三成が太閤の猿マネだの、戦下手だのと言われるのは、この忍城での不首尾も一因になっている。

　焦る石田三成は、浅野長政らが来援したのを受けて強引な攻勢に出た。忍城のそれぞれの口に軍兵が殺到したが、特に危機に陥ったのが大谷吉継、浅野長政に攻められた大手口（正門）だった。守備兵から急を告げる使者が本丸に走る。

　そこで救援に志願して颯爽と駆けつけたのが、美貌の姫武者、甲斐姫だった。烏帽子型の兜を被り、小桜縅の鎧、真っ赤な陣羽織を着た甲斐姫は、成田家に伝わる名刀浪切を手に、兵二百を従えて大手口に急行した。凛々しい姫の救援を得た守備兵は奮い立ち、激しく逆襲に転じる。一変した戦況に動揺した大谷、浅野の手勢は退却しようとしたが、その期を逃す甲斐姫ではなかった。城兵の追い討ちによって寄せ手は多大な損害を被った。また甲斐姫が自身で討ち取った者も多数というから、姫は最前線で勇ましく戦ったのだろう。

　さらに後日、持田口が危機に陥った際にも、甲斐姫は兵二百を伴って救援に出撃した。疲労した守備隊と交代した援兵を指揮し、多数の佐野勢を巧みにあしらう甲斐姫。すると、華やかなその姿に惚れこんだか寄せ手の武士、三宅高繁なる者が「昔、和田義盛は木曽の巴を生け捕って夫婦になったという。それがしも御大将を捕らえて妻にしよう。女将軍、逃げるな」と叫んで姫に駆け寄ろうとした。だが甲斐姫は、慌てず騒がずほがらかに笑い、小姓に持たせていた弓を受け取ると、ぱっと放った。矢は吸い込まれるように三宅の喉に突き立ち、無謀な武士は落馬して即死したという。

忍城開城と会津での活躍

　甲斐姫ら城兵の決死の奮戦により、忍城は持ちこたえた。だが本当の城主たる成田氏長が小田原で降伏した（実は秀吉に内通して、主家より一足先に降伏していた）とあっては、開城せざるをえない。だが最後まで戦い抜いた忍城は整然たる開城を行った。夫人と甲斐姫、そして二人の妹は、美しい甲冑を纏って馬に乗り、前後に領民、家臣の大行列を従えながら、堂々たる退去の様だったという。

　この後、降伏した成田一族は、豊臣秀吉から会津を拝領した蒲生氏郷に預けられることになった。関東の名門たる成田氏長は氏郷から厚遇を受け、食客ながら会津の要害である福井の城を預けられた。

　だが手勢が足りないだろうと氏郷が親切心から貸してくれた浜田兄弟という家来が、実は食わせものだった。この二人は隣国の野心多き男、伊達政宗に通じていたのだ。浜田兄弟は、氏長が氏郷の助っ人として出撃した期を見計らって、福井城を乗っ取る

謀反を起こした。

「謀反だ！」という声を聞いた甲斐姫は、鎧を肩に引っ掛け、長刀を手に養母たる氏長夫人の下へと急いだ。だがときすでに遅く、実母同然に彼女を可愛がってくれた養母は無念にも浜田の手にかかって殺されていたのだ。甲斐姫は「怒髪天をつく」ありさまで、城内を風のように駆けまわって浜田兄弟を探すが、彼女の剛勇を知る仇は直に向き合おうとしない。そこで家臣に促されやむなく城を落ちた。

だが冷静に考えると、浜田兄弟も甲斐姫をみすみす逃がすわけにはいかない。そこで浜田弟が兵二百を率いて追手となったが、これが藪を突いて蛇を出してしまった。追手に気づいた甲斐姫一行十余名に、もはやこれまでと馬首を巡らせ、決死の突撃をする覚悟を固めさせてしまったのだ。

突撃した一行は死を恐れない者の強さで追手を痛めつけ、特につばめが水面に遊ぶがごとく、ひらり、ひらりと舞っては斬り、踊るように戦う甲斐姫の前に、たちまち敵は崩れた。そして浜田弟を見つけた姫は、長刀の石突（柄の先端部分）で相手を馬から突き落とすと、復讐の凄惨な笑みを浮かべつつ一刀のもとに首をはねてしまった。

この後、引き返してきた父の軍勢と合流した甲斐姫は、そのまま福井城を取り返す合戦にも参加し、一騎打ちの末に浜田兄（将監）の右腕を斬り落とし、生け捕りにする手柄を立てた。姫は一人で養母の仇を討ったのである。

甲斐姫、秀吉の側室に召されるのこと

この話の顛末を聞いた蒲生氏郷は、後に秀吉に甲斐姫の戦功と麗しさとを報告した。姫武者にいたく興味をそそられた秀吉は、姫を召し出し、己の側室とした（この話は『関八州古戦録』など多くの資料に見られる）。甲斐姫は寵愛されたようだが、子をなすことはできなかったようだ。

しかし、後に成田家が城を没収されかけたとき、秀吉にとりなして生家を救ったというから、戦国時代の女としても、武士としても、誰恥じることのない立派な働きをした数少ない女性の一人だったといえるだろう。

なお戦国の時代、男と肩を並べて戦った女性はなにも甲斐姫一人ではない。戦乱の時代である。勇敢に戦った女性は数多くいた。篭城や防衛戦で「やむなく」戦った例が大半だが、武将の妻が夫の留守に家臣の指揮を執って見事に守りぬいた例がいくつか伝わっている。また落城に際して城将の妻が奮戦の末に城と運命を共にしたという悲話が伝わる城も少なくない。戦争が日常である時代においては、好む好まざるとにかかわらず、誰しも戦いと無縁ではいられないのである。

颯爽たる女武芸者
Rui Sasaki
佐々木留伊

◆地域：日本

◆時代：江戸時代元禄ごろ(17世紀中期)

◆生没年：──

◆出典：『責而者草』

女武芸者というといかにも小説の登場人物のようだが、現実には小説より奇妙なことがいくらでも転がっている。元禄のころの江戸には、本当に一世を風靡した女武芸者がいた。"奴"とやりあい評判になった女柔術師範の佐々木留伊。男装をして道場を開いた男勝りの彼女には、実は胸に秘めた大望があったのだ……。

江戸の女武道

　日本の江戸時代は、武芸がとても栄えた時代だった。特に振興した剣術を筆頭に、柔術、槍術、弓術などのさまざまな武芸、流派が道場を開き、門弟に武術を教えていた。太平の世であるから、武芸は時代を経るに従って装飾的な意味合いを強めていったが、それでも体面上は武士の表芸でありつづけた。

　むろん武道は基本的には男性の教養で、江戸時代は朱子学を基礎として身分差、性差によって個々人の役割が生まれながらに隔てられていた時代だ。良妻賢母を美徳と定められた武家女性が、武芸で名を残す余地はそれほどなかった。たとえば大名などの奥向きに武芸をもって仕えた別式女という女武芸者がいたりはしたが、それはあくまで例外的な存在で、小太刀や薙刀などを女性が学ぶのは嗜みの域に留まることがほとんどだった。

　けれどまだ戦国の遺風がかすかに残る元禄のころ、女だてらに武名を轟かせ、江戸の町を仰天させた女武芸者が実在した。まるで時代小説の登場人物のようなこの女性は、佐々木留伊という名で、土井家の古河藩に仕えた佐々木武太夫という武士の娘だった。

佐々木家断絶

　留伊の武芸は、厳格な父に幼少のころから仕込まれたものだった。父、武太夫は、剣術は一刀流の奥義を受け、鎖は柳生流、馬は神道流、柔術は関口流と、当時のほとんどの武芸を会得した優れた武芸者で、古河藩どころか他藩にも門弟になりたい

と望む者がいたほどの人物だったという。

　だが万が一のときにお役に立つようにと一人娘に武芸を残らず伝授する変わり者っぷりからわかるように、武太夫は偏屈で武張った人柄だった。今日の日本では絶滅寸前の頑固親父だったというわけだ。留伊を土井利重（三代目古河藩主）の奥方に仕えさせた武太夫は、家名を継がせるために幾度か養子を取ったが、この人柄に恐れをなしてみな逃げ出してしまったというからよほどの難物だったのだろう。

　そうするうちにやがて武太夫は老いて没した。いくら留伊が武芸を継いでいるとはいえ、佐々木家には家名を相続できる男子がいない。嗣子なきときは家名断絶。これは大名でさえ逆らえなかった幕法である。死後の養子縁組も認められず、佐々木家は定法どおり断絶と決まった。けれど父譲りの男勝りの気性を持つ留伊は、これに納得できなかった。

男装の女武芸者、江戸に道場を開く

　彼女は奥方への勤めを辞すると、江戸へ出た。胸に思うところがあったのだ。

　そして浅草天神町に居を定めると、玄関に槍や具足といった武具を飾り、入り口には暖簾をかけ、こんな看板を出した。

「武芸諸芸指南所、女師匠佐々木氏」

　女師匠とはなんぞや、と近所の者は驚いたことだろう。女性が武芸を教えることは皆無ではなかったようだが、非常に珍しかったのは間違いない。ひやかし半分で入門した者も少なくなかったかもしれない。だが留伊は男女の区別なく門弟をとり、それぞれに応じた教え方で武道を伝授したという。細かい内情は伝わっていないが、話題性もあって案外に繁盛したのではないかと想像される。

　こうして道場を開いてから、留伊は外出時の服装も改めた。色鮮やかな小袖を身にきゅっと着つけ、その上に佐々木家の家紋（四ツ目結）をつけた黒縮緬の羽織を引っ掛けた。足には素足に絹緒の草履、腰には黄金作りで細身の刀と脇差を差すという、身分ある侍（浪人）風の、派手で凛々しい男装で出歩いたのである。それでいて髪は女性として武家風に結い上げていたから、これは目立つ。

　男装の麗人というべきか、女傾奇者というべきか。武道家の常として無駄なく颯爽と歩む留伊に、行き違う人々はつい振り向いてしまったに違いない。

101

留伊、奴たちを懲らしめる

　こうなれば物見高い江戸の町民の間で、留伊のことが評判にならないはずがない。その噂を聞いて面白くなかったのが、当時の「奴」と呼ばれたならずものたちだ。奴というのは、もともとは下級の武家奉公人を指す言葉だった。彼らの中には異様な風体や言動で周囲を驚かす「傾き者」が多く含まれていた。これを旗本が真似たのを旗本奴、町人が真似たのを町奴という。

　留伊が江戸に出た元禄ごろはこの奴たちの全盛期で、旗本奴と町奴はそれぞれ徒党を組んで「白柄組」「神祇組」などと名乗って横行し、互いに男伊達を競っていた。粋や酔狂を愛すると称したが、身分や面子を振りかざしての無理無体や乱暴狼藉も多く、江戸町民はしばしば迷惑を被っていたという。荒々しい戦国気質の名残が消え去る直前の、徒花のような者たちだった。

　彼らは自己主張が生き甲斐の、任俠の祖のような連中だったから、自分たちより目立っている留伊の存在が気に入らなかった。

「女のくせに武芸師匠とは生意気な」
「身のほど知らずの化けの皮をはがしてくれる」

　怪気炎をあげ、公衆の面前で留伊の面目を潰してやろうとつけまわしはじめた。もしかしたら奴の狼藉を、通りがかった留伊が実力で止めさせたというようなことがあったのかもしれない。

　腕に覚えのある奴たちが、留伊の宿所に押しかけ、あるいは白昼の往来のド真中において、彼女に挑戦した。だが少々懲らしめてやるぐらいの気持ちで挑んだ連中は、逆に誰も彼もこっぴどく叩きのめされてしまった。殺したというわけではないようだから、おそらく柔術でぶん投げられたのだろう。

　茶屋で一服している留伊。そこに現れて、露骨な侮辱で挑発する異装の侍。男勝りの留伊は恐れげもなく言葉を返し、旗本奴は内心しめしめほくそえみながら、やれ武士を侮辱したなどと因縁をつけて勝負を挑む。だが殴りかかった旗本奴はえいやと地に叩き伏せられ、見物人の嘲笑に顔を赤らめながら退散する。留伊は何事もなかったかのように座りなおし、注文を平らげる。

　こんな痛快な情景が目に浮かぶようだ。

　留伊は因縁をつけてくる相手を残らず叩き伏せ、やがて彼女に手出しする者は誰一人いなくなってしまった。その中には旗本、つまり本物の侍の腕自慢がいたわけだ。それをことごとく退けた留伊の武道は、父に恥じぬ達人の域に達していたのだろう。そうして彼女の武名は、ますます江戸の町に轟いた。

佐々木留伊

一世一代の花婿探し

　こう評判が高まると、奉行所としてもほうってはおけなくなる。留伊は数寄屋橋の石谷将監番所から呼び出しを受けた。
　出頭した留伊に石谷将監は問い質した。
「そのほうを呼び出したのは他でもない。事の次第を見聞きしたところ、どうもそのほうの行状は大望ある者のもののように思える。どのような所存じゃ」
　すると留伊はかしこまり、正直に姓名来歴を述べてから心中を語った。
「父が病没し、女の私一人が浪人いたしましたが、ならば自分が跡目を相続して何としても家名だけは潰すまいと決心しました。そこで姿も心も男同然に心得て、父に教わった家業を立てたのです。もし私の意に叶う男性と出会えれば、婿に迎えて家名を譲るつもりです。人目を引く装束も道場も、すべてそんな殿方と出会うために整えました。夫を迎えるまでは父の姿で通したいと思いますし、他家に嫁ぐつもりもありません」
　石谷将監はなかなか話のわかる男だったようで、なるほどもっともと納得し、留伊をおとがめなしで放免した。なかなかの大岡裁きではないだろうか。
　すべては自分より強い立派な男を婿に迎えて、父の跡目を譲りたいと願う留伊の、一世一代の花婿探しだったわけだ。留伊に挑戦した奴たちや、石谷将監などは、まんまと彼女の話題作りに貢献させられてしまったということになる。

大団円

　この話はたちまちのうちに広まり、殿中でさえ話題になった。あっぱれな心意気の娘よと感心されたのだろう。そうなると佐々木家の旧主土井侯としても見て見ぬふりはできない。土井利重は、家中で武芸を知られた小杉家の次男、小杉九十九と留伊の縁組を取り持ち、佐々木家を相続させた。
　女剣術家、佐々木留伊の物語は、こうして彼女が見事に家名存続の念願を叶え、ふさわしい夫を手に入れたところで幕を閉じる。その後のことはよくわからないが、きっと幸福になったものと思いたい。身分の差別がやかましく、女性がしばしば意にそわぬ結婚を強要された江戸時代にあって、逆に自分からふさわしい夫を探しにゆく痛快な女剣術家が実在したというのは、なんとも愉快な話ではないか。

神功皇后

海を渡った皇后
Jingu Kougou

◆地域：日本
◆時代：不明（4世紀頃？）
◆生没年：——
◆出典：『古事記』『日本書紀』ほか

日本初の女帝といわれる神功皇后は、壮大な伝説に彩られた人物である。直接軍を率いて海を渡り、朝鮮半島に進出したという物語は、日本の神話に少しでも興味がある人ならば、誰でも聞いたことがあるだろう。この物語は、日本と半島はかなり昔から文化的・軍事的に交流をもっていたことを、神話の形で現代に伝えているのである。

勇ましき皇后

　神功皇后は、古代日本の伝承・歴史を伝える「記紀」の中でも、ひときわ異彩を放つ登場人物である。
　九州平定の志半ばで倒れた夫、仲哀天皇の遺志を継いで、海を渡って新羅を攻めた皇后、という勇ましい内容だけでなく、天皇ではないのに天皇に準じて独立した一人の章を立てられているという点でも異例である。
　神功皇后の伝説は、後世において日本が軍事的に朝鮮半島へ進出するための理由づけに利用されたため、一般にあまりいいイメージを抱かれていない。しかし日本の女傑を語るときに、巴御前と並び称される神功皇后を無視するわけにはいかない。史実であるのか、伝説であるのかはこの際とりあえず置いておき、歴史と神話が交わる時代の后妃、神功皇后の伝説を、『日本書紀』に従って紹介しよう。

仲哀天皇の死

　『日本書紀』に従えば、神功皇后はヤマトタケルノミコトの第二子、仲哀天皇の皇后である。
　名は気長足姫尊（おきながたらしひめのみこと）（『古事記』では息長帯比売命）。幼い頃から聡明で智恵に優れており、巫女としての素質も備えていた皇后は、やがて見目麗しい女性に成長し、仲哀天皇の妃に迎えられた。
　仲哀天皇は背いた熊襲（くまそ）を征伐することに決め、九州に遠征したうえで皇后を呼び寄せた。すると神と交感する巫女の力を備えていた皇后は、天皇が群臣と討伐につ

いて相談している最中に、突然神懸りになって託宣を語り始めた。

それによれば「痩せた土地に住む熊襲を討つより、海の向こうにある宝の国(朝鮮半島)を攻めるほうがいい。金銀が豊富なその国は新羅国という。もし私(神)を祭るならば、武力を用いずともその国は服従するし、そうなれば自然に熊襲も従う」とのこと。

つまり熊襲の反乱の根元には朝鮮半島の動乱があり、それを放置したままでは九州の安定はありえないという託宣だったのである。

だが仲哀天皇は名も知れぬ神の託宣が信じられなかった。高い山頂から大海原を見わたしても、どこにも陸地など見えないからというのは神話的表現にしても、欺かれていると感じ、疑問の言葉を神に返した。

すると神功皇后に憑いた神は「私の目にはハッキリと見えている。この言葉が信じられないなら、汝は国を保てないだろう。いま皇后が身ごもっておられる御子が、その国を得ることになる」と告げた。

仲哀天皇は神の言葉を信じずに熊襲と戦ったが勝てず、逆に祟りにあって倒れ、筑紫の香椎宮で亡くなってしまった。

遠征の途上で夫を亡くした神功皇后は、傷心を抱えつつも人心の動揺を防ぐため、重臣らと相談して当面仲哀天皇の死を秘すことに決めた。

朝鮮遠征の伝説

仲哀天皇が祟りに倒れたことを深く憂いた神功皇后は、九州の動乱を鎮めるため、神の言葉に従って新羅・高句麗を攻めることを決めた。そして臣を派遣して熊襲を討たせてみると、今度は自然に服従した。逆らう者たちが次々と討たれた。

これは神の託宣が正しいということを意味しているのだと感じた神功皇后は、みずから軍を率いて渡海すべきなのではと考えた。そこで髪を解いて海に入り、「私はみずから兵を率いて西方を討とうと思います。もしこの行動が神意に叶い、神助が得られるものでしたら、髪がひとりでに分れて二つになりますように」と祈って海水を頭にそそいだ。

すると髪がひとりでに分れたので、皇后はそれぞれを束ねて男子の髪型にし、自分の決意と渡海遠征を群臣に告げた。

船団の準備が整い、兵が集められると、斧鉞(おのまさかり)を手に男装をした神功皇后は、全軍の前で厳しく軍令を発して士気を鼓舞してから、新羅に向けて出航した。このとき皇后は臨月が近づいていたが、産気を抑える鎮めとして石を腰に挟んで「戦が終わっ

てここに戻ってくるときまで産まれないでほしい」と祈ったという。
　船団は風の神、波の神、背中で船を押し上げ運行を助けた魚たちの助けを得て、舵や櫂を使うまでもなく新羅国にたどり着いた。それどころか船を乗せた高波が新羅国中を覆い、船団は労せずして新羅王の城のそばまで迫ったのである。
　洪水で周囲がすべて海となり、たちまち見知らぬ軍兵に囲まれたのを眺めた新羅王は、この世の終わりかと驚き恐れた。そして東に日本という国があるのを思い出した王は、あまりの異変にすっかり戦意を失い、戦わずして降伏した。神のお告げはここでも実現したのである。
　降伏した新羅王は服従と朝貢を誓った。日本の軍には王を殺すべしという意見もあったが、神功皇后は「神の教えによって金銀の国を授かろうとしているのだから、降伏した者を殺してはならない」と禁じた。そして手にしていた矛を、戦勝の証として新羅王の門前に突き立てた。
　新羅が王族を人質として差し出して全面降伏すると、同じく朝鮮半島の国である高句麗、百済も降って朝貢を誓った。
　こうして三韓を従えた皇后は筑紫に凱旋した。そして御子である応神天皇を産み落

とすと、神託を授け、軍に従った表筒男、中筒男、底筒男の住吉三神を祭ったという。
　これが『日本書記』に見られる神功皇后の朝鮮征伐の顛末である。この後、神功皇后はまだ赤子である応神天皇に従おうとしない忍熊王（仲哀天皇の庶子）を討つため、武内宿禰に戦に勝つ計略を授けるなどしているが、自身ではもはや戦陣に赴くことはなかった。皇后が摂政になって以降も朝鮮出兵は行われているが、それにも同行していない。

神話と歴史の狭間

　神功皇后にまつわる物語は、史実と神話の境界線上にある。いろいろと複雑な事情が絡んでいて、物語が史実なのか神話なのか、あるいはその中間なのか、確実なことがわからないのである。
　極端な話をすれば、神功皇后が実在の人物であったかすら、確かなことはいえないのだ。朝鮮遠征のときにお腹の中にいた子とされる応神天皇からはある程度の史実性を認める人が多いので、神功皇后はまさに神話と歴史の狭間にいる女性ということができる。
　少なくとも古代日本が朝鮮半島に出兵し、勢力を振るったことはあった。4世紀末〜5世紀初頭の話だ（それ以前、以後も頻繁に侵攻自体は行われた。ただ大きな成果は残せなかった）。
　4世紀に加羅（任那）地方に進出した大和朝廷は、百済と連携して、高句麗・新羅と戦っている。日本軍が391年に半島に攻め入り、404年に平壌近辺まで進出して、当時の強国である高句麗と激戦を繰り広げたという話が、高句麗の好太王（広開土王）の碑に刻まれている。教科書で学ぶ有名な逸話だ。
　『日本書記』の神功皇后記には、百済王から「七支刀」という珍しい刀が贈られてきたとあるが、この七支刀は現在も神宝として石上神社に保管されている。刻まれた文字から、これが百済王から倭王に贈られた剣であるのは確実視されている。古代日本が半島と密接な関係を持ち、出兵を繰り返していたのは事実だ。
　しかしだからといって、神功皇后が実在した、あるいは本当に外征を率いたという証明にはならない（神功皇后のものと伝わる古墳はあるが）。
　神功皇后の伝承は、史実と見なすにはあまりにもおとぎ話じみていて、4世紀当時の記録を基に書かれたとは思えない。「神話」の要素が非常に強いのだ。
　現在では、神功皇后は後年の推古・斉明・持統といった女帝をモデルとし、日本の半島進出を正統化するために作り出された創作性の強い人物という説が主流になっ

ている。6世紀以降に、かつて日本が半島で優勢であったころの「記憶」を中核として、幾多の異なる伝承をつなぎ合わせて作られたという説には説得力がある。

　こうして神話が作り出されるのは別に神功皇后に限った話ではない。たとえば有名なヤマトタケルは、多くの古代英雄の逸話をヤマトタケルという一人のキャラクターに集約して作り出されたと考えられている。いわゆる「三韓征伐」については、あくまで伝説と考え、伝説として楽しむのが正しいといえるだろう。

　ただ神功皇后伝説にせよ、もしかしたらベースとなったが失われた勇敢な皇族の女性の伝承があったのかもしれない。

　日本の初代の(正式な)女帝は推古天皇(飛鳥時代の女帝、592〜628在位)とされているが、それより遥かに古い邪馬台国の時代から日本には女性が王(首長)となることを受け入れる風土が存在していた(こうした風潮は朝鮮半島や中国にはなかった)。

　そうした女性首長の中に、軍事的才幹を発揮した女性がいたと想像しても、そうおかしくはないのではないか。

ベトナム独立の悲劇的シンボル
ハイ・バ・チュン（徴姉妹）

　近代戦を挑むアメリカとの戦争を不屈の闘志で戦い抜き、世界を驚かせたベトナム人は、古代から自主独立を悲願として戦い続けてきた民族である。皮肉にもベトナム戦争においては強力に北軍を支援した中国こそ、紀元前からベトナムを支配した大国だった。

　紀元前111年（前漢の時代）に中国の直接支配下に入って以降、ベトナムは約千年にわたって独立闘争と従属を繰り返した。中国から流入した文化がベトナムに大いに影響を及ぼした事実と併せて、ベトナムの歴史は中国との愛憎半ばする関係を抜きに語ることはできない。

　この幾度も繰り返されたベトナムの独立闘争史の起点には「ハイ・バ・チュン（二人の徴夫人）の反乱」という出来事があった。これはチュン・チャック（徴側）、チュン・ニ（徴貳）という二人の姉妹に率いられたベトナムの人々が、初めて起こした大規模な独立戦争で、長く語り継がれる兵乱となった。

　チュン姉妹は一世紀ごろに、峯州（ハノイの北西）の貉将（土豪）の娘として生を受けた女性たちだ。二人は成人して嫁ぎ、チュン・チャックは、やはり貉将のティ・サック（詩索）という男性の妻になった。しかし伝説によれば、この夫が蘇定という中国人太守の横暴によって、罪もなく処刑されてしまったのである。

　ベトナムの人々は中国に支配されている間、多くの貪欲な中国人官吏の搾取や暴政に苦しめられた。ティ・サックもまた、その犠牲となったのだ。だが夫を殺されたチュン・チャックは、他の者のように黙ってはいなかった。彼女は妹の助けを得て、紀元40年に兵を挙げ、各地の土豪にも決起を呼びかけた。すると漢の支配に税収の既得権を侵害されていた多くの土豪が呼応し、大反乱が勃発した。みずから戦象に跨り、剣を振り上げて軍を指揮し、太守の軍を追い払ったチュン・チャックは人々から女王に推された。

　こうしてチュン・チャックは徴王となり、故郷たる峯州麊冷県は独立を回復したベトナムの首都となったのである（当時のベトナムは女系社会であり、女性が強い発言権を持っていた。チュン姉妹の反乱に協力した土豪には、女性も数多くいたそうである。この戦争において戦場で指揮をした女性は、チュン姉妹だけではなかったのだろう）。

　けれどこの新国家は三年しか続かなかった。後漢の光武帝に派遣された伏波将軍馬援によって、紀元42年に徴王軍は打ち破られてしまったのである。チュン姉妹の末路には、二人で川に身を投じたという説や、戦死した、昇天したなどいくつかの伝説があるが、実際には馬援にとらえられ、斬首されたようだ。二人の首は塩漬けにされ、洛陽へと送られた。

　チュン姉妹の反乱は内部分裂によって、短い期間で潰えた。けれど彼女らを深く悼み、独立を再び奪われたベトナムの民衆は、チュン姉妹を神格化して祀り、同時に独立運動のシンボルとして語り継いだのである。この敬慕は現在まで続いており、いまもチュン姉妹は民族の英雄「ベトナムのジャンヌ・ダルク」として愛されている。

第2章 勝利をもたらす美しきリーダー

支配者や権力者として民衆の上に君臨し、男性以上の指導力と不屈の意志で幾多の戦いを指揮した女君主、女将軍たちを紹介しています。女性の権力者というものは、傾向としてあまり戦争を好みません。しかしだからといって必ずしも戦いが下手というわけではないことを、この章のヒロインたちは教えてくれるでしょう。

SWORD MAIDEN

第2章　勝利をもたらすリーダー

イングランドと結婚した処女王——
Queen Elizabeth
エリザベス一世

◆地域：イングランド

◆時代：16〜17世紀

◆生没年：1533〜1603年（在位1558〜1603年）

◆出典：特になし

世界の女性君主の中でも、もっとも偉大な業績を残した一人であるエリザベス女王。彼女の治世は大英帝国の礎となった黄金時代と見なされているが、実際には山あり谷ありの波瀾に満ちていた。次々と持ちあがる政治的な難題、女性君主ゆえに宿命的につきまとう問題、彼女はそれらを賢明かつ慎重に処し、必要なときには敢然と立って戦争を率いたのであった。

女王の治世にイングランドは繁栄す

　イギリスには、「イングランドは女王の治世に繁栄する」という伝統がある。

　この輝かしい伝統を築いたのが、これから紹介するエリザベス一世だ。16世紀イングランドに絶対君主として君臨した彼女は、イギリス初の女王でこそないものの、男性以上に巧みに統治した最初の女王であった。

　エリザベスの即位当時、イングランドは小さな島の、さらに半分しか支配していない弱小国に過ぎなかった。だが女性の身を危ぶまれながら統治を開始した彼女は、祖国をスペイン、フランスの二大強国に怯まぬ国へと育て上げた。そしてスペインの無敵艦隊(アルマダ)による侵略を退け、独立と誇りを守り通した。激動の16世紀に小国ながら強国に屈さず、自主独立を貫いたエリザベス女王の治世は、後年に「栄光の時代」として美化されるほど、国民にとって誇らしい時代だったのだ。

　国民にも敬愛される優れた女王であると同時に、彼女は生涯独身を通して「処女王(ヴァージン・クィーン)」と呼ばれた、ユニークな女性でもあった。女性継承人が伴侶に領地を併合されるのが日常茶飯事という時代にあっては、巧妙に身を処し、ときに敢然と戦うだけでは、「栄光の時代」を招くことはできない。イングランドが大陸の大国に意のままにされる危険を考えると、エリザベスは結婚に踏み切れなかった。相手がいなかったわけではない。大陸の多くの王侯貴族が、一国を引き出物とする女王との結婚を望んだ。ただエリザベスは、結婚を夢見るよりも、独身の女王であるという立場を徹底して利用するほうを選んだのだ。彼女は、女であることより王であることを選んだ女王なのである。

処刑人の斧を怖れる王女

　エリザベス王女は、1533年9月7日、ロンドンに近いグリニッジ宮で生を受けた。父はイングランド国王ヘンリー8世、母は王の二人目の王妃アン・ブーリン（ヘンリー8世は有能だが多情な王で、生涯に六人の妃を娶った）。エリザベスの誕生は、祝福されていたとは言い難い。ヘンリー8世が人気の高い前妃キャサリン（スペイン出身）と強引に離婚した反動から、アン・ブーリンは国民に不評だった。今度こそ待望の王子を得たいと切望していたヘンリー王の落胆も深かった。

　だが強い父性の持ち主だったヘンリーは、特にエリザベスを疎むようなことなく、生後三カ月もすると慣習に従って手元から離し、家臣団をつけて地方で養育させた（不潔な都会を避けるのは、新生児の死亡率が高かった当時にあっては当然の予防措置だった）。エリザベスはハットフィールドなど各地の館を転々としながら育てられた。

　そして誕生から二年八カ月が経過したころ、異母姉のメアリーを差し置いて嫡子と認められていたエリザベスを、大きな悲劇が襲った。なかなか男児を出産せず、なにより容色の衰えたアンに嫌気がさしたヘンリーが、姦通罪の濡れ衣を着せて妻をロンドン塔に叩き込み、そのまま首を刎ねてしまったのだ。ヘンリーはローマと断絶して英国国教会を樹立し、自身を国教会の首長であると宣言してまでアンを正式に王妃としたのだが、興味を失うと情け容赦なく断罪したのである。

　まだ物心つかない年齢だったとはいえ、成長してこれを知ったエリザベスが大きなショックを受けたであろうことは、後年の言動から容易に想像できる。

　ヘンリーは、アンへの憎悪とは裏腹に、娘へは変わらぬ愛情を注いだ。やがて新しい妃が待望の男子（エドワード王太子）をもたらしても、父はエリザベスへの関心を失わなかった。10歳になったエリザベスはよい家庭教師をつけられて学び、後年にはフランス語、イタリア語、ラテン語、ギリシア語、スペイン語、スコットランド語、オランダ語を自在に操るようになった。エリザベスは語学に特別な才能を持つ女性で、さまざまな言語を流暢に使いこなしたので各国の大使がしばしば驚かされたそうだ。

　ヘンリー8世が1547年（エリザベス14歳）に死去すると、エリザベスの身辺にも暗雲が漂い始める。新国王に即位した弟のエドワードは10歳の病弱な少年で、野心横溢な大貴族、宗教家の恰好の操り人形だった。エドワードの治世は短かったが、エリザベスはこの間に、結婚の話さえ持ちあがっていた海軍卿トマス・シーモアの反逆事件に巻き込まれて取り調べを受けている（無関係で釈放）。

　エドワードが16歳で病死すると、次にエリザベスを深く憎む異母姉メアリーが王位を継承した。エリザベス、そして旧教徒を弾圧したエドワードと違い、メアリーは根っから

の旧教徒だった。メアリーは強国スペインの皇太子フェリペ王子と結婚すると（当時二流国に過ぎなかったイングランドは、この結果スペインの属国のような扱いとなった）、先王とは逆に旧教への回帰を図った。むろん国民は激しく反発したが、メアリーは武力でねじふせ、新教徒(プロテスタント)を弾圧した。殉教した者数百人。このため彼女は「流血のメアリー(ブラディー)」という悪名を今日まで伝えている。

　新教徒であるエリザベスも、弾圧と無縁ではいられなかった。エリザベスは旧教に帰依したかのように振舞ったが、猜疑心の強い義姉の目を眩ませるには至らなかった。愛情など、期待できようはずもない間柄である（メアリーの母は、エリザベスの母アンに王妃の座を奪われた）。1554年に、エリザベスは新教徒反乱への関与を疑われ、逆賊門(トレイターズ・ゲート)からロンドン塔に収監された。この逆賊門というのは政治犯に使われる入口で、ここを通って収監された者はほとんどが処刑の憂き目を見るといういわくつきの門だった。

　メアリー女王は、なにかひとつでも咎(とが)があればエリザベスを処刑するつもりだったのだ。彼女はエリザベスが新教徒のシンボルとして担ぎ出されるのを恐れていた。そして処刑の口実となる決定的な証拠を探させたのだが、見つけられずに終わった。エリザベスは幸運にも、二カ月後に釈放された。実に危ういところで虎口を逃れたといえる。

　しかし処刑人の斧を免れたとはいえ、エリザベスはその後も一年近く軟禁され、反逆事件が起こるたびに関係を疑われた。ロンドン塔で死と隣り合わせの恐怖に怯えた21歳の王女は、義姉を心底恐れ、猜疑心を招くまいと必死で身を慎んだ。

　本来エリザベスは、聡明であると同時に、父母の気性を受け継いだむらのある男勝りの激しい気性だ。だが明日首が飛ぶかもしれないという若き日の極限体験のおかげで、彼女の内には感情を抑制して、慎重で思慮深い行動をするのが処世術という認識が培われた。これが後年の統治にとても良い影響を及ぼしたのは、誰もが認めるところである。

王家の指輪と崩壊寸前のイングランド

　1558年11月17日、ハットフィールドの庭で、エリザベスは女王の指輪を手渡された。亡くなったメアリー女王の指から外された指輪を、ひざまずいて受け取った25歳の新女王は万感の思いを込めて「これは神のなされた御業である」と語ったという。確かに危うい綱渡りと幾多の幸運を経て、エリザベスは誰にも生命と立場を脅かされることのない玉座を得た。だがイングランド国王の座は、彼女が思っているほどには素晴らしい立場ではなかった。

エリザベス一世

イングランドは浪費家の父、操り人形の弟、対仏戦争を開戦した姉のまずい統治を経て、非常に危うい状況に置かれていた。疫病、宗教紛争、戦争、財政難に打ちのめされ、平たくいえば崩壊寸前だったのだ。

エリザベスの最初の仕事は、フランスと和平を結び、財政再建に踏み出すことだった。イングランドが直面しているこの難局に立ち向かうため、枢密院の人員が入れ替えられた。メンバーには実務能力に秀でた穏健な人々が選ばれた。

穏健、中庸こそが、エリザベスの若き日々から学んだ人生の基本的方針だった。彼女は戦争や極端な政策を嫌い、妥協や交渉によって物事を穏便に収めようとした。思春期の苛酷な体験によって培われた慎重な処世術は、悪く言えば優柔不断でもあったが、結果的にイングランドに利益をもたらすことが多かった。何より、イングランドの臣民が安定した統治を望んでいたのである。

旧教と新教の争いに疲れていた臣民は、枢密院の人選にエリザベス新女王の穏健な姿勢を見て、胸をなでおろした(エリザベスは新教徒だったけれども、宗教政策は中道路線をとった)。エリザベスは優れた補佐の臣を登用する才を備えていた女性で、治世を通して優秀な臣下を見抜き、彼らを積極的に登用して大きな成果を収めた。たとえばこのときに枢密議官に登用された首席秘書長官ウィリアム・セシルは、以後40年にわたって女王に有益な助言を与え続けている。

エリザベスには、難局に挑むにあたってもうひとつの強い味方があった。国民の支持である。「流血のメアリー」を後継したエリザベス女王は、スタートから国民の期待を一身に浴びていた。彼女は一般的な意味での美人ではなかったが、面差しや立ち居振舞い、気性にヘンリー8世譲りの面があって、自然によき時代のことを思い出させたのである(敬慕の念は、エリザベス在世中どころか死後も変わることなく寄せられた)。これはエリザベスにとって、心強い武器だったろう。

女王の恋と結婚

即位したエリザベスは、すぐに別の問題に直面した。結婚である。

「処女王(ヴァージン・クイーン)」「神仙女王(フェアリー・クイーン)」と呼ばれるエリザベス女王は、先に述べたように生涯独身を貫いた。25歳で即位した彼女に、議会はすぐにでも結婚相手を見つけ、世継ぎをもうけるよう求めたが、エリザベスは決断を避けつづけた。「私が死んだとき、大理石の碑に『女王はこのような時代に君臨し、処女として生き、処女として死んだ』と記されるならばそれで満足です」。女王になっても、彼女はこう語った。

ときに心を動かすように見えることがあっても、決意には踏み切れないまま終わるか、

あくまで政治的なポーズに過ぎなかった。幼いころから「結婚しない」と言っていたというが、結果的に言葉通りになった。言うまでもなく、これは異例中の異例である。

小とはいえ一国の女王だ。エリザベスの元には、結婚の申し入れが相次いだ。彼女の治世を通して、フランス、スペイン、神聖ローマ帝国、スウェーデンなどの国王、王族、有力者がプロポーズし（求婚者の中には、亡き義姉の夫であるスペイン王フェリペ2世さえ含まれていた）、袖にされ続けた。

エリザベスが未婚で通した理由はさまざまに言われている。

政治的判断から結婚に踏み込めなかった、というのは確かに大きな理由だったろう。外国の国王や大貴族との結婚はイングランドの外交政策や国益を左右し、それゆえに見事花婿を送り込んだ国は外交上の得点と現実の利益を得る。だからこそ諸外国はこぞって花婿を推薦したのだ。エリザベスはその思惑を逆手に取り、外交上の武器として活用した。結婚交渉は数年続けられるが、その間にイングランドに敵対的な行動をして、花嫁の機嫌を損ねるわけにはいかない。独身の女王という非常に有効な「武器」を手放す決心がなかなかつかなかったとしてもおかしくはない。

また結婚を避けたのがロバート・ダドリー（レスター伯）との恋のせいだったという説も、広く信じられている。これも一面の真実だろう。

レスター伯は女王と同年同日に生まれた幼なじみで、最初に女王に忠誠を誓った者の一人だった。ロンドン塔にも、同時期に収監されていた。浅黒い肌で凛々しい主馬頭ダドリーと女王の親密な間柄は早くから各国大使の間で囁かれており、エリザベス自身も伯の魅力を公言してはばからなかった（彼女は女性ならではの巧みさで嫉妬心や対抗心を煽り、寵愛と敬遠を使いわけ、臣下を操縦する達人だった）。女王は一時期レスター伯との結婚を真剣に考えていたという。だが伯は妻帯者で、その妻は女王と夫の噂を苦にしてか1560年に自殺した。そして女王と結婚するために、レスター伯が妻を殺害したとの噂が流れた（真実は不明）。もし強行すれば一気に支持を失いかねない局面で、エリザベスは女であることよりも王であることを取った。つまり結婚を断念したのである。

この他にも、肉体的に子供が産めない身体だったという説や、幼少のころに受けた精神的な傷のせいだったという説がある。前者は眉唾だが、後者には真実味がある。エリザベスの母アンは結婚の後、夫の手で断頭台に送られた。父の五番目の王妃、キャサリンも同様の運命をたどった。エリザベスへの最初の求婚者も、やはり処刑されている。直接的ではないにせよ、こうした経験が幼少の彼女に死のイメージを植えつけ、結婚から及び腰にさせたということは十分に考えられる。

真の理由は当人にしかわからない。エリザベスは本当の意味では誰にも心を許さ

なかった。女であるよりも王であらんとするならば、そうする他はない。王者は常に孤独。孤高の女王として生きた彼女が唯一すべてを捧げた夫は、「イングランド」という国家そのものだったのである。

二人の女王

そんなエリザベスと対極にある女性が、1568年にイングランドに亡命してきた。貴族との対立に敗れ王座を追われたスコットランド女王、メアリー・スチュワートである。エリザベスより9歳年少で、諸国に美貌を知られたメアリーは、慕情に我を忘れてしまう情熱的な女性だった。しかも男を見る目はまるでなく、愛人にそそのかされて夫を殺害する陰謀に加担した疑惑をかけられ、国民から愛想を尽かされてしまったのである。

スコットランド側は亡命したメアリーを引き渡すよう交渉し、メアリーは女王への謁見を希望した。イングランドの重臣は面倒を避けるべく、メアリーを斬首すべきと主張した。エリザベスはいずれも容れず、メアリーを十分な礼をもって幽閉するに留めた。だがこれは、獅子身中の虫を飼う結果となったのだ。

新教徒と旧教徒

実はメアリーは、イングランドの王位継承権を持つ血筋（ヘンリー7世の曾孫）である。ローマ教皇はヘンリー8世とアン・ブーリンの結婚を認めておらず、旧教側の視点からすればエリザベスは庶子、すなわち王位継承権を持たない。この場合、旧教徒のメアリーのほうがイングランドの玉座の正統な主ということになる（かつてメアリーはイングランドの君主と自称していた）。

宗教改革と国教会を憎むイングランドの旧教派がこれを見逃すはずがない。メアリーが幽閉されて以来、エリザベスを失脚させ、メアリーを登座させようとする陰謀が次々と起こった。1569年、1571年と、スペイン、ローマの後ろ盾を得た陰謀が続けざまに発覚すると、議会は声高にメアリーの処刑を主張した。だがエリザベスは強硬に反対した。実子のいないエリザベスは、内心である時期までメアリーを王位継承者候補と考えていたようだ（事実、女王が臨終に臨んで指名したのはスコットランド王ジェイムズ、メアリーの息子だった）。またエリザベスは、王権を神から授けられた不可侵な権利と考えており、臣下の求めに応じてメアリーを裁くのを容認できなかった（母アンを見舞った悲劇が、血縁の女性を断頭台送りにする決断を鈍らせたとも想像できる）。

こうしたエリザベスの「温情」は、メアリーにとっては必ずしも歓迎できるものではなか

った。中途半端な立場のまま、実に19年にわたって幽閉監禁されたのだから。その間、メアリーは自由に焦がれて面会を望む手紙を幾度もエリザベスに出し、許されぬと知るとエリザベス政権転覆の陰謀に傾倒していった。

　メアリーを積極的に支援したのはスペイン、そして急進的な旧教勢力だった。旧教が勢いを盛り返したのに便乗し、1583年（エリザベス50歳）にはスペイン大使が関与したエリザベス女王暗殺が計画され、暴かれた。1586年には再度暗殺が企てられ、これも暴露された。これは国内における旧教勢力の蜂起とスペイン軍上陸、メアリーの登位まで計画した大規模なもので、メアリーが賛同していたことも証拠立てられた（計画はエリザベス臣下の有能な諜報責任者、ウォルシンガムに筒抜けだった）。議会と国民は激昂し、メアリーに死を要求した。それでもエリザベスは躊躇し続け、翌年になるまで死刑執行の命令書にサインできなかった。しかし議会の要求を突っぱねるのは不可能だった。

　1587年2月、メアリーは死刑を宣告され、カトリックの殉教者として断頭台の露と消えた。エリザベスは己の母を見捨てたスコットランド王を「不実なスコットランドの若造」と罵り、メアリーの死を悼んで泣いたという。

スペインとフランシス・ドレイク

　メアリー・スチュワートを擁立してイングランドを操ろうとするスペインの陰謀は挫かれた。両国はエリザベスの即位後ほどなくして少しずつ敵対行動を始め、長く冷戦状態を続けていた。イングランドはスペインからの独立戦争を戦っていたオランダと1585年に条約を結び、大陸への援兵派遣まで踏み込んでいたのだ。

　また大西洋では、二番目の世界周航者として名高い「海賊」フランシス・ドレイクに代表されるイングランドの私拿捕船が暴れまわり、新大陸から富を満載して来るスペイン船を次々と襲っていた。スペインはこの蛮行に激しく抗議したが、エリザベス女王はドレイクをスペイン大使の目前で勲爵士（ナイト）に任じるという挑発的な態度で応じた。

　旧教大国スペインはこうした状況を打破すべくイングランドを旧教へ回帰させ、自陣に引き戻す陰謀を巡らせてきたのだが、その鍵となるメアリーを処刑されてしまった。だがスペイン国王フェリペ2世は度重なる敵対行動と侮辱に我慢ならず、ついに1588年に世界一の海軍力を動員してイングランドの武力制圧に乗り出したのだ。

　130隻からなるスペインの「無敵艦隊（アルマダ）」襲来の報は、イングランド全土を恐怖に陥れた。これを迎え撃つイングランド艦隊は、海軍卿ハワード、副司令フランシス・ドレイクらが率いる総数90隻ほどだった。

アルマダ戦争

　無敵艦隊は英仏海峡に侵入すると、ネーデルラント(オランダ)に駐屯していたスペイン陸軍と合流するためカレーに投錨した。敵艦見ゆの報を聞いて出撃したイングランド主力艦隊はワイト島上陸に色気を見せた無敵艦隊と幾度か交戦したが、敵の防御的な三日月の陣形を崩すことができなかった。そこで送り狼のようにカレー沖までスペイン艦隊を追跡して来ていた。

　無敵艦隊にとっては不運にも、スペイン陸軍の乗船準備はまだ整っておらず、艦隊はカレー港に釘づけになった。逆にイングランド側は分遣艦隊と首尾良く合流し、決戦準備を整えて無敵艦隊から一マイルほど離れた地点に投錨していた。

　決戦のためにイングランド側がとった戦術は、常識破りのものだった。通常は小船やいかだを使って行う火船戦術(燃えやすい物を搭載した船を直接敵船にぶつけ、焼き払う)を、大型船八隻を用いて実行したのだ。通常の火船戦術は警戒していたスペイン側も、これほど大掛かりな奇襲を阻止する用意はなかった。

　1588年7月29日の深夜、風上を占めたイングランド艦隊は火船を放った。無敵艦隊は大混乱に陥り、焼かれなかった船は我先にと錨を上げて出航した。それがイングランド艦隊の思う壺だった。

　無敵艦隊の船は、地中海での運用を主眼に置いた鈍重なガレー船(一部に大型帆船ガレオンや小型帆船キャラック)で、昔ながらの敵船への接舷斬り込みを主戦術としていた。対するイングランド艦隊は、船の大きさこそ小ぶりながらも左右両舷に砲を搭載した最新鋭のガレオン船を用い、軽快な船足を生かした砲戦を編み出していた。地中海ならいざ知らず、波の荒い英仏海峡では圧倒的に有利だ。すでに幾度もスペイン船と交戦し多大な戦果を上げていたドレイクは、勝負の行方にまったく不安を抱いていなかっただろう。

　陣形を組む余裕もなくバラバラに難を逃れた無敵艦隊は、カレー沖でイングランド艦隊の砲弾による手厚い歓迎を受けた。砲撃戦はこの日の夕方まで続けられ、凄まじい損害を受けた無敵艦隊は四散して北に逃れる以外にだてがなかった。歴史的な大敗を喫した無敵艦隊は、もはや計画続行不可能と判断して故国への帰還を開始した。しかしその途上でさらに嵐に見舞われ、結局三分の一しか帰港できなかった。

　この即位以来最大の国難を退けたカレー沖の戦勝から10日後、エリザベス女王はティルベリーの防衛軍に有名な名演説を行った(この時点ではまだ、スペインの侵略の意思が完全に挫かれたかはっきりしていなかった)。

「私は自分が脆くかよわい女の肉体しか持っていないことはよく承知しています。しか

エリザベス一世

し私は国王の、それもイングランド国王の気概と勇気を持っています。パルマ公(オランダ総督)であろうとスペインであろうと、わが王国の境界を侵そうとすれば、それをはなはだしい侮辱と考え、私みずから武器を取ってあなたがたの将軍となりましょう」

エリザベスが懸念した通り、スペインはこの敗戦にも懲りず、以後14年にわたって執念深くイングランドと争った。そしてエリザベスもまた、激しい気性を表す演説の文句に違わない姿勢で立ち向かったのである。

死にゆく功臣と女王の晩年

無敵艦隊を破ったエリザベスは、国民から熱狂的に愛され、偶像視された。政治の安定を得て、イングランドではルネサンス文化が花開き、演劇熱が高まった。シェイクスピアはこういう時代背景の下で登場し、活躍したのだ。

だがこのとき55歳のエリザベスの治世は、黄昏時を迎えようとしていたのだ。それを象徴したのが、長年女王を支えた功臣たちの相次ぐ死であった。

無敵艦隊撃破に前後する10年ほどの間に、ニコラス・ベイコン、かつての恋人で政界を二分する派閥の領袖だったレスター伯、謀臣ウォルシンガム、もう一方の派閥をまとめていたバーリー卿(ウィリアム・セシル)が次々没した。

穴を埋めるべき若い世代も台頭してきていたが、人物を見抜く見識では並ぶ者のないはずのエリザベスも、この時期になると衰えからか一度だけ見誤った。容姿端麗だが自惚れ屋のエセックス伯を寵愛してしまったのである。

レスター伯の養子であるエセックス伯は、養父が昔エリザベスの恋人だった縁から女王の寵臣に取りたてられた。多少の才はあったかもしれないが軽率で器量に乏しい人柄で、エリザベスの寵をかさにきる横柄な男だった。

エセックス伯はスペインのカディス港襲撃に成功して一時的に勇名を馳せたものの、続いて志願したアイルランド討伐では馬脚を現した。議会が苦心の末に戦費を捻出したというのに、司令官エセックス伯がやったのは地方の小都市を略奪することだけであった。本来の目的である反乱軍主力を撃破する任務は事実上放棄し、勝手に和平を結んで帰国したのだ。持ち得なかった息子とも思い目をかけた若者の醜態に激怒したエリザベスは、伯の官職を剥奪した。するとエセックスは女王の仕打ちを逆恨みし、自分の人気を頼みにロンドンで反乱を起こしたのだ。だがそんな突飛な行為が周囲の賛同を得られるわけもなく、たちまち捕われ、断頭台に送られた。

「私の王冠の栄光」

　エセックスの事件に限らず、エリザベス女王の晩年はバラ色の時代ではなかった。
　老いたエリザベスは激しい気性を抑えられなくなり、よく周囲の者に感情的な罵声を浴びせるようになった。かと思えば、急に平静と余裕を取り戻し、賢明な判断を下す。感情の起伏は、エセックスを失って哀しむようになってからさらに激しくなり、廷臣や侍女も手のほどこしようがなかった。
　国情も良好とは言い難かった。できるだけ戦争を避けようと努力したエリザベスも、晩年になると対スペイン戦争、アイルランド反乱の鎮圧、フランスへの派兵など連戦に祟られ、戦費調達に苦労した。王領地や宝石を売り、戦費課税をしてもまだ足りなかった。さらにイングランドは慢性的な不況に苦しんでいた。
　後年の人々はエリザベスの治世にイングランドの黄金時代というイメージを抱くが、現実には希望はあるが生活は苦しいという時代だったのである。
　エリザベスは悪化した財政再建のため、上納金目当てに独占特許状を濫発した。国民の生活必需品までが独占的権利の下に置かれるに及んで、下院は女王の独占権許与に制限をかける法案を可決。戦争継続の補助金と引き換えに女王に承認を迫った。激しい応酬が予期されたが、往年の賢明さを取り戻したエリザベスは議会と和解し、名高い「黄金演説」を披露した。
「神が私を高い地位につけてくださったのではありますが、あなた方の愛情を得て統治してきたところにこそ、私の王冠の栄誉はあるのだと思います。……統治は国民の幸福のために行うべきです。あなた方は私よりももっと強く、もっと聡明な君主を大勢この玉座に迎えたでしょうし、今後も迎えるでしょう。しかし、私以上にあなた方を愛している君主を戴くことは、これまでもなかったし今後もないでしょう」
　議員らを感動させたこの演説は、単にエリザベスの巧みな人心収攬術を証明する例としてのみ記憶されているのではない。女王の治世の本質が、彼女の言葉どおりのものであったからこそ、聞き手に強い印象を与え、現代まで名演説として伝えられているのだ。
　エリザベス女王は「黄金演説」の二年後の1603年3月24日、69歳で永眠した。44年の長きにわたる賢明な統治は、イングランドが後年に大発展する礎になった。
　エリザベスは男性とは結婚しなかったが、それでも伴侶はいた。その名はイングランド。そして生まれた子供は「大英帝国」。25歳の冬、ハットフィールドの庭で指にはめた女王の指輪こそ、彼女の結婚指輪だったのである。

第2章　勝利をもたらす美しきリーダー

イタリア第一の女
Caterina Sforza
カテリーナ・スフォルツァ

◆地域：イタリア

◆時代：ルネサンス期

◆生没年：1463〜1509年

◆出典：『ルネサンスの女たち』ほか

"イタリア第一の女"と称えられたカテリーナ・スフォルツァは、傭兵と貴族の血を受け継いで生まれた。その血筋どおり、彼女は戦士の誇りと貴族の美、そして燃えるような愛情を持って生きた。イタリア屈指の奸雄であるチェザレ・ボルジアに敗れはしたものの、あえて孤立無援の戦いを受けて立ったその闘争心は、まさに女傑の名にふさわしい。

剣に生きた女君主

「私に恐怖を感じさせるには、私の心臓がよほど強く動悸を打たねばなりません」

　女性のものとは思われない不敵な一文を手紙に記した15世紀イタリアの女領主、カテリーナ・スフォルツァは、この文言に違うことなく、大胆に己の意を通した「イタリアの女傑」である。貴婦人の美貌と武将の魂、そして愛に身を焦がす情熱的な心をあわせ持った、男ならば誰であれその愛を勝ち得たいと感じるであろう、たぐいまれな女丈夫だった。

　カテリーナ・スフォルツァは、死別した夫の遺領であるロマーニャ地方の法王領フォルリとイモーラを、女領主として管理した女性である。気性の激しさと美貌、敵への残忍な所業で知られ、数々の逸話と「イタリアの女傑」などの異名を、イタリア全土に轟かせた。所領のフォルリには彼女の肖像画を複製して売る店があったが、それが飛ぶように売れていたというほどの人気だったという（もっとも所領の民衆には恐れられていたという。少なくとも、愛される領主ではなかったようだ）。

　カテリーナは最後には若き梟雄チェザレ・ボルジアと戦って敗れ、すべての領地を奪われて失墜する。チェザレは『君主論』のマキャベッリが理想の君主のモデルとした権謀術数の達人で、法王の庶子であり、イタリア統一を夢見た野望の男だった。当時、並ぶ者のない権勢を振るっていた若きチェザレにただ一人剣を手に徹底抗戦したカテリーナの勇敢なる精神は、イタリアの歴史に刻み込まれ、現在まで喝采を浴びている。

スフォルツァ家

　女丈夫カテリーナは、彼女に似つかわしい武門の家柄に生まれた。いや、カテリーナこそ、スフォルツァ家の精神の正当なる後継者だった、と言ったほうが正しいかもしれない。

　カテリーナの遠い祖先は、ロマーニャ地方で畑を耕す地方豪族に過ぎなかった。それが傭兵隊長として活躍したカテリーナの曽祖父と祖父によって、一躍ミラノ公爵に成り上ったのである。14世紀後半から15世紀前半にかけてのイタリアは内紛の戦雲に覆われていた。力量ある傭兵隊長なら土地を切り取って国家を建設することも不可能ではないという、混沌とした時代だったのだ。とはいえ、ミラノ公家と縁戚を結び、最後には公位をものにしてしまった祖父フランチェスコほどの成功を収めた者は他に見当たらない。

　カテリーナの冷酷さ、勇敢さ、大胆さといった特徴の源は、彼女が受け継いだこの血にあるように思われる。美しい淑女の外見はミラノ公家から、戦場往来の武将が備える荒々しくも情熱的な魂はスフォルツァから、それぞれ相続したのである。そしてカテリーナを悪名高くした残虐性は、父親のガレアッツォ・マリーア公爵に色濃く見られた気質だった。

　この父ガレアッツォは、カテリーナの政略結婚を進めている最中の1476年に、スフォルツァ家のミラノ支配を快く思わぬ暗殺者の凶刃にかかって横死してしまった。

ローマ法王に寵愛され

　当時14歳だったカテリーナの政略結婚は、ガレアッツォ暗殺を乗り越えて実行された。相手方である法王シスト4世のリアーリオ家は、イタリア最強の国家であるミラノとの縁戚関係に、依然として価値を見出したのだ。新郎は法王の甥で、寵愛を一身に受けたジローラモ・リアーリオ。「教会軍総司令官」としてローマの軍事権を掌握し、ローマを守る要衝カステル・サンタンジェロの城代を務め、並ぶ者のない権力を振るったことから「大法王」と綽名された男である。

　寵愛する甥の若い妻を、法王はいたく可愛がった。ローマに在住していた時期のカテリーナは多くの催し物に法王に従って出席し、その中心としてもてはやされたという。だが十余年続いたローマでの華やかな結婚生活は、幸福とばかりはいえないものだった。夫であるジローラモが、虎の威を借るばかりでいまひとつ器量に欠ける、粗暴で考えの浅い男だったからだ。

第2章　勝利をもたらす美しきリーダー

　法王シスト4世は貧しい漁師の出身で、当然ながらその縁者も元々は貧しい。ジローラモも、法王から召喚されるまではサヴィーナ市役所の書記に過ぎなかった。一言で言えば成り上がり者で、教養が浅かった。ジローラモはカテリーナとの結婚でイモーラとフォルリの町を得たが、それ以上に勢力を伸ばそうとする試みにことごとく失敗した。それどころか無闇に敵ばかりを増やすありさまだった。夫婦仲も円満とは言い難い状況だったらしい。

リアーリオ家の危機

　1483年の夏に法王シスト4世が急死すると、夫妻の権勢は突如として失われる。歴代の法王の縁者が、後ろ盾の没後に必ずたどった運命が、二人を見舞った。枢機卿団は慣習に従って、新法王選挙の際にジローラモにはローマの外に留まるよう命じた。ジローラモは素直に従ったが、カテリーナは夫よりも目端が利いた。横暴を極めたジローラモが、後ろ盾を失った今後にどういう扱いを受けるか予測できており、自分たちに有利な新法王を選出させるため圧力をかけねばならないと考えたのだ。

　カテリーナは命令を拒絶し、150人の兵を率いてカステル・サンタンジェロを制圧した。名目は「カステル・サンタンジェロの城代は法王シスト4世から命じられたもの。だから次の法王にのみ、城を引き渡します」というものだった。カテリーナは妊娠八カ月の身重だというのに、サンタンジェロで直接兵士の指揮を執った。宮廷の華であったカテリーナが、スフォルツァ家の血をひく並外れて勇ましい女でもあると知ったローマ市民は、意外さに驚きと賞賛の声をあげた。

　けれどこの大胆な行動も、枢機卿団の強硬姿勢とジローラモの不見識の前に無駄に終わった。ジローラモは、目前に金貨の山とイモーラ、フォルリの領地保証を差し出され、城塞退去を簡単に承諾してしまったのだ。こうなっては内助の功も水の泡である。カテリーナは、やむをえずフォルリへ退去した。新たに選出されたインノチェンツォ8世は、当然のように反ジローラモ派だった。

　ジローラモは領主としての資質にも欠けていた。彼は民心を得ようと減税を行ったが、先のことを考えずに実行したので、すぐ財政難に陥って元の税を課さねばならなくなった。この脈絡のない政策の結果、ジローラモは一気に民心を失った。そして彼は、横領事件を起こしたオルシという部下を公衆の面前で辱め、報復として暗殺されるあっけない最期を迎えるのである（ジローラモがローマ時代に敵に回していたロレンツォ・デ・メディチが糸を引いていたのだという）。

カテリーナ・スフォルツァ

イタリアの女傑

　城内で食事中に突然の凶刃に見舞われ、ジローラモは「裏切り者!」と叫びながら42歳の生涯の幕を閉じた。そのときカテリーナは自室にいたが、ジローラモの死と同時に陰謀者たち(オルシとその一党)が城を占拠してしまったため、逃げるに逃げられなかった。彼女はそのまま子供たちと共に、暗殺者の捕虜となってしまった。

　だが彼女は無策で捕われたのではなかった。直前に家臣をフォルリの町に隣接しているラバルディーノ城塞の城代トマソ・フェオの元に走らせ、城塞の死守と実家のミラノ公家への援軍要請を命じていたのだ。まとまった兵力を持たない陰謀者たちは、カテリーナと子供たちを人質に脅しても開城しないフェオにほとほと手を焼いていた。このままではスフォルツァ家からの援軍が到着してしまう。そんなオルシらの焦りに乗じて、カテリーナは自分が直接赴いて、城代を説得してくると申し出た。子供を人質に取られているのだから、下手な真似はできっこないというわけだ。

　だが三時間と約束して単身ラバルディーノ城塞に踏み込んだカテリーナは、奥方の無事を喜ぶ城代と食卓を囲んで大いに飲食し、寝台に倒れ込むと泥のように眠ってしまった。脳天気にも刻限が過ぎても戻らないカテリーナを忠実に城外で待ち続けた陰謀者たちは、あまりに音沙汰がないことからやっと雲行きの怪しさに気づいたが、どうしようもなくその場は引き揚げた。

　翌日、憤懣やるかたないオルシらは城壁の外に人質の子供を連れてきて、剣を突きつけて子供を殺すと喚きたてた。しかし城壁の上に姿を現したカテリーナは彼らを唖然とさせた。陰謀者たちを見下すと、いきなりスカートの裾をまくって叫んだのだ。
「バカモノども!　私はこれであと何人でも子供をつくれるのを知らないのか!」

　人間は予想をあまりに越えた物事を目にすると、何が起こったか脳が把握するまで、しばし唖然としてしまうものだ。ぽかーんと呆けてしまった、このときのオルシらのように。25歳の美貌で知られた貴婦人の口から、場末の酒場のあばずれですら頬を赤らめるような啖呵を聞かされようとは、夢にも思っていなかったに違いない。彼らはやがて城塞から打ち込まれる砲弾に脅され、ほうほうの体で町に逃げ帰った。

　しかしカテリーナは子供を見捨てたわけではなかった。これまで生かしているのだから賊に子を殺す意図はないと見抜いていたのだ。だから肝心なのは、子供を殺しても無意味と陰謀家に思わせることと、援軍が来るまで時間を稼ぐことだった。そして彼女の読み通り、ミラノのスフォルツァ軍、ボローニャのベンティヴォーリオ軍などが救援に到着すると、暗殺者たちは我先にとフォルリを脱出していった。子供は無事だった。カテリーナは賭けに勝ったのだ。

愛の炎

　夫亡き後の領主の座を守ったカテリーナは、法王の不承不承の承認を得て、嫡男オッタヴィアーノをフォルリとイモーラの後継者として立て、自分は後見人になって国政を見た。政略結婚で結ばれた夫という頭上の重石を取り除かれたカテリーナが、本来の個性を存分に発揮するようになったのはこのときからだ。

　自由を得たカテリーナが最初にしたのは新たな恋だった。相手は亡き夫の小姓だった8歳年下のジャコモ・フェオ。先の事件で忠節を尽くした城代トマソ・フェオの弟である。カテリーナは、若々しいジャコモへの愛に溺れた。だがこの恋は、周囲に大きな波紋を巻き起こさずにはいなかった。

　いくら功臣トマソ・フェオの弟とはいえ、身分が違いすぎたのだ。領主の母として統治する権利を維持するには、本来愛人関係を公的には秘密にせねばならなかった。だが愛の炎に焼かれる彼女は、若い愛人の求めるがまま、1490年には秘密裏にジャコモと結婚したのである。カテリーナは敵を憎むのと同じ激しさをもって、愛を傾けた男にすべてを捧げる女性だった。

　もしジャコモが人並み以上の男ならば、愛人の立場をわきまえて控えめな態度に徹したろう。けれどジャコモはまだ青年と呼べるほど若く、大人の男の分別や矜持に欠けていた。彼はカテリーナの愛情に甘え、公私の区別なく側につきまとって、領主面をして国政に口を出すようになった。他国の公使との会談にも同席したというから笑えない。秘密にせねばならない関係は、たちまちイタリア中に知れわたった。

　カテリーナは、対外的には気丈に結婚の事実を否定し続けた。しかし愛情のあまりジャコモへは断固たる態度が取れない。そうするうちにジャコモは増長が嵩じて、正統な後継ぎたるオッタヴィアーノをもないがしろにするようになっていった。あるときなど、少年領主と些細なことから口論になったジャコモは、いきなり立ちあがってオッタヴィアーノの頬を張り飛ばした。居並ぶ家臣の面前でだ。カテリーナも同席していたが、有事には千軍万馬を叱咤する気概を示す彼女が、ただ唇を振るわせ、目をうるませているだけだったという。

　この一件以来、家臣団の憎悪はジャコモに集中した。彼らは慎重に機会を待ち、1495年の夏、ついにジャコモ暗殺を決行する。カテリーナや彼女の息子たちと狩りに出た帰路、ジャコモはアントニオ・ゲッティという重臣を中心とする暗殺者に襲われ、短剣でメッタ刺しにされて、24年の短い生涯を閉じた。

残忍なるカテリーナ

　暗殺者たちは、どうも騙されている伯爵夫人と不幸な少年領主を救ったつもりでいたようだ。だが愛する男を殺されたカテリーナの復讐は見る者の心胆を寒からしめるほど凄絶だった。
「私の家系では、自分のことは自分で始末をつける。誰かをやっかい払いしたいとき、他人の手を借りたりはしない」
　徹底した復讐を決意したカテリーナの命に従い、まずアントニオ・ゲッティが捕らわれ、大聖堂のバルコニーから裸のまま吊られた。暗殺に直接関与した七人（二人の僧侶を含む）は、拷問で陰謀の全貌を白状させられた上で、生きながら縄で馬に引きずられて絶命した。彼らの死体はゲッティの死体の隣に吊られた。直接の関与者のうち、ただ一人逃げ延びたドメニコ・ゲッティには刺客が放たれた。
　だがカテリーナの憤怒は、この程度では収まらなかった。彼女は暗殺者の近親者も捕らえ、残虐極まりない手段で殺すように命じたのである。わずか十日の間にジャコモ暗殺事件に連座して処刑された者は40名、獄を抱いた者は50名に及んだ。
　謀反人の血統を根絶やしにしようというカテリーナの冷酷な報復は、イタリア全土を震え上がらせた。とりわけ舞台となったフォルリの町は伯爵夫人の無残な振る舞いに恐怖し、同時に潜在的な反発も強めた。後にカテリーナは、この行き過ぎのツケを支払うことになる。

迫る暗雲

　カテリーナ・スフォルツァは第一の夫ジローラモの没後、13年間所領を守った。数々の勇壮な逸話から「イタリア第一の女」と賞賛され、貧しい小国のフォルリとイモーラを苦心しながら経営した。だが彼女の統治は政治家というより傭兵隊長のもので、心は政治家であるより恋する女性だった。
　民衆はカテリーナの圧政と残酷さに怯えるようになった。そしてただでさえ後ろ盾とするミラノ公国（カテリーナの実家）と自身への政治的な風当たりが強いというのに、カテリーナは自分の恋を政治的立場よりも優先させた。
　たとえばカテリーナの第三の夫、ジョヴァンニは、フィレンツェ共和国のメディチ家からフォルリに派遣された大使だった。当時、彼女の唯一の保護者ミラノ公国とフィレンツェは微妙な関係にあった。だが再び愛の矢に射ぬかれたカテリーナは、秀麗な貴公子ジョヴァンニとまたも秘密の結婚をしてしまったのだ（ジョヴァンニは後に病死。二人

の間に生まれた男子は、ルネサンス最後の武人「黒隊のジョヴァンニ」として名を轟かせる)。

こうした物事が積もり積もって、やがて孤立が深まった1499年に、彼女は最大の挑戦を受けることになる。その相手こそ、法王アレッサンドロ6世の庶子でルネサンス最高の権謀家、若きチェザレ・ボルジアだった。

チェザレ・ボルジアとの対決前夜

法王の庶子であるチェザレは、枢機卿という顕職に飽き足らず、緋色の衣を脱いで俗界に舞い戻った経歴を持つ。

自分の王国を打ち建てるという野望を抱いた彼は、聖庁の威光とフランス王の縁戚という立場、そして人々を恐れさせた智謀と冷酷さを武器に、イタリア統一を夢見た野望の男である。

フォルリ、イモーラを含むロマーニャ地方は、古くは法王領だった。チェザレには、法王の地を実質的に支配して年貢もなかなか納めない小国から取り戻し、教会の威光を回復する、という大義名分があった。そして彼がロマーニャ征服の最初に標的として選んだのが、この地方の重要拠点たるスフォルツァ領だった。

カテリーナの後ろ盾であるミラノ公国は、すでにない。

フランス王と軍、そして法王の後援を得たチェザレが、ロマーニャ侵攻に先だってミラノに進軍し、たちまち陥落させていたからだ。カテリーナは政治的にも軍事的にも孤立無援の状況に追い込まれていた。

しかしカテリーナは、政治的手段が尽きても、後ろ盾がなくなっていても、一戦にも及ばず領国を明けわたすような女ではなかった。

彼女の気性が、スフォルツァの武門の血が、それを許さなかった。チェザレ率いる軍団は総勢一万五千、対して各地の防備に兵を割いたあとカテリーナの手元に残ったのは二千に過ぎなかった。それでも彼女は徹底抗戦を決意し、フォルリの隣にあるラバルディーノの城塞に篭城の準備を整えさせた。武器弾薬が城塞に運び込まれ、城塞周辺の立ち木が切り払われた。深い堀には水が湛えられた。

カテリーナは子供と財産をフィレンツェのメディチ家に預けて後顧の憂いをなくすと、チェザレを迎え撃つべく自分だけが後に残った。この時期の領内では、抜き身の半月刀を手に、金髪をなびかせながら、各地の防備を整えさせるべく駆けまわるカテリーナの姿が見られたという。

チェザレの大軍は11月9日にまずイモーラに達した。イモーラの市民がチェザレを「解

放者！」という歓呼の声で出迎えたという報は、カテリーナにとって大誤算だった。市民は苛烈な伯爵夫人の統治に嫌気がさしていて、統治者の変更を歓迎したのである。このおかげで堅固なはずのイモーラの城塞は、わずか二週間篭城しただけで開城してしまった。

　これでフォルリの民心にも疑惑を抱いた彼女は、町の有力者に真意を問いただした。返答はチェザレ率いるフランス軍に歯向かうのは愚考としか思えない、というものだった。

　市民の支援がまったくあてにできなくなった以上、防衛計画は根本から狂ったに違いないが、彼女の炎の意志が挫かれることはなかった。

　そうするうちにチェザレの軍団がフォルリに到着した。12月19日だった。

カテリーナ最後の奮戦

　翌日の12月20日、騎馬のチェザレはラバルディーノ城壁へ近づき、堀の向こう岸から話し合いを申し入れた。カテリーナはこれに応じ、城壁の上に姿を現した。チェザレ24歳、カテリーナ37歳。ルネサンス最高の謀略家と女傑は、戦場での対峙に似合わない優雅な礼を交わした。言葉巧みに無血開城を勧めるチェザレの言葉を一通り聞いたカテリーナは、こう答えたという。

「公爵様、運は勇気ある者を助け、臆病者を見放すものです。私は恐れを知らなかった者の娘です。いかなる不幸に襲われても、私は断固として、自分の人生の終わりまで、その不幸の跡を歩んでまいる所存です。私もまた、国の運というものがいかに変わりやすいものかをよく知っております。しかし私の心のささえであった祖先の名を汚すことこそ恥と思います」

　彼女にも、援軍が期待できない以上、防戦の果ては見えていたのだ。死を覚悟の上だったカテリーナの心境がよくわかる。また彼女は、こうも語った。

「私には、自分たちを守るだけの力があります。あなた様もそれに対抗できない方ではないでしょう。スフォルツァの名を守る私の決意をもって、あなた様のご好意に対する答としなければならないのを残念に思います」

　丁寧だが、決定的な挑戦の言葉だった。それをどう受け取ったのか、チェザレは数日後、戦闘の合間に再度話し合いを申し入れた。カテリーナは、今度は跳ね橋の上まで出て来て、チェザレを待った。だがチェザレが橋に足をかけようとしたその瞬間、轟音をたてながら跳ね橋の鎖が巻き上げられた。カテリーナは青年軍師を罠にかけ、城中に虜にしてしまうつもりだったのだ。だが小心者の部下が焦ったせいで、危うくチ

ェザレは救われたのである。

　両軍の砲撃戦は一カ月近くも続き、1500年の1月になった。城塞には陥落する気配すら見えず、カテリーナにはまだ余裕すらあった。

城塞陥落

　芳しくない戦況に軍には不満がたまっていったが、しかしチェザレには一計があった。彼は市民にありったけの薪の束を集めるよう命じると、援護射撃として城塞への砲撃を一カ所に集中させた。城兵が砲撃への対応に追われている間に、チェザレは薪束を濠の一点に投げ込ませて、その上に船を乗せ、渡河用の橋を作ってしまった。そして集中砲火によって城塞の壁が破壊されると、内部への突入口が出来上がった。

　勝利を確信したチェザレは、総攻撃の準備を整えると町に戻り、フランス軍の隊長らに「見ていたまえ。伯爵夫人は火曜日には私の虜になるだろう」と豪語したという。これは厭戦気分に陥って持ち場を放棄していたフランス軍を総攻撃に参加させるための、チェザレの計略だったという。総大将の自信に釣られたフランス勢は攻撃に加わ

った。加わっておかねば、褒賞がふいになってしまうからだ。

　1月12日、ついに城塞はチェザレ軍の侵入を許し、白兵戦が始まった。カテリーナは穿たれた突破口を封じるため、設置しておいた爆薬への点火を命じたが、これは実行されなかった。防戦に参加している兵の数も、奇妙に少なかった。実は城壁が突破された時点で、四つの塔のうち二つを守る傭兵隊長と傭兵の多数がカテリーナを見限り、抵抗をやめていたのだ。

　その日、鉄製の胸甲の上に黄色い服を着て、抜き身の剣を手に城壁の上に立って戦闘を指揮していたカテリーナは、みずから剣を振るって最後まで抵抗を続けた。一部が寝返ったにもかかわらず戦闘は激烈で、後に数えられた死者の数は450とも700ともいう。

　だがやがて手傷を負い、城塞の中心にある大塔の最上階に追い詰められたカテリーナは、塔内の爆薬庫に火を投じるよう命じた。しかしこれはかえって煙で味方の戦意を失わせる結果に終わり、カテリーナはこの日の夜に、ついにチェザレの降伏勧告を受け入れた。彼女はチェザレとフランス部隊司令官イヴ・ダレグレに両側から支えられながら、城塞を出た。スフォルツァの武名に恥じない、刀尽き、矢折れるまで戦っての敗戦だった。

虜囚と寂しき晩年

　カテリーナを虜としたチェザレは、中年になってもなお美しいカテリーナを自室に閉じ込め、一夜と一日にわたって熟れた肉体を我がものとした。だが敗北の屈辱を味わわされたとはいえ、ただ一人権勢の絶頂にあるチェザレに最後まで抵抗を続けた事実は、全イタリアから惜しみない賞賛を浴びた。ときに残虐な所業を行ったにもかかわらず、カテリーナが「イタリアの女傑」として称えられているのは、この比類ない勇気と意志力によるものである。

　捕らえたフランス軍から、身柄をチェザレに金で売られたカテリーナは、その後一年間をカステル・サンタンジェロに虜囚の身で暮らした。法王毒殺を試みたという罪に問われたのだ。これはチェザレが仕掛けた冤罪だったといわれる。本来女性を戦時捕虜として虜囚の身にすることはできなかったが、防衛戦で勇名を馳せ、時の女となったカテリーナを、法王側としては簡単に解放するわけにはいかなかった。だから罪を着せて監禁したというわけだ。

　先が見えぬ獄中生活の不安は、男の中の男の精神すら揺るがせてしまう苛酷な体験である。

フランスからの強硬な抗議によってやっと釈放されたカテリーナからは、彼女を彼女たらしめていた炎のような気迫と意志力が失われていたという。それでも人々は高名な伯爵夫人の釈放を歓迎し、連日彼女の元には客が訪れた。
　フィレンツェに落ち着いたカテリーナは、いつかフォルリに領主として帰還する日を夢見ながらも、経済的に苦しい生活を耐え忍んだ。1503年に法王アレッサンドロ6世が死ぬと、彼女は嫡男のオッタヴィアーノを旧領へ急がせた。所領を奪われた他の諸侯同様、この期に領主に返り咲くためだ。だがカテリーナの元に届いたのは、領民がスフォルツァ家の苛酷な統治をいまだ憎んでおり、チェザレに忠誠を保ち続けているという悲しい報告だったのである。
　カテリーナがほとんど尊重しなかった民が、最後に痛烈なしっぺ返しを、この女傑に浴びせた。それでもカテリーナは諦めきれず外交的な手を打つが、新法王のフォルリとイーモラを法王領とする宣言によって完全に望みを断たれてしまった。
　権力を失ってからフィレンツェで過ごしたカテリーナは、1509年5月に46歳で他界した。晩年には神の道に傾倒したというが、それで彼女は慰めを得られたのだろうか。カテリーナは愛憎の激しい、炎のような女性だった。愛するのも、憎むのも、全身全霊をかけて行った。
　己の感情と意志を何よりも優先させた彼女が枯れ、本心から静謐(せいひつ)な神の道を選んだのだとしたら、それはとても残念だ。城壁の上から圧倒的な敵軍を昂然と睥睨(へいげい)する、美貌の女性君主。そのイメージが表現する神をも恐れぬ大胆不敵さが、カテリーナ・スフォルツァの美の源泉だったのだから。

屍山血河の末に帝位を得た女傑
Wuzetian
武 則天

- ◆地域：中国
- ◆時代：7世紀〜8世紀初頭
- ◆生没年：62?〜705年
- ◆出典：——

中国史上三千年の中で唯一の女帝・武則天。14歳のときに唐の二代皇帝太宗の後宮に「才人」という低い地位で迎えられ、太宗の死後は息子の三代皇帝高宗に「昭儀」として重用され、その後権謀術数を用い後宮内の最高位「皇后」となり、最終的に自ら「皇帝」となった。

巨大帝国史上、唯一の女帝

　三千年とも四千年ともいわれる中国史上で唯一の女帝が武則天である。彼女自身は剣を手に取り戦った女戦士ではないが、自らの野望のために生き、それを邪魔する者はたとえ自分が腹を痛めて産んだ子供であっても惨殺した。野望の実現のためなら後に屍山血河を築こうともためらうことがなかった。苛烈ともいえる生き方は凄惨ではあるけれども、だからこそ我々の心に鮮烈に印象づけられる。

　希代の毒婦として語られることが多い武則天だが、彼女は並び称される毒婦たち、妲己、韋后、ときには楊貴妃……などのような、奔放な欲望のために国を傾けた者たちのような「傾国」ではない。あくまで冷徹な計算と大胆な行動で自らが「帝位を簒奪」したのである。

　確かに後宮より出た彼女は自分が女性であることを利用し、また伝えられている数々の男性遍歴のように、女性であることに流されもしただろう。しかし、彼女は自分の知恵と女性であることも含めた生まれ持った能力を利用し、自らの野望に邁進し、それを完遂した人物として、偉大な女傑であったということができる。

　彼女の人生がどのような「戦い」に満ちたものであったか、紹介しよう。

女帝の出生

　武則天の父、武士彠は地方長官にあたる役職だったが、大した禄も権力もなく、役人としての収入はほとんどなかったようである。しかし彼にはたぐいまれな商才が備わっていたらしく、材木商を始めるや、たちまち一代で財をなしてしまった。その時代、隋

の煬帝は圧政を敷いており、様々な人物が反発や野心から、反乱軍として名乗りを上げていた。そんな多くの反乱軍の長の中に、隋王朝の親戚筋に当たり、山西太原留守(「留守」とはその地方の宮廷の管理、防御を司る役職)であった李淵(後の唐の初代皇帝高祖)がいた。彼に目をつけた武士彠は、李淵の挙兵にあわせ自ら財政的協力者として名乗りを上げる。李淵が唐をうち建て、彼の息子、李世民が「玄武門の変」を経て二代皇帝太宗を名乗り中国を統一した頃には工部尚書(土木、宮廷工事を司る役職)にまで出世したというから、商売だけでなく政治的にもかなりのやり手だったのだろう。

武才人としての後宮入り

その李世民が「貞観の治」と呼ばれる善政を敷いた十数年後、後宮拡張の際に当時14歳であった武士彠の次女、武照(字は媚娘)が大変美しいという話を聞き及んだ太宗は、才人として彼女を後宮に迎えた。『隋唐演義』をはじめとする後世に作られたフィクションでは、武照は計算されたあどけない仕草で太宗の寵愛を得たとされている。実際には後宮内での武照の地位は、才人というほとんど最下層なままなんの変遷もなかったことから、後の展開に対してドラマチックな伏線を敷こうという後世の創作家たちの付け足しであり、太宗にとって武才人は後宮に仕える多くの妾の一人としか映っていなかったようである。

後宮の中で雑事に追われる"才人"であり、ほとんど太宗に顧みられなかった武照が、自身の境遇を内心どう思っていたかはわからない。しかし彼女の中に強い権力志向があり、その実現のために着々と手段を練っていたのではないか。

皇帝以外の男子禁制が原則的である後宮で、武照が次の一手を取ることはなかなか難しいことであった。しかし男子禁制の掟はあくまでも「原則的に」であり、いくつかの例外は存在する。その例外とは後宮に仕える女たちの息子である(必ずしも皇帝との間にできた子供である必要はなかった。皇帝以外の男の子供を産んでから後宮に入った女性も少なからず存在していた)。もちろん、その中でも比較的容易に後宮へと出入り出来たのが、次代の皇帝となる皇帝自身の実子、皇太子である。

後に太宗が病気になり後宮で床に伏していた際、見舞いにやって来た皇太子李治に武才人が出会うことはそう難しくはなかった。地位はあれども女性に不慣れであった20歳に満たないの皇太子を24、25歳の媚娘(色気のある女性という意味)と字された武才人がどのように籠絡したのかは想像に難くない。

137

第2章　勝利をもたらす美しきリーダー

武昭儀として後宮への帰還

　かくして太宗亡き後、他の後宮に勤めていた女たちと同じく尼となって道観(道教の寺院)に入った武照(当然もはや才人の地位ではない)は、ほとんど間をおかずに三代皇帝高宗となった李治に今度は「昭儀」という後宮において六番目に高い階級で迎え入れられる。

　これには高宗の正妻ともいえる王皇后の協力も手伝った。当時、皇后に次ぐ地位である「夫人」中第二位である蕭淑妃が皇帝との間に男子を為したために、王皇后は自分の味方となる明晰な人物を欲していたのである。

　しかし、もともと高宗の寵愛を得ていた武昭儀は蕭淑妃への牽制どころか、たちまち自らが高宗の寵愛を独占し、その政治的手腕を発揮して後宮はおろか、王宮内の人心をも掌握してしまった。結果的に王皇后と蕭淑妃は共に孤立してしまったわけだが、武昭儀にとって二人が自分の上位であることに変わりはない。彼女は二人の排斥を行うことにしたのだった。

武昭儀の陰謀劇

　武昭儀はすでに男子をもうけていたが(この男子の生年月日については諸説あり、太宗の存命のおり、いまだ皇太子であった李治との間に出来た子供、つまり不義によって生まれた子供であるという説もある)、後宮に戻って数年後(654年前後)、高宗李治の子である女児を出産し、それを機に彼女の陰謀は動き出すこととなった。

　武昭儀が皇女を産んですぐ、王皇后も産後の見舞いにと(いやいやながら)皇女が眠っている後宮内の離れへ向かった。しかしそこに武昭儀の姿はなく、寝台にはただ生後間もない皇女が横になっているだけだった。皇后である自分が来ることは伝えてあったはずなのに、そこで待っていなければならない武昭儀の不在に憤りを覚えたが、子宝に恵まれなかった王皇后は、皇女に対してはただ可愛いと思いしばらくあやした後、自室へと戻った。そのとき、皇后と入れ替わりに姿を現したのが武昭儀であった。そして我が子を抱き上げるとその首に手をかけ、ひと思いに締め上げた。

　その後、武昭儀は高宗を伴って再び自室に戻り、すでに冷たくなった皇女を発見させると悲劇の母親を演じて泣き崩れる。すぐに犯人の調査が始められ、疑惑は王皇后へと集中した。王皇后が皇女の部屋を訪れるのは前々からの通達もあり、周知のことで、なにより彼女には武昭儀に皇帝の寵愛を奪われたという動機がある。

　それだけでは単に疑われ、最悪でも皇后としての位を追われるだけであっただろう

武則天

が、武昭儀はさらに策略をろうした。

王皇后が蕭淑妃と結託して呪詛を行い、皇帝の命を縮めようとしているという噂を流したのだった。王皇后と蕭淑妃との結託については既に力を強めすぎていた武昭儀に対抗するため、両者は確かに協力関係にあった。噂はすぐさま、真実であるかのように王宮内に知れわたる。そして高宗の寝台の下から名前を記した呪いの人形が見つかるなどした結果、二人は勅命により処罰されることとなった。

このとき、すでに武昭儀の陰謀に気づいていた先帝李世民の頃からの忠臣、無忌と遂良が二人の無罪を主張するが聞き入れられず、王皇后と蕭淑妃は投獄されてしまう。武昭儀は投獄された二人の手足を切り落とし、酒瓶の中へ入れ、首だけを酒瓶から出し、「この恥知らずな女たちをとろとろになるまで酔わせてやるがいい！」と快哉を叫んだという。二人はそのまま後宮内の酒蔵に放置され、二日後に死亡した。

この武昭儀のあまりの残酷さに皇太子は恐れをなして、禍が及ばぬうちにと自ら退位を願い出たという。

武昭儀ついに皇后となる

王皇后と蕭淑妃を廃した武昭儀はついに皇后へと王手をかける。再び無忌、遂良らが反対するが、すでにすっかり武昭儀におぼれていた高宗はその意見を聞き入れず、強引に武昭儀を皇后にした。こうして655年、武昭儀は武后となったわけである。

後宮の最高権力者となった彼女が手始めに行ったのは、無忌、遂良ら太宗の時

唐代の後宮

隋王朝が贅沢のために滅んだこともあり、唐代には倹約が奨励され、後宮も規模が縮小された。しかしそれでも次代の皇帝とその参謀を生みだすという目的と、当時の女児最高の教育機関という役割をもった後宮には、多くの女性がいたとされている。

その後宮内部は当時の封建社会を映したかのように、皇帝の正妻である皇后を頂点に、四夫人と呼ばれる貴妃・淑妃・徳妃・賢妃を正一品の官職とし、九嬪と呼ばれる昭儀・昭容・昭媛・修儀・修容・修媛・充儀・充容・充媛を正二品の官職とし、その下に二十七世婦、八十一御妻をあわせた108人もの女性を従えた厳密な階級社会で構成されていた（才人は二十七世婦の最下位）。

これらは皇帝と寝所を共にする資格のあった女性だけの数であり、それに従う女官、宦官の数ともなると四万とも五万とも数えられる。

代から唐王朝に忠義を誓い自分に反発してきた老臣たちや、他の後宮の女たちと高宗との間に出来た子供、はては高宗のお気に入りだった女官を次々と左遷したり、濡れ衣を着せ、死罪や流刑に処して排斥していくことだった。結果、長安に残ったのは武后の息のかかった者だけという有様となる。そして自らの実子、李弘を皇太子にすえた彼女はますますその地位を盤石なものにしていった。

さらなる権力への渇望

　しかし、彼女の野望はそこで止まることはなかった。皇后という後宮内の頂点だけでは飽き足らず、自分の政治的発言権の拡大を狙ったのである。武后の実子であり皇太子でもある李弘は、武后の聡明さを受け継いでいたばかりか、先代皇帝、李世民のカリスマ性も受け継いでおり、宮中の人望を一身に集めていた。武后自身に対しては不満を持っていた宮中の人間たちも、彼が皇帝になることは歓迎していた。しかしそうなると面白くないのは武后である。自分の野望に立ちはだかる者として、675年、彼女はこの聡明な実子を毒殺してしまう。

　後に武后は再び子である、李賢を皇太子にすえる。李賢は章懐太子賢と呼ばれ、光武帝が残した『後漢書』の注釈をつけ、現代においてもそれが一般的な解釈として通用するほど高く評価された文人で、また父親である高宗にもその才能を愛された人物である。だが、実際は武后の実子ではなく、高宗と武后の姉である韓国夫人との間にできた子を武后が実子として育てていたのであった。そして、皇太子となってからの李賢がその事実を知ってしまい従順でなくなった為に、680年、武后は謀反の疑いをかけ、自害させた。

　続いて武后が皇太子に選んだのは武后の実子であり、続柄としては李賢の弟にあたる李哲である。683年、父親である高宗が崩御し、彼が四代皇帝中宗となり、それによって武后は皇帝の母、太后の地位を得、武太后となった。中宗は父親に似たのかいささか気が弱く、母親である武后のいうことに唯々諾々と従っていた。しかし皇帝の位に就くと、次第に武太后に対して疎ましさを感じるようになったのか、一人で政治を行えるよう画策を始めた。もちろんこれは武太后の逆鱗に触れ、中宗はわずか二カ月の在位の後に廃され、幽閉されることとなった。殺されなかったのは、本気で武太后に逆らうほどカンの強い人間ではなかったからだろう。

　684年、続いて中宗の弟、李旦が五代目皇帝睿宗となった。彼は中宗に輪をかけて母親を恐れており、ほとんど全ての政治的権限を母親に譲渡し、自分は完全な傀儡皇帝として、母親の影に隠れて生活することとなった。

女帝誕生

　ことここに至り、武太后の専横に不満を持つ者や左遷された者たちが次々と反旗を翻した。反旗を翻すというのは、この場合妥当ではないかもしれない。彼らの目的は武太后の排斥であって、唐王朝の打倒ではなかったのだから。

　最初に起こったのは、684年に唐王朝設立の重鎮、李勣の孫、眉州刺史の徐敬業（じょけい ぎょう）が起こした「徐敬業の乱」である。徐敬業が武氏の台頭と唐室の形骸化に奮起して、自分の幕僚であり、かつて武太后に上奏を聞き入れられなかったという主簿・駱賓王（しゅぼ・らくひんおう）に檄文を書かせ、諸侯に決起を呼びかけたというものである。

　その声に諸侯が応じ、各方面から「義士」10万が挙兵した。怒った武后はただちに右衛大将軍李孝逸（りこういつ）に兵30万を与え、鎮圧を命じた。大兵力の官軍を率いた李孝逸に素人同然の徐敬業たちはあっさり敗北した。敗れた徐敬業は高麗国に逃げようとしていたところを捕縛され、その場で殺害され、一族郎党すべて斬首された。

　このとき、駱賓王の書いた檄文の中「一抔之土未乾 六尺之孤何託」（一杯の土いまだ乾かず、六尺の孤、いずれに託すべきか――唐の初代皇帝太宗の墓の土も未だ乾いていないというのに、幼い元皇帝を預けるべき場所すらない――。つまり武后は唐室を破壊しようとしている、という批判）の一説の巧みさに武后は感心して「この檄文を書いた者はなかなかの知恵者だ。これほどの逸材を我が幕僚に加えられなかったのは宰相の無能のあらわれだ」といってその才能を惜しんだという。当の駱賓王は乱の敗北後行方知れずとなったが、伝説では杭州（こうしゅう）の霊隠寺に隠れ住んだという。

　「徐敬業の乱」に引き続き、太宗の孫・琅邪王李沖（ろうやおうりちゅう）と、その呼びかけにより李沖の父にして太宗の第八子・李貞（りてい）が決起。さらに太宗、高宗の息子たちに呼びかけ、武后排斥のための軍が次々と決起した。

　こうなるともはやことは反乱ではなく、皇帝を掌握した武后と唐王朝の忘れ形見たちとの帝位争奪戦となっていたのだが、すでに一枚岩となりつつあった武后の治める宮廷と、散発的な太宗の子孫たちとでは戦力差は明らかであり、武后の差し向ける兵力に一つ一つ確実に撃破され、首謀者たちは一族全て斬首されたり、左遷されたりしていった。結果、唐王朝自身に忠誠を誓い、武后に忠誠を誓わない者たちは全て抹殺、排斥された。国の中枢の全ては、武后に従順な者だけが握った。

　そして690年、とうとう武太后は唐朝を廃し、年号を天授と改め、現在の皇帝である睿宗はほとんどうやむやのうちに廃され、元皇帝である中宗李哲を皇太子にとして、自らを聖神皇帝武則天と名乗り、皇帝位を得たのだった。「周」（しゅう）の初代皇帝にして中国史上最初で最後の女帝の誕生だった。

武則天の治世

　武則天は皇后であった時分から政治への口出しをしていたのだが、それは自分が表に出るものではなく、「垂簾の政」といわれる手段を取っていた。言葉の通り「簾を垂れた向こう側から、為政者を操る」という形のものだった。高宗が朝議を行う際には必ず同席し、内容によっては意見を出して自ら政治に参加する。これは武后の排斥をできなかった理由の一つだと思われる。本人のいる前で本人の排斥案を秘密裏に出すことはできないからだ。

　睿宗の代になるともはや、武太后は簾の向こうではなく、直接参議し政治的な指示を出していた。その内容は聡明で理知に富んだものだったらしい。

　武則天の執り行った有名な国策として、役所の中に「告密の門」と名づけた銅の箱を設け、身分に関わりなく、反政府的な行いをした者を訴えてもいいというものがある。この単純な密告制度は恐るべき効果をあげ、武則天の強権化に拍車をかけた。さらにこの制度の効果を上げるため、酷吏の養成も行っていたらしく、来俊臣、索元礼、周興といった拷問のスペシャリストとでもいうべき人間たちが集まってきた。来俊臣に至っては「告密羅織経」という拷問の指南書まで編集したというから徹底している。しかしこの制度によって、最終的に人心が離れていくことも理解していた武則天は十分に権力を掌握した頃になると、今度は来俊臣ら酷吏を処刑し、それまで彼らの恐怖に震えていた人民や官吏の不満を解消させた。

　また、それと同時に科挙の強化にも力を入れた。高宗の時代から、自分で直接問答に参加したり、皇帝を名乗った後も有能な人材を登用したという。これに関しては官職をばらまく人気取りに過ぎないともいわれるが、結果として有能な人材が数多く発掘され、後の代にも活躍したことから見ると、能力のある人物を要職に就けるという点において、彼女の目は確かであったらしい。

　その他に武則天は自らの権力を誇示するためか、それとも文字に何か霊妙な力があると信じていたのか、則天文字といわれる新しい漢字を制定し、それを使うことを強要した。武則天の退位後（周が滅んだ後）、それらはほとんどが失われたが一部は現在でも使われている。水戸黄門として有名な、徳川光圀の「圀」も則天文字である。

　最後にこれは治世というよりも行事のたぐいであるが、彼女の行った大きなことの一つとして、「封禅」があげられる。「封禅」とは皇帝だけが行うことのできる天に対する祭祀の一つであり、人間の生死を司る泰山に自分の治世を報告するというものだった。莫大な費用がかかり、皇帝ならば誰でもできるというものではなく、歴代でも72人の皇帝しか行っていない。いまだ皇后であったときのことではあるが、武則天が高宗

を口説き、封禅を促して、本来ならば皇帝一人で泰山へと登るところを女人禁制の泰山に高宗と共に赴き、封禅を執り行ったのだ。これは前代未聞のことであり、多くの人間が「許されざる蛮行」と罵ったが、武則天にとっては、自らの権力を誇示するための必要なデモンストレーションだったのだろう。

このように自身に権力を集中させ、またそれを誇示することによって、武則天は自分こそが権力の頂点であることを周囲に知らしめていた。

周王朝と女帝の最後

武則天が色を好んだという風聞は、いささか中国史唯一の女帝に対する後の歴史家たちの誹謗中傷である可能性を否定できないが、70代の武則天が病を患いながらも、美男の兄弟、張易之（ちょうえきし）・張昌宗（ちょうしょうそう）に入れあげたというのは有名な事実である。既に老年となり、かつての政治的野心も覇気もなくした彼女はこの二人の兄弟との情事にふけり、病を得て政治的実権も失いつつあった。

このスキャンダルが明るみに出ると、控鶴府（こうかくふ）という表向きは宗教文学の編纂作業を行う部署を設け、ここの官吏として二人を働かせた。そして若く、美しい男たちを次々に職員にしたのである。つまり、控鶴府は女帝、武則天による男だけを集めた後宮だったのである。そしてこの美しい兄弟たちが、かつての武則天と同じく、控鶴府という後宮から皇帝、武則天を操ろうとしたというのだから皮肉な話である。

張兄弟自身は政治的な野心よりも現在の贅沢を無心していたようなのだが、この二人、特に弟の張易之に惚れ込んでいた武則天は帝位すら譲ろうと考えていたともいわれている。これに対して705年、かねてより唐王朝の復活を考えていた宰相張柬之（ちょうそくし）を筆頭とする諸侯が元皇帝にして現皇太子である中宗李哲を擁立して武力蜂起し、張兄弟の首級を挙げ、病室の武則天に退位を迫り、ついに唐王朝の復活を為したのである。

退位した武則天はほどなく、病状を悪化させ「自分の死後、皇帝としてではなく、皇后として、高宗の妻として埋葬して欲しい」という遺言を残して、一人、静かに死んだと伝えられている。この遺言は実行され、今も彼女は西安の西、乾陵に高宗とともに合葬されている。

後世の評価

武則天の一生はこうして幕を閉じた。

彼女は希代の野心家であり、その野望をほとんど完遂し終えた。さらに、暗殺されることもなく、寝台の上で大往生を遂げた。後世の歴史家たちは彼女を中国史上最大の悪女と呼んだ。しかしそれは男尊女卑の視点に基づいたやっかみにすぎない。

一見、残虐な性格と明晰な頭脳が同居している人格破綻者のようにも見えるが、彼女はそのとき、自分に必要なことを遂行したにすぎない。ほとんどの行為は自分が次の一歩を進めるためであり、自分から血を求めたことは(ほとんど)ない。

殺戮した人間の数は多い。だが、人数だけなら唐の二代皇帝、李世民のほうが勝る。反逆者の一族郎党を斬首したことも、当時の反逆罪として妥当な刑罰だ。

あまりにも聡明な「人間」が、凡人の思惑を飛び越えて目的へと向かっていくということは、どんな世界でもままあることだ。その目的が武則天の場合「帝位への道」であり、その手段が後宮より皇帝を籠絡することや、自分の子供の命さえ政敵を陥れる道具とすること、そしていち早く、完膚無きまでに敵を滅ぼすということだったのだろう。その非人間的ともいえる巧妙な帝位簒奪劇の結果と過程が武則天の人生であり、それこそが、彼女を希代の女傑にしたのではないかと思われる。

平妖伝(へいようでん)

『三国志演義』の作者、羅貫中によるものとされる『平妖伝』(正式には『北宋三遂平妖伝』)は宋代に起きた反乱、「弥勒(みろく)教徒の乱」(1047年「王則の乱」ともいう)を題材にかかれた伝奇小説である。

武則天の実際の遺言と違い、張六郎(張昌宗(ちょうしょうそう))と来世での夫婦の契りをかわし、彼女は貝州の軍人・王則という男に、張六郎は胡永児(こえいじ)という美しい女妖狐にそれぞれ生まれ変わり、前世での約束を果たすという話を機軸に、様々な妖人が跳梁跋扈(ちょうりょうばっこ)し、天書という魔法書をめぐって天界までも巻き込んだ反乱を起こすという筋書きである。

妖人たちが魔法を駆使して戦うこの小説は、中国本土では発表された当初人気を博したものの、その後『三国志演義』や『水滸伝』『封神演義』などに人気を奪われ見向きもされなくなった。しかし日本では江戸時代に大変な人気を博し『南総里見八犬伝』の作者、滝沢馬琴(たきざわばきん)などは「三遂平妖伝国字評」という推薦文まで書いている。

武則天という女帝の魅力的なキャラクター性と人間臭さが創作の世界にも影響を与えた一例といえるだろう。

第2章　勝利をもたらす美しきリーダー

ローマに挑んだパルミラの女王―――
Zenobia
ゼノビア

- ◆地域：シリア（中東）
- ◆時代：3世紀
- ◆生没年：――
- ◆出典：――

東西文明の交差点である現在のシリアには、かつてパルミラという王国があった。砂漠の通商都市から一躍版図を広げて大帝国を築き、ほんの数年で消滅した幻の王国だ。
このパルミラの大躍進と、その凋落を率いたのが、美貌の女王ゼノビアであった。強大なるローマに挑んだ美しく誇り高き女王ゼノビアの物語を語ろう。

ローマに挑んだ女王

　一枚のコインがある。縁に沿ってギリシア語の刻印が並んでいるが、中央に浮き彫りにされている女の横顔は鼻が低く、どこかオリエント風だ。これは紀元3世紀にシリア地方を席巻し、ローマと支配権を争ったパルミラ帝国が鋳造させた硬貨である。意匠が模っている女性は、ゼノビアという名で知られている。クレオパトラに迫る絶世の美女と謳われ、砂漠の交易都市だったパルミラを大帝国に育てた野心家の女王だ。
　パルミラ帝国は、ゼノビアに率いられてシリア全域からエジプトに至るまでを支配する砂漠の大帝国に躍進し、わずか二年三カ月の栄華の後にローマに滅ぼされた。蜃気楼のように儚かった幻の大帝国は、砂漠の伝説として伝えられている。

隊商都市パルミラ

　覇権国家として立つ以前から、砂漠のオアシス（シリア砂漠のほぼ中央にあった）として栄えたパルミラは、隊商都市として長い歴史を重ねていた。
　「パルミラ」はギリシア語名で、この都市は古くにはアラム語で「タドモル」と呼ばれていた。棗椰子（なつめやし）の町という、砂漠中のオアシスにふさわしい意味である。古くは紀元前18世紀の古文献にタドモルについての記述があるので、パルミラは少なくとも二千年以上の歴史を持つ都だったのである。
　メソポタミア（さらには中国）と地中海を繋ぐ文明の交叉点だったパルミラは、通過する多くの隊商から関税を徴収し、東西の重要な貿易中継点として栄えていた。
　パルミラは紀元前1世紀ごろからローマ帝国とパルティア王国（当時のペルシアを支

配した大国。ローマとは宿敵だった)のはざまで緩衝地帯、接触点として重視されるようになり、両国の対立を巧みに利用して高い独立性を維持しつつ、繁栄を迎えた。ただ基本姿勢はシリアを属州にしていたローマ寄りで、ローマ軍に騎兵やラクダ兵を供給した。パルミラ兵は特に弓術に優れ、その騎射術は大いに恐れられていた。

パルミラの重要性は、ローマとパルティアがそれぞれ自陣に引き入れようと交渉するほどだったが、富裕な砂漠の娘の好意を勝ち得たのはローマのほうだった。人種的にはアラブ人が多数を占めていたがヘレニズム文化の浸透していたパルミラは、紀元前1世紀にローマの朝貢都市(属領)となったのだ。そして3世紀初頭には名誉ある「植民都市」の称号を与えられ、地租を免除される特権を得て大いに栄えた。またパルティア側がパルミラの経済的価値を認めていたので戦争に巻き込まれようはずもなかった。こうした好条件を得て、石造りの都市パルミラは拡大し、西アジア屈指の都へと成長していった。

「諸王の王」オデナート

だが228年にササン朝ペルシアがパルティアを破り、東方領域を支配すると、経済的な立場を守るためパルミラは自立性を高めねばならなかった。ローマが「3世紀の危機」と呼ばれる政治混乱期を迎えつつあり、膨張政策をとるササン朝ペルシアの挑戦を退けるだけの力を失っていたからだ。260年にはローマ皇帝ワレリアヌスが、シリアや小アジアの征服を目論むペルシアのシャプール一世とエデッサにおいて戦って大敗し、皇帝その人が捕虜になる屈辱を受けている。

このとき、パルミラの政治指導者はオデナートというアラブの血をひく名門の男だった。パルミラは公には中立都市として非関与を保ったが、「執政官」の称号を贈られ、またローマの元老院に迎えられた祖先を持つオデナートは、完全な親ローマ派だった。

ゼノビアは、このオデナートの後妻である。本名はバト=ザッバイ。やはりパルミラの名家の出であった彼女は、クレオパトラの血をひくと自称する美女であった。肌は浅黒く、大きな目も黒く、歯は白い美女という記録、コインの肖像の印象から、アラブ人の血を色濃くひいていたと思われる。語学に堪能な深い教養の持ち主であり、また同時に大変な野心家でもあったゼノビアだったが、夫の活躍中は歴史の表舞台に出てこない。

ワレリアヌス敗れるの報に接したオデナートは、みずからの軍を率いて敢然と立ち、東方に退こうとするペルシア軍を襲った。そしてはるか首都クテシフォンまでシャプール一世を追撃し、ペルシア勢力をユーフラテス以東まで押し戻したのである。最強の国

を破ったオデナートは、ペルシアやイランの伝統的な皇帝の称号である「諸王の王」を高らかに名乗った。

次代の皇帝ガリアヌスは、オデナートに「ローマ人の将軍(東方軍総司令官)」「全東方改革者」「インペラートル」などの皇帝に準じる称号とシリア周辺における軍の最高権限を与えた。勢いあるパルミラをペルシアとの緩衝国として活用しようとしたのである。オデナートはエメサ(シリアの地中海沿岸にある都市)で叛乱を起こした皇帝僭称者バリスタとクイエトスを討ってこれに応え、親ローマの姿勢を鮮明に示した。

寡婦ゼノビアの野望

しかし267年4月、オデナートは嫡子ヘロデスと共に、遠征途上で暗殺される。暗殺者は甥のマンナイだが、この事件は先妻の子を除き、自分の子供を権力の座につけようと画策した野望の女ゼノビアの陰謀ではなかったかと疑われている。もちろん証拠のない話であるが。

ともかく夫の横死後、ゼノビアは一躍歴史の表舞台に踊り出た。実子の一人である息子のワーバラットを擁立した彼女は、摂政として息子と共同統治を行い、「女王」を名乗って権力を掌握した。ゼノビアはローマに対して夫と正反対の考えを持っていた。混迷を深める旧大国を侮り、パルミラ独自の覇権を夢見たと思われる(ただ不運なことに、270年に登位したアウレリアヌスはローマ中興の名君だった)。

ワーバラットに「諸王の王」「執政官」など夫の称号を継承させ当初はローマへ恭順の姿勢を見せていたゼノビアは、ちょうどアウレリアヌスの登位ごろに行動を開始した。将軍ザブダを派遣してエジプトを制圧させ、自身でも直属の部隊を率いてアナトリア地域に兵を進めたのだ。勇敢な女性であるゼノビアは、兵士らと行動を共にし、公衆の面前に鎧装束に紫の衣を着て姿を現したという。また名騎手でもあったそうだ。部隊はゼノビアの指揮の下、一時はボスポラス海峡にまで進出した。

やはり反乱を起こしていたケルト人の鎮圧にてこずって動けないアウレリアヌスを尻目に、パルミラは中東、エジプト、小アジアまで、周辺のローマ勢力圏を丸ごと飲み込む勢いで、一気に勢力を拡大した。この270年から271年にかけてが、パルミラの短い絶頂期だった。ゼノビアが贅を尽くした戦車を作らせ、これに乗ってローマに入城するのだと嘯いたという伝説は、この期間の彼女を想像して作られたのだろう。冒頭で紹介したゼノビアの横顔を模ったコインも、270年から271年にかけて鋳造されたものである。それにはゼノビアの称号が「皇帝」とされている。

アウレリアヌスとの対決

　アウレリアヌスに、ローマに「叛逆」したパルミラとゼノビアをそのまま見過ごすつもりは毛頭なかった。ただ国境の問題をひとつひとつ片づけるため、後回しにしていただけだった（もっとも彼にしても、エジプトまでがたやすくパルミラの軍門に降るとは予想外だったろうが）。彼は271年にゲルマンを平定すると、まずエジプト奪回のために将軍を差し向け、自身も年末に小アジア地方へと進撃した。

　神意を伺っても凶兆しか得られなかったせいか、ゼノビアは積極的にアウレリアヌスと交戦しようとせず、アンティオキア（地中海アジアの三大都市のひとつに数えられ、シリアの首都とされる最重要拠点だった）まで退いて、将軍ザブダの軍と合流した。あえてローマ軍をシリアの奥まで引き込んだのは総力を結集して決戦を挑む覚悟だった。

　アンティオキア湖周辺で両軍の主力が激突したのは、272年春ごろだ。ゼノビアは金色の兜を被り、宝石で飾った鎧と深紅の上着を着て、みずから駿馬にまたがり出陣したという。両軍の兵力に大きな差はなかったが、しかし将の策には違いがあった。

　アウレリアヌスはパルミラ重甲騎兵をよく研究していたのだ。人間ばかりか馬さえも

鎧で覆うこの騎兵は強力で、歩兵では勝負にならない。そこでアウレリアヌスは本隊から歩兵を切り離し、パルミラ重甲騎兵よりも遥かに軽快な騎兵だけを率いて、20km近くに及ぶ偽装退却を行わせた。猛暑にやられたパルミラ重甲騎兵は追撃の途中でへとへとになり、反転攻勢に出たローマ騎兵に手もなく全滅させられた。アウレリアヌスの思う壺にはまったのだ。

大敗の報を受けたゼノビアと将軍ザブダ、そして敗残のパルミラ軍はアンティオキアに敗走したが、そのままだと市民がローマ側に寝返るであろうことは容易に想像できた。そこでザブダの献策を容れ、ゼノビアはローマ軍を破ってアウレリアヌスを捕らえたと嘘をつき、皇帝に似た男を替え玉として市中で勝利の行進を行った。そしてその夜、人々に真実が知れる前に、軍を率いて鮮やかにアンティオキアから去ったのだ。

しかしこの見事な逃走劇も、再起の役には立たなかった。七万の兵力を集めて再戦を挑んだエメサでもパルミラ軍は敗れ、ゼノビアはほとんど身ひとつの状態でパルミラに逃げ戻らねばならなかったのだ。

パルミラの包囲

完勝を目指すアウレリアヌスは追撃の手を緩めず、パルミラまで迫って包囲した。

現在、パルミラ遺跡は貴重な文化遺産として発掘が進み（日本の発掘隊も大いに貢献している）、ある程度は往時の姿がわかっている。市を囲む防壁の外にはたくさんの墓塔が並んでいた。防衛戦の際には無数の塔にこもったパルミラ弓兵が矢を射かけるので、市壁に近づくことすら容易でなかったろう。パルミラの手強い防戦ぶりは、皇帝アウレリアヌス自身が矢傷を負ったということからも想像できる。ローマ軍は最後までパルミラの市壁を破ることができなかった。「クレオパトラは、どんな高い地位で生きながらえるよりも、女王として死ぬことを選んだのを知らないのですか」。この言葉は降伏を勧めるアウレリアヌスへ、ゼノビアが送った返書の一節といわれている。創作性が強いが、野心と気高さを併せ持った女王ゼノビアに似合ったセリフではある。

だが半年に及ぶ包囲の間に、周辺の情勢はパルミラにとって不利に推移していった。ゼノビアはペルシア軍の来援に期待していたが、救援軍はローマ軍に阻まれていた。そうするうちに、市内の食料が欠乏してきた。

そしてある一夜、ゼノビアは少数の部下を連れて市を脱出した。逃げたのではない。ペルシア宮廷に赴き、直接皇帝に救援を求めるためにユーフラテス川に向かったのだ。だがラクダに跨って川まで走り、いままさに船に乗り込もうとした瞬間、急追してきたローマ騎兵の手で彼女は捕らわれた。天に見放されていたとしかいいようがない。女

王の捕縛を知ったパルミラは降伏した。

黄金の鎖

　戦後にエメサで開かれた審問で、ローマ兵士らはゼノビアの死刑を要求した。また後に元老院も、アウレリアヌスがゼノビアに苦戦したことに苦言を呈した。だが皇帝は女を殺してどうするのだと兵士らに諭し、元老院には「ああ、彼らは私がどのような女性と戦ったのか知っているのか」と語ったという。エメサの審問では、ゼノビア側近のパルミラ人数名と、ゼノビアの師で宰相でもあったギリシアの哲学者ロンギノスが叛乱の全責任を負って処刑された以外は、寛大な処置が取られた。ゼノビアも生命は助けられてローマの捕虜となった。伝説が語るように、アウレリアヌスが彼女の魅力の虜となったのかどうかはわからない。

　ゼノビアの末路についてはいくつかの説があるが、いずれも伝説の域を出ない。

　ローマに連れていかれる途上で病死した、あるいは断食して餓死したという話や同様にローマへの途上で船が沈没し、溺死したという説が知られている。

　しかし一番魅力的なのは『ローマ皇帝誌』に見られる話だろう。その記述に従えば、274年のアウレリアヌス帝のローマ凱旋式（各地で捕らわれた叛乱者が引きまわされ、各地方の野獣や戦利品が市民の目を楽しませた）において、女王のように華麗に装ったゼノビアがローマ市中を引きまわされたのだという。捕虜の証として、彼女の首には黄金の鎖が巻きつけられ、手足には黄金の枷がはめられていた。またローマ入城の日のためゼノビアが作らせていたという戦車も、市民の目を楽しませた。

　凱旋式の後に赦されたゼノビアは、ティボリに邸宅を与えられ、アウレリアヌスの没後はローマ市内に移住した。そして息子たちと共に住み、ローマ婦人として静かに生涯を終えたという。彼女と息子たちの子孫はローマ市民として生きたとされているが、実際にオデナート家の関係者がいたことを示す碑銘がローマから出土しているそうだ。

　砂漠の都パルミラのほうは、ゼノビアの後に再度ローマに背き、今度は徹底的に略奪された。ローマ滅亡後はイスラム圏に組み込まれそれなりに重視されたが、オスマン帝国時代に急速にさびれて、寒村となってしまった。ゼノビアの雄図（ゆうと）と同様に、一度は砂漠の砂に飲まれたのである。

　しかし20世紀になって考古学的な発掘がなされると、ゼノビア時代の威容を彷彿とさせる遺跡が続々と再生した。そしてローマに挑んで敗れ、それゆえに悪評を被ったパルミラの女王ゼノビアの声望も、シリアを代表する英雄の一人として肖像が紙幣を飾るまでによみがえったのである。

第2章　勝利をもたらす美しきリーダー

尼将軍政子
北条政子
Masako Hojyo

◆地域：日本
◆時代：鎌倉時代
◆生没年：1157～1225年
◆出典：『吾妻鏡』ほか

夫亡き後の鎌倉幕府を支え、尼将軍と呼ばれた北条政子は、本書の他の女性たちとはいささか趣きを異にする。彼女は勝気ではあるものの、猛々しくはない。戦場で軍兵を指揮したわけでもない。だがこの信心深く賢明な尼将軍は、日本の歴史上で唯一、朝廷に武力をもって立ち向かい、屈服させてしまった人物という一面も持っているのである。

戦いの中、女性であり続けた"尼将軍"

　この本で紹介されている女性は、大半が"普通"ではない。精神的にも肉体的にも、女性という枠を飛び越えているケースが多い。これは彼女たちを語るエピソードが、女性として型破りな部分ばかりを誇張されて伝わっているのにも原因がある。
　しかし鎌倉幕府の創業を支えた尼将軍、北条政子は違う。彼女は家庭的で細やかな神経を持つ、実に女性らしい女性だった。それでいながら彼女は歴代の幕府指導者の中で唯一、朝廷に弓を引いて屈服させた人物なのである。実際に軍を率いた女性ではないが、日本の女傑を語るときに避けては通れない人物である政子の生涯を追ってみよう。

北条家の長女

　北条政子は、伊豆の豪族北条時政の長女として、保元2年（1157）に生を受けた。保元・平治の乱を経て、いよいよ平家がこの世の春を謳歌しようという時期だ。系統的には平氏に連なり、後には執権として鎌倉幕府を支配した北条家には、源頼朝の覇業を支えた功臣、伊豆の大豪族というイメージがある。しかしこの当時の北条家は、勢力的には片田舎の小豪族に過ぎなかった。
　八人兄弟の上から二番目で、長女的な人柄のしっかり者だった政子は、早くに亡くした母に代わって妹たちの面倒を見ていたという。彼女はどこにでもいるありふれた武家の田舎娘だった。政子には、情熱的で強い意思力を感じさせる逸話だけでなく、女性らしい心遣いや家庭的な性向、信心深さを伝える記録も多く残っている。美人で

こそなかったかもしれないが、女性生来の神経の細やかさを持ちつつ、ときに自分の感情をストレートに表現してはばからない彼女には、生のままに育った人の健全な魅力がある。自然な倫理観と感情を持つ彼女は、現代人から見ても理解できるし、共感の抱ける人柄だといえる。

　もし平治の乱で捕らわれた源氏の貴公子、源頼朝が伊豆に流されてこなければ、政子は地方武士の妻としてそれなりに幸福な生涯を送ったはずである。少なくとも征夷大将軍の妻の座が、彼女の望んだものとは思えない。政子はもっと家庭的な喜びを望む型の女性だった。だが歴史はこの二人を出会わせ、あまつさえ相思相愛の仲にしてしまったのである。

政子と頼朝——情熱の若き日々

　14歳の頼朝が幼少ゆえに命だけは助けられ、伊豆の蛭ヶ小島に流されてきたのは永暦元年(1160)だった。当時政子は4歳。頼朝は政子が成長するまでの間に伊藤祐親の娘との間に一子をもうけるなど、浮名を流していた。流人とはいえ坂東武者か

らは貴人（仮にも名門武家の嫡流である）として尊敬を集めていて、頼朝の生活は比較的自由だったのだ。ただ平家の怒りを恐れた祐親に一子を殺されてしまうなど、やはり流罪の悲哀をかこつことはあったようだ。

　この事件の後、頼朝は蛭ヶ小島の近くにある北条時政を頼るようになった。正確な時期はわからないものの（通説では治承元年〈1177〉、頼朝31歳、政子21歳の出来事という）、やがて10歳離れた頼朝と政子は情を通じるようになった。所用で京に出ていた時政は、戻ってみて驚いた。彼もまた、伊藤祐親と同じ懸念を抱いたのだ。そこで彼は、京から伴ってきた山木兼隆（平家一門の元検非違使で、後に伊豆の目代となる）にそしらぬ顔で政子を輿入れさせようとした。

　だが政子は素直に父の言葉を聞く玉ではない。もともと当時、女性の結婚適齢期は10代半ばだ。20代まで独身を通した政子は、それだけで相当に特異である。おそらく頑固に父の持ってくる縁談を断り続けたのではないか。こんな娘が、やっと見つけた惚れこめる恋人をそう簡単に諦めるわけはない。

　強引に山木兼隆に輿入れさせられた大雨の晩、政子は弟らの助力を得て逃げ出した。ずぶぬれになりながら夜通し歩いて、伊豆山に潜む頼朝の元に駆け込んだのだ。兼隆と時政は怒ったが、どうしようもなかった。

　こうしてひたむきに慕情を貫き、頼朝と夫婦になった政子の勇気は、ある意味では報われた。治承4年（1181）に決起した頼朝は（最初の血祭りは山木兼隆だった）、一度は石橋山で敗北するも、やがて時流に後押しされて東国武士の棟梁となり、平家を破って鎌倉幕府を開いた。彼女の男を見る目は確かだった。

政子と頼朝──妻の主張

　東国武士の棟梁、征夷大将軍の妻として、政子は家向きの諸事をとりしきり、政治向きのことに忙殺される夫を内助の功で支えた。やや貴族的な傾向がある御曹司頼朝と、土豪の娘で地に足がついた政子（北条家）の結びつきは、関東の武士に安心感を与え、結果的にうまく鎌倉幕府がまとまる一助になった。

　頼朝が政子を愛していたのは間違いない。最終的には二男二女に恵まれ、夫婦仲は（基本的に）円満だった。だが勝気な政子と頼朝の意見がぶつかることもあり、そういうときに政子ははっきりと自分の意思を述べ、意地を張った。

　たとえば頼朝が伊豆時代から関係がある亀の前という側妾を、鎌倉近くの伏見広綱の家に呼び寄せた。ちょうど嫡男頼家の出産間近の政子にはないしょの浮気だった。亀の前はずいぶんと美人で、おまけに政子と正反対に柔和な人柄だったという

ところに何やらおかしさを感じる。そして出産後にそれを知った政子は、激怒した。
　都風の頼朝にとって側女を持つ（多妻）のは常識でも、農村的な一夫一婦制の下で育った政子にとっては許せない浮気だったのだ。
　血が頭にのぼった政子は、すぐさま牧宗親を派遣し、広綱の家を木っ端みじんに打ち壊させた。広綱は亀の前を守って逃げ出すのが精一杯だった。
　おさまらないのは頼朝である。立腹した彼は宗親と広綱を呼び寄せると、宗親に「そちは政子の命令を守ったのは神妙だが、なぜわしにまず一言相談しなかった。宗親の主人はわしか、政子か」と詰め寄り、髻を切り落とすという恥辱を与えた。
　すると今度は頼朝の行動に怒った北条時政が領国に帰ってしまう。政子は政子で、意趣返しとばかりに伏見広綱を追放した。夫婦喧嘩は犬も食わないというが、巻き込まれた周囲の者にはまったくいい迷惑である。
　また平家滅亡後に罪に問われた源義経の側女、静(しずか)御前が捕らわれて鎌倉に送られ、鶴ヶ岡八幡宮で舞を奉納した際の逸話も有名だ（これは政子たっての希望で行われた）。頼朝を始めとして群臣が集い、舞の名手として知られる静御前の神技に見惚れた。そして静御前が即興で詠んだ歌は、彼らをしんと静まり返らせた。
「よし野山、峯の白雪ふみわけて、いりにし人の、跡ぞ恋しき（吉野山で分れた義経を慕う歌）」
　誰もが義経の身を案じる静御前の心を察して感動している中で、一人頼朝だけが激怒した。神前で鎌倉の万歳を祝うべきときに、反逆者を慕う歌を詠むとは何事かというわけだ。すると政子が公衆の面前で堂々と静御前を庇(かば)った。
「昔、まだあなたが伊豆の流人で、私が殿をお慕いしていた頃、父は平家への聞こえをはばかって私を一間に押し込めました。それでも私は慕情を抑えきれず、暗夜に迷い、雨を凌いで、あなたの元に逃げ込みましたわ。石橋山の合戦のときも、あなたの消息がわからず独りでどれほど心を痛めていたことか。その悲しさはいまの静御前も同じでしょう。義経殿に長年可愛がられて、恋い慕わないのは貞女ではないでしょう。わたしはすばらしい芸だったと思います。ここはぜひともお褒めください」
　政子の人柄が伝わってくるこの率直な言葉にはさすがに頼朝も苦笑いを禁じえず、逆に静御前に褒美を与えるように命じたという。
　政子はこうして、峻厳になりがちな頼朝の采配を和らげ、人情味のある処置を施すことで、陰ながら夫の覇業を支える潤滑油のような役割を果たしたのだ。

第2章　勝利をもたらす美しきリーダー

頼朝の死と家族の崩壊——不幸の足音

　建久10年（1199）1月、落馬が原因で発病した頼朝が、そのまま急死した。頼朝53歳、政子43歳のことである。ひたむきに夫を愛し続けた政子の嘆きは深く、頼朝の後を追おうかと真剣に考えたほどだったという。
　だが彼女にはまだ使命があった。子供たちの行く末を見届けることだ。
　政子は頼朝との間に、四人の子をもうけていた。長女の大姫、長男の頼家、次女の乙姫、次男の実朝だ。だがこの子供が、ことごとく政子の悲嘆の種になった。
　まず長女の大姫。この姫は伊豆時代に生まれた娘で、人質として送られて来ていた木曽義仲の嫡男、義高の許婚に決められていた。だが義仲の没落によって婚儀は不要となり、義高は斬られた。
　この処置に政子は非常に立腹したが、大姫の嘆きはそれ以上だった。当時6歳だった大姫は幼心に深く悲しみ、以来すっかり病弱になったのだ。彼女は生涯義高のことを慕い続け、本復することなく、建久8年7月に亡くなった。頼朝や政子はなんとか大姫の心を義高から離そうとし、嫁入りや入内の話を運んだが実を結ばなかった。幼き日の思いを一途に貫き、そのまま逝った大姫は、政子によく似ている。
　長女、夫を失ったと思ったら、今度は次女だ。乙姫は病魔に倒れ、闘病の末に息を引き取った。頼朝の死から半年すら経ってはいなかった。

二代将軍頼家、将軍の器にあらず

　夫と娘二人を立て続けに失った政子の心の支えは、頼朝の跡を継いだ頼家、次男の実朝になった。だが18歳の頼家はまだまだ若輩者。そこで政子は重臣・功臣13名を挙げ、頼家に諸事をこれらの有力御家人と相談して決めるようにと申しわたした。当然の処置だが、それが大いなる災いを呼んだ。
　頼家は重臣、とりわけ母の一族である北条氏に反感を抱き、自分の妻の縁戚である比企氏と、自分の言うことを聞く若い側近を重用した。無体な振るまいや蹴鞠にふけるなど、将軍として不適格な行動もあったようだ。政子は頼家を幾度も戒め、御家人との調停につとめたが動揺は収まらず、色々な騒動が起こった。
　その極めつけが建仁3年（1203）の比企の乱だった。急病で頼家が倒れたことから跡目相続の話が出て、万が一のときには嫡男の一幡と弟の実朝で日本を東西二分すると決められた。だがこれに不満を抱いた比企能員（頼家の舅）が、これは後々一幡から家督を取り上げるための北条の陰謀だと病床の将軍に吹き込んだ。驚いた頼

家は能員と密談し、北条追討を決心した。
　このとき、障子の反対側で密談を聞いていた者がいた。誰あろう、政子その人である。政子は父に陰謀を急報し、比企一族は逆に滅ぼされた。頼家の嫡子一幡（政子の孫）はこの騒動で死んでいる。家庭的な政子にすれば苦渋の決断だったろう。
　やがて頼家は危篤を脱したが、ときすでに遅し。彼が頼みにする者はことごとく潰えていた。進退極まった頼家は政子を頼り、その勧めに応じて出家。将軍位は弟の実朝が継ぎ、彼は伊豆の修禅寺に幽閉された。そして翌年に何者かの手で刺殺された。下手人は不明だが、指図したのは北条家の人間だという説が有力である。政子も頼家を見捨てたのだという説もあるが、彼女の性格を考えると暗殺の企みを知っていれば断固阻止したのではないか。

三代将軍実朝——因果はめぐり

　こうして政子にはただ一人、実朝だけが残された。新将軍はわざわざ京から公卿の娘を妻に迎えるほどの貴族趣味だったが、聡明な一面も備わっており兄よりも将軍には向いていた。政子は母として、文だけでなく武にも励むように将軍に勧めた。実朝はそんな言葉に素直に従う優しい息子でもあった。
　政子は最後の子を守るため熱心に神仏に参拝し、また実朝を廃絶して平賀朝雅（時政の娘婿）を将軍位に据えようという老父時政と義母牧の方の陰謀を粉砕した。すでに政治の実権を握っていた北条時政が、後妻の牧の方にそそのかされて、将軍位まで思いのままにしようとしたのだ。だが政子や弟たちは結束して父に反抗し、逆に実父と継母を追放（畠山騒動）して幕府を守った。時政の後は、政子の弟である北条小四郎義時（時政の三男）が執権を継いだ。
　実朝政権における政子は、相談があれば政治向きのことにも助言していた。出家の身ながら従二位に叙され、「二位ノ尼」として幕府を代表する実力者の一人と見なされていた。病がちな実朝も28歳となり、ようやく一安心と彼女は思ったかもしれない。だがここで人生最大の悲劇が政子を襲った。
　前将軍頼家の忘れ形見であり、罪滅ぼしとばかりに政子が溺愛した公暁（くぎょう）。鶴ヶ丘八幡宮の別当にすべく呼び戻したこの19歳の青年が、承久元年（1219）に父の仇として実朝を襲撃し、暗殺したのだ。血の繋がった孫が、最後の子を殺す。このあまりにも悲惨な事件に、家族を第一に思いながらことごとく裏切られた政子は、無常感にとらわれかけた。63歳で四人の子すべてに先立たれれば、無理もない話だ。だが頼朝の妻として、将軍の母として、また執権北条家の一員として、政子には幕府の跡

目について責任があった。

尼将軍政子——朝廷に弓を引いた女

　幕府の実権は頼家の頃から執権北条家にあったものの、将軍位はまた別物だ。
　悲しいことに実朝には息子一人いなかった。だから傷心の政子は、傷が癒える間もなく執権の義時や重臣と跡目について相談し、京から新たな将軍を迎えることにした。鎌倉側は親王を望んだがこれは朝廷に拒否され、激しい折衝の末に摂関藤原家の子、頼経が四代将軍として迎えられた。年齢なんと2歳。
　政子の負担は重くなるばかりだった。幼少の頼経に代わって幕府の全権を掌握し、御簾の中から決裁を行った。これが「尼将軍」である。
　この頃、朝廷(後鳥羽上皇)は地頭職罷免にまつわる対立から、幕府に対する不満を強めていた。源家の正統が絶えたので、鎌倉の求心力が弱まったと判断したのだろう。承久3年(1221)、後鳥羽上皇は執権北条義時を討てとの院宣を諸国に発し、京で挙兵したのである。これは単に義時が上皇に逆らったからどうのという問題ではなく、政権が朝廷に復古するか、それとも幕府が存続するかの瀬戸際だった。「承久の乱」という、頼朝以来、鎌倉幕府最大の危機が訪れたのだ。
　衰えたとはいえ、いまだ朝廷の宣旨は強い影響力を持つ。朝廷と武力衝突するなどということは、禁忌中の禁忌だった。鎌倉は激しく動揺し、重臣会議が開かれた。降伏か、抗戦か。その席上で、政子が安達景盛に読み上げさせたのが有名な演説「最期の言葉」である。大意としては次のようになる。
「みな心を一つにして聞いてください。これが私の最期の言葉です。今日鎌倉があるのは、すべて初代将軍頼朝のおかげです。けれどいま、逆臣の讒言によって無体な綸旨が下されました。名を惜しむ人々は、早々に出陣して君側の奸を除きなさい。院に馳せ参じて鎌倉と戦うというならそれでもかまわない。けれどいまこの場、私の目の前で決めてください」
　抗戦という明確な決意を込めた言葉が、嘘のように御家人の動揺を鎮めた。政子の言葉に感涙にむせび、一体となった御家人たちは、素早く戦備を整えて電撃的な上洛を開始した。院宣が本格的な反響を引き起こす前に、勝負を決してしまわねばならないからだ(政子は鎌倉に残った)。承久の乱で幕府が動員した兵力は19万という。それに比べて上皇方の戦備はお話にならないほどの勢力で、たちまち京は幕府軍に占拠された。上皇は配流され、加担した公卿は厳しく罰せられた。

歴史にただ一人

　北条政子はその後69歳まで生き、嘉禄元年(1225)に没した。
　政子の生涯は、男性的な視点からすると「勝った」人生に見える。運命に抗い通した生涯に。だが頼朝の死後、続けて襲ってきた不幸に子供をすべて奪われ、ただ鎌倉幕府という重荷だけを背負わされた政子は、幸福ではなかったろう。
　平素は女性的な細やかさで周囲を支えながらも、これというときには己の意思を貫いた政子は、朝廷に対してさえ姿勢を曲げなかった。歴史上、武力をもって朝廷と敵対した幕府の指導者は二人。江戸幕末の徳川慶喜と、この北条政子だけだ。慶喜は最後には錦旗に屈服した。政子だけが、朝廷の呪力をはねのけた。それを成さしめたのが夫の遺業を守ろうとする政子の一途な心だったところに面白さを感じる。
　北条政子に女丈夫という形容はふさわしくない。情熱的で強い意思の女性だが、同時にごく普通の感性を備えた人だったように思われる。その彼女がかくも強く生きたということは、かけがえのないものを守るためならば、女性は男性よりはるかに強くたくましく生きる力を持っているのだ、ということを示しているのではないだろうか。

第2章　勝利をもたらす美しきリーダー

―― ボーディケア ――

　タキトゥスの『年代記』には、諸部族を率いて強大なローマに反乱を起こしたケルト人のボーディケアという王妃についての逸話が記録されている。このイケニ族の王妃ボーディケアは、紀元年ごろのブリテン島（現在のイギリス）に生きた女性だ。反乱は、悪名高きネロ帝の時代の出来事であった。

　ローマ帝国がブリテン島の本格的な占領に乗り出したのは、クラウディウス帝の時代、紀元43年である。無論平穏に進んだわけではなく、先住のケルト人との間に軋轢を招いた。

　ノーフォーク周辺に定住していたイケニ族も、当初はローマに帰属するか否か姿勢が明瞭でなく、一度は総督の武装解除命令に反発して戦いを選んだこともあった。だが敗北を喫した後、イケニ族の王プラスタグスはローマとの友好関係を結ぶ方に傾いた。

　しかし紀元61年にこの王が亡くなると、ローマ軍はイケニ族を屈辱的なやり方で扱った。嫡子なき王の領地を接収するために来た兵士たちは、寡婦となった王妃ボーディケアを鞭で殴り、彼女の二人の娘を陵辱し、豪族王族を問わず土地を奪い取って、我が物顔に振舞ったのだ。この侮辱に王妃ボーディケアは激怒し、反ローマ闘争の火の手をあげたのだ。

　決起には、周辺で最大の力を持つトゥリノウァンテス族をはじめとするケルト諸部族が続々と加わった。決起した諸部族は、ローマの植民市となっていた現在のコールチェスターを襲撃し、壊滅させた。ローマ支配の象徴とされたティベリウス帝の神殿も焼き払われた。

　ボーディケアを復讐の象徴とする諸部族の連合は、ブリタニア総督スヴェトニウスが遠征中であるのを幸いとして、ローマに友好的な都市への襲撃を繰り返した。

　急ぎ遠征から帰還したスヴェトニウスは、ようやく一万の兵力を整え、圧倒的な部族連合軍との決戦に挑んだ。ローマ軍団の集団戦術の巧みさを信じて、あえて野戦に臨んだのだ。

　一方ボーディケアのほうも、この一戦が持つ重みは十分に理解していた。真偽のほどはわからないが、戦車に乗り槍を手にした王妃は、決戦直前の戦士たちの間を回って、こう語りかけたという。「ブリタンニア人は、昔からよく女の指揮の下に戦争をしてきた。しかしいまは、偉大な王家の子孫として、私の王冠と富のために戦うのではない。人民の一人として、奪われた自由と、鞭でうたれた体と、陵辱された娘の貞節のために、復讐するのである。（中略）もし武装者の数を比較するなら、戦争の原因を考えるなら、この戦いにどうしても勝たねばならない。でなかったら死ぬべきである。これが一人の女としての決心である。男らは生き残って奴隷となろうと、勝手である」（『年代記』タキトゥス著、国原吉之助訳）

　自主独立を尊ぶケルト人の自由を賭けて戦われた合戦は、しかしローマ軍の圧倒的勝利に終わった。世界を席巻したローマ軍団の巧みな集団戦術が、ここでも数に勝るが個人戦を好む軍団を退けたのである。ローマ軍は勝ちに乗じて追撃を行い、ブリテン人を殺した。

　戦に敗れたボーディケアは、戦場を退いた後で、毒を仰いで自害した。しかし蜂起は無駄に終わったわけではなかった。この反乱の結果、ローマの統治方針は平和的なものへと改められた。ボーディケアは大ローマに歯向かい、命を賭して己と民族の誇りを認めさせた。ただ悲しいかな、この戦いをもってしてもケルト文化の衰退は防げなかったのだ。

第3章 神話・伝承の女戦士

物語として長年語り継がれるうちに伝説や神話としての面が強くなった伝説的な女英雄を紹介しています。
　現実という枷（かせ）から解き放たれはじめた彼女たちは、ドラマチックな宿命と役割を与えられ、縦横に活躍します。まさに「ヒロイン」の名にふさわしい女戦士たちです。

SWORD MAIDEN

第3章　神話・伝承の女戦士

死を運ぶ乙女
Valkyrie
ヴァルキューレ

◆地域：北欧

◆時代：——

◆生没年：——

◆出典：『エッダ』『ヴォルスンガ・サガ』ほか

天翔ける馬に乗り、輝く甲冑を身につけ、鋭き矛を手に戦場を疾駆する美しい乙女たち。北欧神話に登場するヴァルキューレは、ヴァイキングの戦士たちをヴァルハラへと誘う死の使いであると同時に、勇敢な男たちを勝利へと導く、英雄の守護者でもある。そして、そんな彼女たちを動かすのは、やはり燃えるような愛情なのだ。

オーディンの娘たち

　ヴァルキューレとは、北欧神話の神オーディンに仕える乙女たちである。北欧の神話伝説集『エッダ』にはさまざまな名前の彼女たちが登場し、オーディンに仕え、戦場に赴く。ヴァルキューレがすべてあわせていく人いるのかは定かでない。だが、多くの伝説では戦う戦士たちの頭上に現れる彼女たちの数は九人とされている。

　ヴァルキューレたちは死すべき戦士を選び出す。戦の野にたなびく雲、そのなかを九頭の天翔ける馬が疾駆する。それには九人の美しい少女がまたがっている。彼女たちの胸と腰をぴったりと覆う甲冑、しなやかな手に握られた円形の盾、そして束ねた長い髪にかぶさる翼のついた兜は、男たちの戦場を照らす陽光に輝き、彼らの血しぶきに濡れる。右手には長い槍が握られ、その穂先は常に、次に死すべき勇者をもとめて戦場を彷徨う。

　ヴァルキューレたちは死をもたらす。鋭き刃の犠牲となった勇者のもとに彼女たちは赴き、その身体を優しく抱いて、天上のオーディンの元へ、戦士の館ヴァルハラへの甘美な旅に誘う。

　ヴァルキューレたちは勇者を愛する。彼女たちは勇者を産む母に豊穣のリンゴを授け、そして誕生した一族を代表する戦士の元へ遣わされ、恋人となり、妻となり、彼ら支え、勇気と喜びとを与える。勇者の死後は、ヴァルハラに楽しむ彼らに食事を出し、その杯を満たす。

　ヴァルキューレは常にヴァルキューレである。戦の乙女として駆けめぐっているときも、勇者の夫となり、新婚の床についていても、彼女たちの心は常に戦いにあった。戦いに赴く勇者の家に残っている彼女たちが、ある日、戦いを求めて忽然と姿を消すこと

も多かった。
　ヴァルキューレはオーディンの娘と呼ばれる。だが、彼女たちの父がみなオーディンというわけではない。ヴァルキューレは人の子として生まれる。そして下界の女としてではなく、鎧と槍を持って神に仕えることを求め、オーディンに選ばれ、彼の娘となるのだ。選ばれた勇者たちが死してオーディンの息子となるように。

ヘルゲの妻スヴァーヴ

　あるとき、エイリミという王の娘にスヴァーヴという乙女がいた。彼女はヒョルヴァルズとシグルーリンという二人の間に生まれた男子に「ヘルゲ」という名をつけた。
　その子は言葉を発することができなかったのだが、スヴァーヴは彼を「猛々しき心の持ち主も、黙していては勇者になれぬ」と諭し、彼にヘビのような刃紋と黄金の柄を持つすばらしい剣を与えた。
　ヘルゲは勇者の剣を手に、巨人退治や祖父の敵討ちなど、多くの戦いに出陣し、その度に勝利を得た。スヴァーヴは常に彼とともにあり、巧みな戦術で、あるいは魔術でヘルゲを助けた。
　あるときは海上に霧を出し、ヘルゲの乗る船を敵の目から隠した。またあるときは、軍勢の先頭に立って馬を走らせ、周囲の森に霜と霰を降らせ、敵兵を凍えさせた。
　戦いの後、ヘルゲはスヴァーヴに求婚し、二人は夫婦となった。ヘルゲは再び戦場へと向かい、スヴァーヴは一人残って家を守った。彼女の心はいまだヴァルキューレのままであったが、夫を捨てて再び空に舞い上がることはなかった。
　ところがある日、ヘジンというヘルゲの弟が森で女巨人に呪われ、誓いの宴と呼ばれる儀式の席で、兄の妻を娶ることを誓ってしまった。ヘジンは兄にそのことを打ち明け、深く謝った。ヘルゲはしかし、近くある敵との決戦を控えていたので、「その言葉は真実となるかもしれない」とつぶやいた。
　こうしてヘルゲは最後の戦いに挑んだ。そして相手を倒したものの、彼も致命傷を負った。ヘルゲは使いをやって瀕死の床に妻を呼び寄せ、自分の死後、弟のために床を用意せよと告げた。しかしスヴァーヴは「あなたの身になにが起ころうと、別の王の身に抱かれることはないでしょう」とヘルゲをいま一度抱きしめた。
　ヘルゲはヴァルキューレの腕の中で死んだ。スヴァーヴも、夫の死から遠からずしてこの世を去った。だがこの二人はともに、別の物語において再び生まれ変わることになるのだ。

ヘルゲの妻シグルーン

　ヴェルスングという王の子シグムントには、四人の息子がいた。そのひとりヘルゲは、かつての勇者、ヒョルヴァルズの子にちなんでヘルゲと名づけられた。だが実はこのヘルゲこそ、ヒョルヴァルズの子でスヴァーヴの夫であったヘルゲの生まれ変わりだったのだ。そして、彼の妻となるヴァルキューレもまた、スヴァーヴの生まれ変わりだったのである。

　あるとき、ヘルゲが浜で食事をしていたとき、九人のヴァルキューレが彼の前に現れた。そのうちの一人、ヘグニという王の娘シグルーンがヘルゲに語りかけた。「あなたはたったいま、勇ましく戦ったところですね」。

　ヘルゲの父はフンディングという王に殺され、彼はその仇を討ったばかりだったのだ。ヘルゲは勇猛な戦士で、この戦いではフンディングの一族はことごとく彼に殺されたのだった。

　ヘルゲは彼女に、なぜ自分の名を知っているのかと尋ねた。するとシグルーンは、ヘルゲの戦いの一部始終を空から眺めていたのだという。そして彼ほどの勇者はほかにはいない、彼こそはこの世でもっとも偉大な王となるだろうと確信し、ここへやってきたのだと答えた。

　ヘルゲはシグルーンのこの話に感激した。また、その美しさに魅了された。いや、二人に宿る前世の魂が、互いを結びつけたのかもしれない。一目あったとき、彼らは恋に落ちていたのだ。

　ヘルゲはすかさず持っていた酒杯をシグルーンに勧め、互いに愛を語ろう、そしてそなたとともに我が家へとまいろう、と申し出た。

　しかし、シグルーンはそれはできないと言う。彼女には、父ヘグニが定めた婚約者がいたのだ。自分は、その相手に会いに行かねばならぬというのである。

　だが、シグルーンはその相手、グランマルという王の息子ヘズブロッドが嫌いだった。しかも、いま目の前に、自らの夫にすべき勇者がいるのだ。ヘルゲもまた同じ気持ちだった。

　そこで彼は「シグルーンを他の誰にも嫁がせはしない。自分がヘズブロッドの相手になってやる」と、己の一族を集め、グランマル王の領地へと乗り込んでいった。彼らは途中で暴風雨に見舞われたが、シグルーンが頭上に現れると嵐は止み、船と一族の者を失うことはなかった。

　グランマルはヘルゲの一党がやってきたと聞くと、ただちにこれを迎え撃った。彼の軍勢には、シグルーンをヘズブロッドに嫁がせたい、彼女の父や兄弟も加わっていた。

ヴァルキューレ

第3章　神話・伝承の女戦士

　戦いはまず、両陣営の罵倒合戦で始まった。互いに憎しみをぶつけ合う両家。だが、ヘルゲは戦士の誉れを知っている、真の勇者だった。彼は兄弟たちを「どんな相手であろうと剣を握れば、その相手を臆病者と呼ぶことはできない」と諭したのである。

　戦いが始まった。しかし勝敗はやはりヘルゲの頭上にあった。ヘルゲを愛するシグルーンはヴァルキューレであり、彼女が戦いの行く末を決するからだ。彼女は父や血を分けた兄弟ではなく、愛するヘルゲに勝利を与えた。

　もともと北欧の民はなによりも家族や一族の栄光を尊ぶものだ。だが、ヴァルキューレにとっては、ただひとりの愛する戦士が、他のすべてに勝るのである。それだけ彼女たちの愛は強く、憎しみは深く激しいのだ。

　こうしてヘルゲは、ヘグニとグランマルの一族を滅ぼしてしまった。生き残ったのはシグルーンの弟ダグだけであった。シグルーンは瀕死のヘズブロッドのもとへ行き、「あなたは私の腕で眠ることはない。そなたの一族の幸福は終わりを告げたのだ」と冷たく言い放った。

　戦いの後、シグルーンの一族もうち破ったヘルゲは、シグルーンを抱きしめ「そなたは幸せと悲しみとを、ともに手に入れたのだね」と同情を示した。シグルーンもヘルゲをかき抱き、この幸せを家族もともにできたらと涙を流した。だが、ヴァルキューレの行くところ、常に死と悲しみが訪れる。そしてその運命からは、ヴァルキューレ自身も逃れることはできないのであった。

　さらに、二人が手に入れた幸せも長くは続かなかった。二人は結婚し、ヘルゲは妻の一族の生き残りであるダグと和解したが、ダグの心から一族の仇という、ヘルゲに対する憎しみを消すことはできなかった。

　ダグはあるとき、オーディン神に一族の復讐を誓い、彼の槍を借りることができた。ダグはその槍でヘルゲの身体を貫いた。オーディンはヴァルキューレが定めた勇者をヴァルハラに招いたのである。

　ヘルゲを殺したダグはシグルーンのもとへ行き、夫の死を伝えた。「今日、もっとも偉大な王が死んだ」と。ダグはヘルゲの偉大さを、ヴァルキューレである姉シグルーンが選んだ勇者を認めていた。だが、戦士にとって一族の復讐はなににも勝る使命である。

　だが、シグルーンは怒り狂った。彼女にとっては愛こそがすべてであったからだ。彼女は弟ダグに呪いの言葉をはき、ダグの謝罪も、彼女を王位に等しく扱うという申し出も拒否した。もはやこの世には、彼女にとって意味のあるものは存在しなかったのだ。

　その夜、ヘルゲが葬られた塚に馬に乗った亡霊が訪れたという知らせが、シグルーンのもとへ届けられた。彼女はあわてて塚へと向かった。そこにいたのは、まぎれもなく彼女の夫ヘルゲだった。

ヘルゲは妻シグルーンが怒りと悲しみに暮れていることを嘆き、ヴァルハラから戻ってきたのだった。自分を忘れ、現世の幸せをつかめと告げるために。
　しかし、シグルーンはヘルゲを抱きしめて言った。「私が望むのは、あなたと一夜をともにすることだけです」と。そして彼女はヘルゲの葬られた塚に、亡霊とともに横たわり、そのまま朝まで眠ったのである。
　翌朝、ヘルゲはヴァルハラへと帰っていった。そして望みを遂げたシグルーンも、その後長く生きることはなかった。
　シグルーンは前世以来の愛を貫き、二度目の生を終えたのだ。だが二人の物語はまだ終わりではなかった。ヘルゲとシグルーンは、三度生まれ変わったのだ。シグルーンはハールヴダンという王の娘カーラとして再びこの世に現れ、やはりヘルゲという名の、かつての夫の生まれ変わりを愛し続けたのである。
　カーラはヴァルキューレの化身のひとつである白鳥の姿となり、勇者ヘルゲを守った。だが、ある戦いでヘルゲは誤って白鳥の足を切ってしまい、カーラは死んだ。同じ戦いでヘルゲもまた、命を落としたという。

シグルドの妻ブリュンヒルド

　いくつもの伝説で語られるヴァルキューレたちのなかで、もっともその名を知られているのがブリュンヒルドである。彼女と英雄シグルドの愛そして憎しみは、『エッダ』をはじめ、ドイツの英雄伝説『ニーベルンゲンの指輪』や北欧の『ヴォルスンガ・サガ』など数多くの詩に詠われ、今日でもヴァーグナーの楽劇に伝えられている。
　上記の伝説が生まれたのは12〜13世紀のことだが、ブリュンヒルドの愛したシグルド(ドイツではジークフリート)の物語は、ゲルマン民族の大移動期にまでさかのぼる古い伝承である。
　英雄シグルドは勇者シグムントの末息子で、レギンという鍛冶屋に育てられた。そして父の折れた剣を鍛え直し、悪竜ファーフニルを殺すという偉業を成し遂げた。彼が運命の女性ブリュンヒルドに出会うのは、そのすぐ後のことだった。
　ブリュンヒルドはドイツではアイスランドの女王とされ、たぐいまれなる美貌と武術とを併せ持っていたと伝えられる。彼女は自ら兜と甲冑を身に纏い、彼女の美しさに惹かれる男たちを相手に、自分を手に入れたければ武道の腕前で勝つがよいと、槍投げや運動などで挑戦したのだった。一方、北欧の伝説ではフン族の王アッティラの弟[註1]とされており、オーディンに仕えるヴァルキューレの一人ということになっている。
　彼女はあるとき、オーディンが定めた勇者の敵を愛し、オーディンに逆らって戦場で

註1)ここでは男性として通っていた。

彼に勝利をもたらしたため、神の怒りを買った。オーディンは彼女に今後ヴァルキューレとして勇者に勝利をもたらすことはまかり成らぬと言いわたし、とある山頂に連れていって深い眠りへと陥らせた。

ブリュンヒルドはこのとき、真に勇気のある英雄が現れれば、私は彼の妻となるでしょうと宣言し、眠りにつく自分の周囲に炎の壁を築いた。

そこへやってきたのがシグルドだった。彼はいつまでも尽きることのない業火に興味を抱き、それまで誰も入ったことのないその炎のなかへと踏み込んだ。するとそこには、見事な甲冑を身につけた戦士が眠っているではないか。しかし、その戦士の兜を外してみると、彼はさらに驚いたのだ。なんと、男と思っていたその相手は女性だったのである。

シグルドはどうにかこの女性を目覚めさせることはできないものかと、持っていた父の剣で彼女の甲冑を切り裂いた。するとブリュンヒルドは目を覚まし、炎の壁を抜けて自分を目覚めさせたシグルドこそ己の夫に相応しい人物だといい、愛を告げたのだった。

シグルドも、ブリュンヒルドから事のいきさつを聞くと、彼女に愛情を覚えずにはいられなかった。二人は結婚を約束し、シグルドはさらなる冒険へ、ブリュンヒルドは地上の父であるブズリという王の元へと帰った。

ところが、このときブズリは娘に、人並みの結婚をさせようと決意していた。彼は帰ってきたブリュンヒルドに、剣と鎧を捨て夫を迎えよと命じた。すでにシグルドとの愛を誓っていた彼女は「真に勇気のある勇者の妻にならなりましょう」と、己の屋敷の周囲に再び炎の壁を築き、シグルドが迎えに来るまでそのなかで暮らすことにした。こうすれば、自分に会えるのは愛する人ただ一人だと信じていたからだ。

一方、そのころシグルドはギョーキという王の住む城を訪れていた。ギョーキの一族は竜殺しの英雄を迎えていたく喜び、どうにか彼を一族に迎え入れることはできまいかと思案した。そこで彼に魔術を込めた酒を飲ませ、一族の娘グドルンを妻とすることを誓わせてしまった。酩酊した彼は、ブリュンヒルドのことを忘れてしまっていたのである。

さらに彼らは、一族の息子グンナルを、あまたに知れわたる美女ブリュンヒルドと結婚させようと考えた。そしてシグルドは、グンナルがブリュンヒルドの屋敷を囲む炎の壁を超えられないのを見ると、友情の証として彼の代わりにそれを超え、グドルンの魔力によってグンナルになりすましてブリュンヒルドの元へ行った。

ブリュンヒルドは迎えにきた勇者をシグルドとは知らず、絶望しつつも約束どおりグンナルの妻となることを誓った。シグルドは酔いがさめると事の次第を思いだした。彼は己の友情と約束がブリュンヒルドとの愛を裏切ったことを知った。彼は苦悩したが、そ

の事実をブリュンヒルドに告げることはできなかった。
　こうしてブリュンヒルドはグンナルの妻に、シグルドはグドルンの夫となった。だが、事の真相はすぐに明らかになる。ある日、一緒に水浴びをしたブリュンヒルドとグドルンが、どちらの夫が優れているかで口論となり、グドルンが、実は炎の壁を超えてブリュンヒルドに求婚したのが、自分の夫だったと白状してしまったのである。
　ブリュンヒルドは怒り狂った。なによりも真の愛を尊ぶヴァルキューレである。シグルドのそのような裏切りを許すことはできなかった。そしてヴァルキューレは、復讐を忘れることもなかった。
　ブリュンヒルドは夫の家族をけしかけ、シグルドを殺し、彼の持つ竜の宝を奪ってはどうかと持ちかけた。彼女の夫グンナルとその弟ヘグニは、末の弟グットルムをおだてて、シグルドを殺しに行かせた。
　こうしてシグルドは眠っている間にグットルムの槍に急所をつかれ、命を落とすことになった。だが彼は死ぬ間際に、父の剣をグットルムに向けて投げつけ、彼をまっぷたつにした。
　ブリュンヒルドは愛する勇者を、自ら死に追いやった。だが、怒りに震え上がっても、

ついに復讐を遂げても、彼女のシグルドを愛する心には変わりはなかった。彼女はシグルドの葬送の場で、地面に突き立てた剣に己の身体を突き刺し、彼の後を追った。

人々はブリュンヒルドの亡骸をシグルドとともに火葬した。愛の炎が二人をついにひとつにしたのである。

魂の信仰

これまで述べたようなヴァルキューレの伝説は、さまざまな伝承が組み合わさって形成されたものである。

もともとヴァルキューレとは、フュルギアという人の身体に宿る祖先の霊のことであったといわれる。この聖霊は人が寝ている間に身体を離れ、戦う女性の姿で現れることができた。そしてこの信仰がいつしか、死すべき者を連れ去る冥界の使者となり、さらに戦の神オーディンの使いとして、戦場の勇者の生死を決めるという役割を与えられるようになったのであろう。

そうした死という根元的な役割を担うがゆえに、彼女たちは北欧の民がもっとも尊ぶ家族の絆よりも勇者への愛を選ぶ一方で、民族の掟である誠実さと復讐への怒りを持ち合わせているのである。

ヴァルキューレにとっては北欧の民すべてが神と冥界とでつながった家族であるとともに、人間の価値はその死によって定められるということを示す存在でもあるのだ。

ケルトの戦の女神

怒りと憎しみと豊穣の女神――
Celtic War Goddess

◆地域：アイルランド、イギリス

◆時代：――

◆生没年：――

◆出典：『侵攻の書』ほか

アイルランドに伝えられる神々の物語。それは失われた戦いの歴史でもある。そして、この神々の戦場に恐怖と破壊をもたらすのは、恐るべき女神たちなのだ。さらに彼女たちは神々が去った後も、その後を継いだ英雄を誘惑し、彼らを呪い、その怒りと愛情によって勇者たちの物語に彩りを添え続けたのである。

五人の戦の女神

　「アーサー王物語」に代表されるケルトの伝説には数多くの魔女が登場する。だがこの魔女の原型は、実はケルト神話における戦いの女神なのだ。

　ケルト民族は大昔にヨーロッパにやってきた人々で、後からきたゲルマン民族に追い出される形で、西へと移動していった。そして今日、彼らの文明はアイルランド、イギリスの一部、そしてフランスのブルターニュ半島に残っている。

　そんなアイルランドに住むケルト人の神話では、神々はトゥアハ・デ・ダナーンつまり『女神ダヌの一族』と呼ばれていた。そのなかで戦を司るのが五人の女神なのである。彼女たちの名はモリガン、マッハ、バーヴ、ネモン、フィーアという。マッハは「戦い」、バーヴは「怒り」、ネモンは「悪意」、フィーアは「憎しみ」を表し、モリガンが戦の女王として彼女たちを統べるのだ。これらの神格は、モリガンの異なる人格だとする説もある。彼女は怒りを示すときは「バーヴ」の、戦に向かうときは「マッハ」の姿をとるのである。

　彼女たちは戦いの女神であるが、自ら剣を取って戦場に出ることはほとんどない。その力は戦士たちに勇気を与え、敵を怯えさせ、さまざまな魔術で戦いを勝利に導くことにあるのだ。その点では、彼女たちの性格はギリシアの戦神アテネに相当するといえるだろう。

　彼女たちは魔力によってどんな姿にもなれる。バーヴは戦場へ赴くときにはカラスの姿をしており、モリガンは人々の前では美しい貴婦人の装束を身に纏っている。

　戦の女王であるモリガンの名は多くの戦いの場で語られ、さらにアーサー王やシャルルマーニュといった後の英雄伝説にも、恐るべき魔女の名として引き継がれていくのである。

第3章　神話・伝承の女戦士

モリガンとマ・トゥーラの戦い

　モリガンはすでに述べたようにケルトの神々「女神ダヌの一族」に属する戦いの神であり、モルガン（あるいはモーガン）、またはモリグーと呼ばれることもある。彼女の活躍はまず、神々が経験した二つの大きな戦いにおいて語られる。
　アイルランドにやってきた「女神ダヌの一族」は、もとからいたフィル・ボルグ族をうち破って定住した。このフィル・ボルグとの戦いを「第1次マ・トゥーラの戦い」という。
　モリガンたち戦の女神はこの戦いで、味方の戦士たちを鼓舞するとともに、敵であるフィル・ボルグ族の戦意を削ぐべく、魔力を用いたのである。モリガンはバーヴおよびマッハと力を合わせて戦場を霧で覆い、さらにフィル・ボルグの頭上に血と炎の雨を降らせた。
　その結果、フィル・ボルグ族は三日三晩の間、洞窟に身を隠さねばならなかった。その後、ようやくフィル・ボルグの魔術師が女神たちの魔力を霧散させた。しかし、彼らが動けなかった間に、「女神ダヌの一族」は戦場へ到着し、敵を待ちかまえることができたのである。
　そして、いざ戦いが始まると、モリガンは刃を交える戦士たちの上空を疾駆し、千人もの声に匹敵する雄叫びを上げた。その声によって味方は戦の狂気に取り憑かれ、死を恐れず、敵に容赦をしない狂戦士へと変わり、一方敵の心は凍りつき、戦意を失った。こうして「女神ダヌの一族」はフィル・ボルグ族を蹴散らし、勝利を得たのである。
　だが、彼らの平穏は長くは続かなかった。「第1次マ・トゥーラの戦い」で片腕を失った神々の王ヌアザが王位を退き、その後継者にブレシュが選ばれたのだが、彼は実は神々の敵であった巨人族の血を引く者で、そのために「女神ダヌの一族」はフォモールという巨人たちの奴隷となってしまったのである。
　そしてアイルランドの支配権を取り戻そうとする神々とフォモールとの間に戦いが起こった。これを「第2次マ・トゥーラの戦い」と呼ぶ。
　この戦いではかつての王ヌアザに代わって、光の神ルーが神々の軍を率い、裏切り者ブレシュと彼を支えるフォモールたちと激戦を交えた。戦の女神モリガンはこのときも、その魔力によって神々を勝利に導くことになる。
　神々はこの戦いのために七年もの間準備を整えた。そして戦いの前にルーは、仲間の神に一人ずつ、戦の準備ができているかどうかを尋ねた。治療の神は負傷した仲間の傷をすべて治すといい、鍛冶の神は壊れた武器はすぐに修理すると誓った。怪力を持つ神ダグザも、「すべての敵をたたきつぶす」と宣言した。そして戦の女神モ

リガンは「敗走する敵を追撃し、一人も生きては帰さない」と誓ったのである。

そして戦いの始まるとき、最初にフォモールが戦場に近づいてくるのを発見したのは、カラスの姿となって上空から偵察していたモリガンだった。彼女はルーのもとへ使いをやって、いよいよ戦が始まることを告げた。

戦いは終始神々の有利に進んだ。なぜなら神々は死んでも治癒の神の力でよみがえり、武器を失っても鍛冶の神の力でそれを取り戻したからである。対するフォモールは、勇者を次々と失うばかりだった。

だが、神々が勝利するためには、どうしても倒さねばならない最大の敵がいた。それがフォモールの王バロールである。「邪眼のバロール」と呼ばれた彼は、いつもは常に片目をつぶっていた。だがひとたび戦場でその目が開かれると、その眼差しを向けられたすべての者は一瞬にして死を迎えるのである。

バロールを相手に、さすがの神々も太刀打ちできなかった。かつての主神ヌアザは死に、戦の女神モリガンの分身のひとつであるマッハも倒された。勝利の行方はわからなくなってしまった。

この状況を打破したのは光の神ルーだった。彼は見事な腕前でバロールの邪眼が開いた瞬間に石つぶてを命中させ、その威力を封じたのである。再び形勢は逆転した。フォモールたちは自分たちの王が倒されたのを見て浮き足立った。

そのときである。モリガンがそれまでにも増して大きな鬨の声を上げ、「我らの王が来る」と謡ったのだ。マッハやヌアザの死に動揺していた「女神ダヌの一族」はこれを聞いて勇気を取り戻し、ついにフォモールをうち破ったのであった。

神々は勝利にうかれたが、モリガンとバーヴは情け容赦なく敗走するフォモールを追撃し、彼らを海へと追い落とした。そしてアイルランドのあらゆる山の頂上へと登り、神々の勝利を叫んだのだ。その声は戦いに参加しなかったすべての者に伝わり、いまだ勢力を有していた各地のフォモールは逃げ出した。

モリガンはこの敗残の敵をも執拗に追撃した。そしてこの戦いが終わったとき、アイルランドには一人のフォモールも残ってはいなかったのである。

第3章　神話・伝承の女戦士

モリガンとク・フーリン

　その後「女神ダヌの一族」の王座は、さらに後からアイルランドへとやってきた人間たちの手によって奪われた。神々は人間たちとの戦いに敗れ、あるものはさらに西の地へと去り、あるものは塚を与えられ、アイルランドの地下の世界へとその住処を移した。

　戦の女神モリガンがこれら人間との戦いでどのような役割を果たしたかは伝えられていない。ただ、彼女は西の国へは行かず、アイルランドの塚に入ったと語られているだけである。

　こうして人間の時代が訪れ、神々は姿を消した。だが、戦の女神モリガンだけは、たびたび英雄たちの伝説にも登場することになる。なかでもアイルランドが誇る英雄ク・フーリンの物語では、モリガンは彼を魔力によって誘惑する聖霊として重要な役割を演じているのだ。

　そもそもク・フーリンの伝説には「戦の神」のような女性が幾人も描かれている。彼は生まれたころから怪力の持ち主で、他の誰も振ることのできない巨大な武器を扱うことができる勇者だった。そんな彼の幼いころに、後に敵う者がいなくなるほどの武芸を教えたのはスカアハという女戦士だった。

　ク・フーリンはアイルランド随一の戦士となるために、はるか彼方に住んでいたスカアハのもとを訪ね、彼女の胸に剣を突きつけて、持っている武芸と戦の知恵のすべてを教えなければ殺すと脅したのである。

　スカアハは、ライバルだった女戦士エイファを倒してくれるなら教えようと言った。そこでク・フーリンはエイフェを倒し、スカアハからすべてを学んだのだ。こうして彼はアイルランド最強の戦士となったのである。

　さて、戦の女神であったモリガンは、そんなク・フーリンに抗うことのできない魅力を感じていた。神々が皆いなくなってしまった世界で、ク・フーリンは光の神ルーを父に持つ半神半人の英雄だった。モリガンは彼の戦いぶりに、かつての神々の栄光を映し出していたのかもしれない。

　モリガンは戦いに赴くク・フーリンの前に姿を現した。彼女は魔術によってうら若き乙女の姿をし、赤い馬に引かれた戦車を駆って愛する戦士の元へ訪れた。その瞳は真っ赤に輝き、身につけたドレスも、その上に羽織っていたマントも赤一色だった。その手には巨大な灰色の槍を握りしめていた。

　ク・フーリンは彼女のその姿と、彼の元に近づいてくるときに聞こえた恐ろしい鬨の声によって、それがモリガンであることを悟った。

　モリガンは自分が戦の神であることも忘れ、「私はある王の娘です。あなたの活躍を

ケルトの戦の女神

第3章　神話・伝承の女戦士

聞き、恋をしたのです」とク・フーリンに告げた。だが英雄は、「私には愛よりも他に考えねばならぬことがある」と、この告白を拒絶した。

モリガンは「私の愛を受け入れれば、戦場でこれ以上ないほどの助けが得られるでしょう」と言ったが、ク・フーリンは「女の助けなどいらない」とにべもなかった。

かくも冷たい態度に、モリガンの心は怒りに燃え上がった。なにしろ戦いの女神は怒りと復讐の女神でもあるのだ。彼女は「私の愛を拒絶するならば、私はいくつもの姿で、立派に戦うそなたの前に現れ、そなたを苦しめるだろう」と告げた。

ク・フーリンはこの脅しに怒り、剣を抜いた。だが、そのとき彼の目の前には一羽の灰色カラスがいるだけであった。

モリガンはこの脅しを、ク・フーリンがメイヴというコナハトの女王との戦争に出陣したときに実行した。そのときク・フーリンは、ロッホという名のまだ年端もいかない戦士と戦っているところだった。

モリガンはまず若い雌牛に変身し、ク・フーリンを倒そうとした。だがク・フーリンは雌牛の足を剣で折ってしまった。

モリガンは次にウナギの姿で水の中を歩くク・フーリンに近づき、その足に巻きつこうとした。しかしク・フーリンはウナギを踏みつけにしてしまった。

それでもモリガンは諦めず、今度は狼に変身してク・フーリンの右腕に噛みついた。ク・フーリンは狼の目をくりぬき、モリガンは逃げざるを得なかった。

この三度の妨害の度に、ク・フーリンは相手であるロッホに傷を負わされたが、結局、彼はロッホを倒し、勝利を手にした。

するとそこへ、一人の傷ついた老婆が近づいてきた。実は彼女の正体はク・フーリンにうち破られたモリガンで、受けた傷を彼自身に治してもらおうとしたのである。なぜなら、ク・フーリンの持っていた槍によって受けた傷は、彼にしか治せなかったからだ。

ク・フーリンはこの老婆がモリガンであることに気づいていたが、それでも己が与えた傷を癒してやった。モリガンが勇者の戦いぶりに惚れ込んだように、英雄ク・フーリンもまた、自分に襲いかかってきた戦の女神の戦術の巧みさと執拗さに、感心していたのである。

こうして二人の間にはほのかな友情が芽生えた。モリガンはその後もク・フーリンを助け、英雄もまた、彼女の好意を受け入れたのだった。それはもちろん愛ではなかった。戦の女神に愛は相応しくなかった。二人の間にあったのは、戦う者の間にだけ生まれる、奇妙な信頼関係だったのである。

女王メイヴ

　さて、アイルランドの伝説にはもう一人、モリガンのように「戦う女性」と呼ばれる人物が登場する。それがメイヴだ。

　彼女はコナハトという地方を治める女王だった。コナハトはアイルランドで大きな勢力を誇っているアルスターと常に対立していた。女王となったメイヴは怒りと戦を好む激しい気性を持っていたので、アルスターとの戦いは避けられなかった。

　あるとき、聖なる雄牛の争奪を巡って、コナハトとアルスターの対立は戦争へと発展した。女王メイヴは国中の勇者を集めて軍を編成し、かつてアルスターを追放された英雄フェルグス・マックロイを雇い入れ、軍の大将に任命した。

　実はメイヴは、この追放者に恋をしていた。戦を好む女王は、強い戦士に惹かれる。そしてフェルグスは、アルスターの誇る英雄ク・フーリンを除けば、アイルランドでもっとも強い男だったのである。

　戦いはコナハトに有利な状況で始まった。戦術に長けたメイヴは、太古の魔女の呪いによってアルスターの戦士が、一年のうちのある時期に、一定期間その力が衰えるということを知っていたのだ。

　アルスターでまともに戦えるのは、女戦士スカアハからあらゆる戦の技を身につけていたク・フーリンだけだった。メイヴの勝利は約束されたも同然と思われた。

　だがク・フーリンは、たった一人でコナハトの全軍を相手に一歩も引かずに戦い、多くの勇者をなぎ倒してしまったのである。メイヴはこの意外な戦の展開に驚き、慌てた。ところがその胸の内には、猛々しい勇者を好む恋心もまた生じていた。

　メイヴはどうにか状況を打破するとともに、その好敵手を一目見ようと休戦を申し出た。ク・フーリンはこれを快く受け入れ、二人は戦場で話し合いの席を設けた。

　ク・フーリンが予想していたよりも若い、まだ少年といってもいいような若者であることにメイヴは胸をときめかせた。そして「そなたがもし私に仕え、勝利をもたらしてくれるなら、そなたに私の王国を捧げてもよい」と申し出た。これは一戦士に与える褒美としては異常な提案であった。これはいわば愛の告白だったのだ。

　だがク・フーリンには祖国を裏切るつもりなど毛頭ない。メイヴが何度も繰り返し請うても、彼は首を縦には振らなかった。彼は怒って「次に同じ申し出をしてくる者がいたら、その者の命はないであろう」と女王に告げたのである。

　メイヴは諦めるしかなかった。しかしク・フーリンも美しいメイヴが傷つき、うなだれるのを見てわずかな同情を覚えた。彼は心優しい戦士だった。そして彼はある取り決めを提案した。ク・フーリンは毎日、戦場で一人の戦士を相手に戦う。もし相手の戦士が

その日の終わりまで戦い続けていれば、コナハト軍は前進してよい。だが彼が相手を倒したなら、軍はその日は進撃できないというものだ。

やはり配下の戦士たちに愛情を抱いていたメイヴは、一日に100人をも倒すであろうク・フーリンを相手に、最大でも一人の犠牲しかでないならと、この取り決めに同意した。そして翌日、連日の一騎打ちが始まった。

しかし、やはりク・フーリンは強かった。メイヴの愛した戦士たちは、一人また一人と倒れていき、女王の軍は一歩も進むことができなかったのだ[注1]。

しかたなく彼女は、自らの愛人であるフェルグスを送り出した。ところがフェルグスとク・フーリンは、実はアルスター時代の幼なじみだった。彼らは互いに剣を交えようとせず、互いに引き分けに持ち込み、コナハト軍に勝利をもたらすことはなかった。それどころか、大将であるフェルグスが戦場から逃げてくるのを見たコナハト軍の戦士たちは、戦う勇気を大いに削がれてしまったのである。

女王の怒りは頂点に達した。彼女は戻ってきたフェルグスに会おうとはしなかった。愛よりも友情を選ぶ彼を、勝利よりも平和を望む彼を、許すことができなかったのだ。こうしてフェルグスは名誉を失い、メイヴは軍の大将を失った。

こうなったら、どうあってもク・フーリンを倒すしかない。彼女はアイルランドだけでなく、海の向こうからも名のある戦士を集め、彼を倒すために送り出した。

だが、彼らのうちのある者はク・フーリンの兄弟弟子で、フェルグス同様まともにク・フーリンと戦おうとしなかった。あるときは敵に対して同時に毒矢を放つという、27人の息子と孫を持つ魔法使いを呼び寄せたが、戦場を去ったはずのフェルグスが、忍び寄る魔法使いの計略を親友に伝えたため、彼らは返り討ちにあってしまった。

最後の切り札まで使い尽くしたメイヴにはもはや残す手だてはなくなった。彼女はアルスターから兵を引くほかなくなったのである。たった一人の英雄のために、女王はすべてを失い敗北したのだった。

だが、勝利したク・フーリンを待つ運命も過酷だった。彼はかつて、武芸を身につけるために女戦士スカアハの願いを聞き、そのライバル、エイファを倒した。そのとき、エイファは彼の子を宿していた。アルスターを代表する戦士に成長したク・フーリンに対する恨みを、彼女は忘れてはいなかった。

エイファは、コンラと名づけられたク・フーリンと自分の間の子供に、父親への復讐をさせようと企んだ。ク・フーリンは彼女に、息子が旅のできる年になったら自分のもとへよこすよう命じていた。そこで彼女は、コンラに教えられる限りの武術を授けて刺客に仕立て上げ、父親の元へ送り込んだのである。

コンラは母から「決して故郷へ帰らない」「決して自分への挑戦を退けない」「決して

注1）モリガンがク・フーリンに近づいたのは、このときのことである。

ケルトの戦の女神

自分の名を名乗らない」という三つの呪いをかけられていた。彼は父親を訪ねたが、玄関先で名乗ることをせず、無礼者としてク・フーリンの部下の挑戦を受ける。コンラはこの相手をたたきのめし、怒ったク・フーリンとも戦いを始めてしまう。

二人は互いに相手を父と子とは知らぬまま刃を交えた。そしてク・フーリンの槍がコンラを貫いたとき、息絶える直前に呪いの解けたコンラは、自らの名を名乗った。ク・フーリンは自分が殺した相手が息子だったことを知り、彼の胸に突き刺さった槍を眺め、消沈してしまった。

アルスターの英雄が、戦う力を失ったという知らせは、やはり彼を憎む女王メイヴのもとへ届いた。彼女はいまこそ恨みを晴らすときだと、またもやアルスターの戦士が力を失う時期を選び、彼らに戦いを挑んだ。今度の戦の目的はク・フーリン一人を倒すことだった。

メイヴは前回の敗北の反省から、自軍の勇者にク・フーリンに恨みを抱く者ばかりを集めていた。そのなかには、かつて父と兄たちを彼に殺された、あの毒矢を遣う魔法使いの娘も加わっていた。

彼らはク・フーリンと和睦することなく、執拗に攻撃を続けた。ク・フーリンは必死に戦ったが、自らの手で息子を殺した彼からは、もはや以前のような勇猛さは失われていた。

アルスターの戦士は今度も彼を助けることができなかった。彼はたった一人で繰り返される攻撃に耐えていたが、ついに力尽き、命を落としたのである。非のうちどころのないこの勇者は、女王メイヴと女戦士エイファという二人の戦う女の、尽きることのない憎しみによって敗北させられたのだった。

メイヴは復讐を果たした。彼女はその後、ク・フーリンの部下によってその仇を討たれた。だが、すべてを失い、復讐のためだけに戦っていた彼女にとって、もはや勝利は必要ではなかった。メイヴは死によってようやく憎しみと怒りから解放され、かつて愛したク・フーリンの待つ死の世界へと旅立ったのである。

アーサー王伝説の魔女

●姿を変えた戦の女神

　英国の英雄物語である「アーサー王伝説」にはモルガン、およびモルゴースという魔女が登場する。彼女たちはかつてのケルトの戦の女神が、後の物語にその名を残したひとつの例だ。

　「アーサー王伝説」ではモルガンとモルゴースは姉妹として登場する。それは、ケルトの女神モルガンが、やはりマッハ、ネモンといったいくつもの人格を持っていたことと奇妙に合致する。戦の女神が戦いのいくつもの側面を表す複数の姿を持っているように、魔女たちも、人々にトラブルをもたらすあらゆる場面に登場するのである。

　彼女たちはコーンウォール公ゴルロイスとイグレーンという美女との間に生まれ、父を殺し母を奪ったアーサーの父親を、そしてアーサー自身をも憎むようになった。

　二人はそれぞれアーサーに敵対する諸侯の妻となり、彼らに王への戦いをけしかけた。アーサーはこの戦いに勝利し、モルゴースの夫ロット王は戦死し、モルガンの夫ユリエンスはアーサーに忠誠を誓った。しかし、魔女たちの憎しみは衰えず、今度は宮廷の中でさまざまな陰謀を企てることになる。

●魔女に翻弄されるアーサー

　アーサーの姉であり、ブリテンを統べる諸侯の妻でもあった彼女たちは、だれもがその心に潜む闇を見いだしていたにもかかわらず、王の宮廷で厚い待遇を受けていた。モルガンとモルゴースはこの地位を惜しげもなく利用することになる。

　妖妃と呼ばれたモルガンは、アーサーに仕える騎士アコロンを誘惑し、アーサーから盗んだ聖剣エクスカリバーを彼に与え、王を殺すようしかけた。また彼女は、アーサーの第一の忠臣円卓の騎士ランスロットとアーサーの妻グィネヴィアの不倫という不穏な噂を世間に流し、騎士たちの間に不安と怒りを忍び込ませ、そして戦いをおこさせた。

　一方モルゴースは、アーサーが結婚する直前、魔術を使って妻となるグィネヴィアに己の姿を似せ、彼と一夜をともにした。そして生まれた息子モードレッドに、父親への復讐をさせたのである。また彼女はかつて夫の敵だったフランス王の息子を愛人とし、自分と一族との対立を招いた。

　魔女である彼女たちは、いずれも剣を取り戦うことはなかったが、その妖しい魅力と魔術によって騎士たちを対立させ戦いをもたらし、アーサーの王国が崩壊するきっかけを作った。たとえ姿を変えても、彼女たちはやはり「戦の女神」の本性を引き継いでいたのである。

ヴァイキングの女剣士
Hervol
ヘルヴォール

◆地域：北欧

◆時代：──

◆生没年：──

◆出典：『エッダ』ほか

北欧の英雄伝説に登場するヴァイキングの戦士たちのなかには、猛々しい若者だけでなく、うら若き乙女も含まれている。その一人、呪われた剣を父親から授かった女戦士ヘルヴォールは、美しい金髪と豊かな胸を兜と甲冑で覆い隠して、黒く輝く魔剣を手にするため、亡き父の亡霊を求めて極北の地を彷徨ったのだった。

魔剣を持つ乙女

　北欧の英雄伝説に登場する数多くの戦士。そのなかに一人の美しい少女がいる。真白き柔肌に甲冑を纏い、長い髪を兜に隠して、居並ぶ豪傑たちとともに戦場を駆けめぐった女戦士。そしてその手には、ルーン文字の刻まれた黒く光る魔剣が握られていた。

　彼女の名はヘルヴォール。神オーディンと、古代の大地を支配した巨人の末裔にして、栄光と呪いとをもたらす魔剣を振るった美しい娘。その姿は儚く華麗だったが、彼女は誰よりも賢く、誰よりも勇敢な戦士だった。

　その細い肉体には、幼いころから勇者の血が流れ、澄んだ瞳はいつも王や戦士の求める真の栄光を求めていた。

　この物語はそんな彼女の、自分自身を見出す旅である。そして同時に、真の勇者とは何かを探す旅でもあるのだ。

チュルフィングの剣

　女戦士ヘルヴォールの手に握られることになる魔剣チュルフィングは、もともとスウェーデンの王スヴァフルラーメが矮人に鍛えさせたものだった。チュルフィングはルーン文字の刻まれた黒く輝く刀身を持った魔剣で、その切れ味は岩をも二つにするほど鋭く、刃は闇夜でも輝きを見ることができるほどだった。

　だが矮人はこの剣に、この剣を鍛えることを強いたスヴァフルラーメへの恨みをも込めていた。この剣はひとたび抜かれると、誰かの命を奪うまでは鞘に戻ろうとしなか

った。

　また、この剣を手にした者には常に勝利を与えるが、いつか持ち主本人の命までも奪うという呪いが込められていたのだ。

　この呪いどおり、スヴァフルラーメは幾多の勝利の後に、アンガンチュールという名の勇者に殺され、チュルフィングはアンガンチュールの手にわたった。そしてアンガンチュールもまた、栄光の果てに戦場の土となる運命だったが、彼には息子がおらず、その剣は、たった一人の娘に委ねられることになる。その娘こそ、女戦士ヘルヴォールだったのである。

神と巨人の血を受けた少女

　ヘルヴォール。その名を持つ少女は戦いのさなかにこの世に生を受けた。彼女の父は宿敵であったヤルマールという戦士との決戦に向かう旅の途中に、ビャルトマールという貴族の屋敷に滞在し、そこでその家の娘を妻として、ヘルヴォールをもうけたのである。その妻の名は知られていない。

　彼女の父アンガンチュールは、北欧神話における古来よりの敵どうしである、神と巨人をともに先祖に持つ英雄だった。父は巨人族の血を引く狂戦士、母方の家系は代々スウェーデンの王であった。

　だが、ヘルヴォールはそんな父の姿を見ることはできなかった。

　アンガンチュールはヤルマールとの一騎打ちで互いに致命傷を与え合い、戦場に倒れた。それはヘルヴォールが生まれる前だったのである。彼は身につけていた武器や防具とともに、彼が息絶えた戦いの野に葬られた。アンガンチュールとヤルマールは、互いに剣を交える前、勝った側は倒した相手を、その武器とともに葬ると約していたからである。

　ヘルヴォールが生まれたとき、ビャルトマールの一族は彼女を捨ててしまおうと思った。父親が狂戦士であったうえ、彼女の心には猛々しい巨人の血が流れていたからだ。だが彼女の母親は、娘が父親の血を引くただ一人の跡継ぎだからと、ヘルヴォールの命乞いをしたのだ。

　彼女はこうして大切に育てられ、美しい少女に成長した。だが、かつて人々が恐れたように、その気性は荒く、女たちの務めであった家事など見向きもせずに、始終剣ばかり振り回していた。

　男の子ばかりの家庭で育った少女は、男の子とばかり遊ぶので、たいていその嗜好は男性的になるものだ。彼女もまた、周囲の少年たちと木剣を交え、戦ごっこに興

じたのである。
　ヘルヴォールの胸中には、つねに生前の姿を見ることのなかった父親の影が住んでいた。
　そのため、彼女は同い年の男の子よりも強く、しかも手のつけられない悪童だった。家族たちが案じたように、彼女には狂戦士の血が流れていたのだ。そしてまた、彼女は神オーディンの知恵と力をも受け継いでいた。
　ヘルヴォールは一族の掟や慎みを守らないばかりか、それを公然と侮蔑した。家族の絆と一族の名誉を重んじる北欧において、彼女の態度は不遜極まるものだった。
　もちろんヘルヴォールが家族をまったく顧みない、自分のことしか考えないわがまま娘だったわけではない。
　彼女にはたったひとつの絆があった。父が持っていたという魔剣チュルフィングである。子孫へと代々引き継がれていくはずの一族の剣を、彼女の父アンガンチュールは己の墓へと持っていってしまった。
　敵に家宝である魔剣を渡すまいと考えたアンガンチュールは、そうするしかなかったのだ。
　そしてヘルヴォールは父の形見を手に入れることができず、日々強まる喪失感に悩まされていたのだった。

旅立ち

　ヘルヴォールの家族はそんな彼女に、女性としてのたしなみを教え、一族の者としてのしきたりを守らせようとした。だが彼女は自分に対する締めつけが厳しくなればなるほど反抗し、そんな彼女の胸の内に湧き上がるのは亡き父への憧憬ばかりだった。
　そしてついに、彼女は一族のもとを離れようと決意した。本当の家族のもとへ行き、その絆を手に入れなければならない。父の後を継ぐに相応しい人物になり、父の墓を見つけ、チュルフィングを手に入れるのだ。
「もうこの家にいられない。私が私であるためには、私の中の父を見出さねばならない。ビャルトマール家の鎖を解き放ち、女に生まれた運命に抗い、戦士として生きよう」
　ヘルヴォールはこのとき、しなやかな腕に盾と剣を抱き、ふくよかな胸を甲冑で覆った。そして戦いと栄光を求めて、旅に出たのである。
　彼女はヴァイキング遠征に出かける船に飛び乗り、ヘルヴァルドという男名を名乗って戦いに加わった。数多くの沿岸の村を襲い、激戦を乗り越え、めきめきと腕を上げた。こうした経験と、持って生まれた戦士の才能によって、ヘルヴォールは仲間たちか

らも一目置かれるようになっていた。

　彼女は乗っていた船の族長が戦死すると、後を継いでその船の首領となった。知恵の神でもあるオーディンの血を引くヘルヴォールは、剣の腕だけでなく、人々の上に立つ才能と魅力をも持ち合わせていたのだ。

　力によって運命を切り開くこと。己が従うのではなく、人々を従えること。これがヘルヴォールが望んだ人生だった。それは一族の殻の中では得られないものだった。かつて反抗的で手のつけられない乱暴者だった彼女は、いつしか一族を率いる指導者になっていたのだった。

魔剣の絆

　そんなあるとき、ヘルヴォールは誰も近づくことのない恐ろしい墓があるという、古戦場の話を伝え聞いた。そこに眠る死者は夜な夜な墓から出て周囲を徘徊し、昼間でも誰一人としてそばへは行こうとしないのだという。

　彼女の中でなにかが目覚めた。それこそ、亡き父が眠る場所に違いない。自分をこの大地に残して死の国へ去った父アンガンチュールの、その亡骸が眠る場所に違いない。彼は愛娘のその姿を、一目見ようとしているのだ。

　ヘルヴォールは人々が止めるのも聞かず、震える部下たちの尻を叩き、死者の眠る塚へと向かった。彼女が塚にたどり着いたとき、すでに日は暮れ、辺りは暗やみに包まれようとしていた。

　そのときである。すさまじい地響きと、恐ろしい唸り声が起こり、そして真っ赤な炎が塚から吹き上がったのである。

　案内人は逃げ、部下たちは恐怖に凍りついた。

　だがヘルヴォールは立ちのぼる炎に少女の顔を照らされながら、一歩、また一歩と塚に近づいていった。

　そこが父の墓であることは間違いなかった。唸り声も炎も、父が娘へ、死の国からさしのべたのだ。ヘルヴォールは炎に頬がほてり、髪が焦げるのも厭わず、父の墓へと歩みを進めた。

「お父様、あなたの娘ヘルヴォールがやってきました」

　そう彼女は告げた。彼女を男と思ってついてきた部下たちは驚いたが、目の前で墓に語りかける族長は、いたいけな少女などではなく、立派な戦士だった。

「お父様、目を覚まして！　あなたの娘がやってきました。あなたのやり残したことを、一族の剣を受け取るために！　残された者にその魔剣を、いまこそ譲ってください！」

そう彼女は叫んだ。炎がさらに激しく立ちのぼった。だがヘルヴォールは紅蓮の炎を踏み越え、さらに墓へと近づいていった。
「お父様！　いまこそ剣を、チュルフィングの剣を、この手に！」
　すると、塚の戸口に人影が現れた。
　それはまさしく、ヘルヴォールの父アンガンチュールであった。彼は、いや彼の亡霊は、娘の声に呼ばれ、死の国からよみがえったのである。アンガンチュールは口をきかず、初めて見る娘の姿にしばらく見入っていた。そしてゆっくりと、生前のままの声で彼女に語りかけた。
　ところが、アンガンチュールの一言はヘルヴォールの期待を裏切るものだった。
「娘よ、一族の剣を渡すことはできない。その剣は燃えさかる地獄の炎に包まれており、地上の人間には握ることができないのだ」
　だがヘルヴォールは怯まなかった。
「お父様、たとえ炎の中にあったとしても、私はその剣を手に入れるでしょう。たとえこの身が焼かれようと、たとえ地獄の炎が私を死の国へと引きずり込もうと。私はチュルフィングを手に入れるために生まれたのです。お父様の名誉と、栄光と、運命を引き継ぐために」
　これを聞いて、アンガンチュールは微笑んだ。美しい少女には紛れもなく、父である自分の血が流れている、そう確信したのだ。自分が受け継いできた巨人と神の生命は、まだ大地に生き続けているのだ。
　アンガンチュールは自ら炎の中からチュルフィングを取りだし、ヘルヴォールに差し出した。
「受け取るがいい、娘よ。この剣を。おまえはこの剣で勝利を掴み、おまえの息子はこの剣を受け継いで栄光を得るだろう。だが、この剣を受け継ぐということは、その呪いをも受け継ぐことになる。覚悟するがいい」
　剣のもたらす栄光と呪いについて娘に語ったことにより、アンガンチュールが地上に残した憂いはすべて消え失せ、彼は先祖であるオーディンの待つヴァルハラへと旅立った。残されたヘルヴォールの手には、黒く輝く魔剣チュルフィングが握られていた。

ヘルヴォール

旅の終わり

　父の剣を手に入れたヘルヴォールはその後、仲間とともにノルウェーへ行き、ハロガランドの王グドムンドに仕えた。彼女は再び男装していたが、賢明で、人物を見る目があるグドムンドは、彼女が女であることを見抜いていた。

　ある日のこと、一人の男がヘルヴォールの目を盗んで、魔剣チュルフィングを奪おうとした。ヘルヴォールは彼に気づくと、目にも留まらぬ早さで盗人が握っていた鞘からチュルフィングを引き抜き、相手を一刀のもとに斬り捨てた。

　殺された盗人の一族が、仇を討とうと彼女を追い始めた。だが、ヘルヴォールが女であることを知っていたグドムンド王は、仇を討てば一族は「女殺し」の汚名を着ることになると、これを制止。おかげでヘルヴォールは故郷へと逃げ帰ることができた。

　こうして彼女の自分自身を探し出す旅は終わった。

　己の家へと帰ってきたヘルヴォールは血と埃にまみれた鎧を脱ぎ、髪を解き、魔剣チュルフィングを寝台の下にしまい込むと、かつて剣を振るったその腕で裁縫や料理をするようになった。

　父を見出した彼女は、もはや戦士であり続ける必要はなくなったのだ。彼女が男であったならば、さらなる冒険に出かけていき、戦いも果てしなく続いたであろう。

　しかしヘルヴォールは、剣の呪いが彼女自身を捉え、滅ぼしてしまう前に栄光や勝利を追い求めることをやめた。

　故郷に帰ってきたとき剣を捨てたおかげで、彼女は魔剣チュルフィングの呪いから、ただ一人逃れることができたのだった。

魔剣の行方

　さて、故郷に帰って一人の女に戻ったヘルヴォール。だが、彼女をノルウェーからはるばる追ってきた男がいた。彼女が一時仕えたハロガランドの王グドムンドの息子、ホーフンドである。

　ホーフンドは賢明だった父親に似て、ヘルヴォールの戦士としての、そして族長としての器量はもちろん、彼女の女としての魅力にも気づいていた。彼自身、人々の信頼を勝ち得るだけの魅力を持った王子であった。

　ホーフンドはヘルヴォールを訪ね、なにも聞かず、なにも言わず、ただ求婚した。

　ヘルヴォールも黙って頷いた。

　ホーフンドは、彼女が世話になったうえ、命を救われたグドムンド王の息子である。

きっと彼女の運命をよき道へと導いてくれるに違いない。それに二人の間に生まれる息子は、きっと王に相応しい人物となるであろう。

彼女はそう思ったのだ。そして彼らは結婚し、二人の間にはアンガンチュールとヘイドレイクという息子が生まれた。

だが、剣そのものの呪いはまだ解けたわけではなかったのだ。ヘルヴォールは「剣を正しく使い、名誉を尊び、剣の呪いに気をつけよ」と息子たちに何度も言い聞かせた。けれど、母からチュルフィングを引き継いだヘイドレイクは、ヘルヴォールの予想どおり勝利を重ね、王にまで出世したが、その剣のために兄と養子を殺し、最後は奴隷に殺されてしまったのである。

その後も魔剣チュルフィングは、手にする勇者の魂をことごとく捕らえ、滅ぼしていった。

誰も剣がもたらす戦いの栄光と勝利の高揚感からは逃れられず、剣の呪いを避けることができなかったのだ。ただ一人、女戦士ヘルヴォールだけが剣を捨て去り、幸福な人生を送った。

ヘルヴォールが救われたのは、彼女が女だったからかもしれない。戦いに人生を見出してしまう男たちとは違い、彼女の戦いは亡き父親からの自立のためだった。彼女にとって戦いはあくまでも手段であり、目的ではなかった。魔剣チュルフィングは、家名を取り戻し名誉を引き継ぐという役目を終えれば、彼女には必要のないものとなった。

ヘルヴォールは息子たちの悲劇を、「所詮、これが男の人生なのだ」と悲しい瞳で眺めていた。

男は戦いをやめることができないのだ。逆に言えば、魔剣チュルフィングを使いこなせるのは、ヘルヴォールのような賢明な女だけだったのだ。

女戦士ヘルヴォールは、呪われた魔剣を持つに相応しい、ただ一人の真の勇者だったのである。

第3章　神話・伝承の女戦士

猛将の首を掻く聖女
Judith

ユディト

- ◆地域：中東
- ◆時代：不明（前1世紀ごろ）
- ◆生没年：――
- ◆出典：旧約聖書外典『ユディト記』

永遠のベストセラー、聖書に登場する女性が、誰も彼もマリアのように慈悲深く、優しい女性ばかりと思ったら大間違いだ。ここで紹介するユディトは、敵将を色仕掛けで籠絡し、その首を切り落とした烈女だ。その行為の血生ぐささから悪女サロメと並び称されることもある女性だが、彼女の行動は、危機に瀕した故郷の人々と信仰を救うためであった。

ハートのクィーンの名

　もしトランプが手元にあるならば、ちょっと絵札を抜き出してほしい。そのトランプが一般的なものならば、J、Q、Kに、それぞれ騎士、女王、王様の絵が描かれているはずだ。よく見れば、同じKでもスートごとに絵柄が少しずつ違う。まったく同じ絵柄は二枚とない。

　実は各絵札に描かれている人物は、歴史・古典創作上の人物をモデルにしているといわれている。たとえばダイヤのKは覇者カエサル（シーザー）、スペードのKはイスラエルの名君ダヴィデ王、クラブのJは湖水の騎士ランスロットという風に綽名されているのだ。違う人物なのだから、それぞれのカードで絵が少しずつ違うのは、当然といえば当然だ。

　ハートのクィーンの綽名はユディト（ジュディス）である。といっても、この名にピンとこない人のほうが多いかもしれない。それも無理もない話だ。ユディトは歴史上の偉人ではなく、旧約聖書の外典『ユディト記』に登場する女性なのだ。日本人には馴染みが薄くてあたりまえだ。しかし若い未亡人の身でありながら、祖国の危機に敢然と立ち、美貌を武器に敵将を欺いて寝首を掻いたユディトは、聖書の文化圏ではもっとも名高い女傑の一人なのである。

ネブカドネザルの怒り

　『ユディト記』では、ユディトが活躍する物語の時期を、アッシリア（本来はバビロニアのはずだが『ユディト記』ではこうなっている）のネブカドネザル王がユダ王国を攻めた

紀元前590年前後（ネブカドネザル即位の17年後）としている。

　偉大にして無慈悲な征服者、ネブカドネザルは、敵対するメディア王国との決戦を目前に控え、影響下に置いているペルシアからエジプトまでの西部地域に召集をかけた。しかし諸族の大半は王を侮って、呼びかけを黙殺した。反対に、メディア国王アルファクサドの下には多くの味方が集った。

　ネブカドネザルはもちろん激怒した。「王座と王国にかけて、召集に背いた諸族のすべてを、いずれわが剣をもって根絶やしにしてくれる！」と、憤怒に身を震わせながら、彼は恐るべき誓いをたてたのだ。

　消極的に背いた諸族にとっては不運なことに、ネブカドネザルは思うように味方が集まらなかったにもかかわらず、アルファクサド王と決戦をして打ち破った。そうして覇者となると、彼は己の誓いを果たすべく、軍司令官のホロフェルネスに十二万の歩兵と一万二千の騎兵を授けたのである。

「召集に応じなかった民の屍で谷を埋め、川をせき止めよ」

　王から恐るべき厳命を受けたホロフェルネスは、軍団を率いてユーフラテス川を越え、西南の土地への遠征を開始した。

　ホロフェルネスの軍団の行く手には、徹底した死と破壊が繰り広げられた。若い男は片っ端から斬り捨てられ、町や寺院は破壊され、作物は焼かれた。諸族は恐れおののき、貢物を捧げて将軍の慈悲を乞うた。しかしホロフェルネスは受け取るものは受け取ったが、王の命令に手心は加えなかった。

包囲されたベトリアの町

　召集に応じなかった諸族の中には、バビロン虜囚を免れてパレスチナの地に残留していた、ユダ王国の人々も含まれていた。

　東から迫る軍団が非協力的だった者たちを罰し、ネブカドネザルを神として礼拝するよう強要しているという報に、エルサレムの人々は恐れおののいた。しかしホロフェルネスの冷酷な処置の数々は、ここでは逆効果だった。信心深いユダ王国の人々は、どうせ死を免れないならば、人間にすぎないネブカドネザルを神と崇めて罪を犯すよりも、信仰を守って戦死すべきだと考えたのだ。そして彼らは、アッシリアの軍団を食い止めるべく、エルサレムに至る峠の防備を固めたのである。

　この組織的な抵抗は、遠征の将軍にとって予想外の事態だった。圧倒的な武力の差を知りながら、よもや正面から反抗する者がいるとは、想像もしていなかったのだ。彼としては、今後も遠征を続けねばならない事情から、本心では無用の兵力損耗を

避けたかった。そこでホロフェルネスは、峠の要衝、山頂と斜面に設けられた町ベトリアを攻めるにあたって、山裾の水源地を占領する包囲作戦を採用した。

ベトリアの戦意は、ホロフェルネスの本隊を見た瞬間に挫かれていた。眼下の平野を見渡すかぎり埋めつくす敵軍の人馬や天幕に、圧倒的な兵力差という現実を突きつけられたからだ。ベトリアはなすすべもなく34日間包囲され、町の水瓶は底をついた。人々は、抗戦を指導した長老を責め、ただ神に救いを求めて祈ることしかできなかった。

長老のオジアは「略奪と奴隷の境遇に甘んじたほうが、干殺しにされるよりましだ」という人々の悲鳴に抗いかね、「神が我々を見捨てるはずがない。しかし五日の間に主の助けがない場合には、降伏しよう」と約束してしまった。

美しき未亡人ユディトの決意

このベトリアの町には、ユディトという綺麗で裕福な寡婦が、忠実な女召使いとともに住んでいた。ユディトとは、ユダの娘という意味の名である。若くして夫を失ったが、多くの遺産を受け継いだ資産家で、とても美しく、賢明で、何より敬虔な女性だった。

降伏の件を耳にしたユディトは、女召使いを使いに出して、長老たちを呼び寄せた。そして、「今日、あなたたちが人々にした約束は間違っています。期限までに神が救わねば町を明け渡すというのは、何事かをやれと神を脅しているのと一緒です。神を試すとはどういう見識ですか」と諭した。

「おっしゃる通りだが、もう人々と約束してしまった。敬虔なあなたの祈りならば神も聞き届けられ、雨を降らせてくれよう」と、長老オジアの返答は力弱かった。万策尽きて、内心ではもう希望を失っている様子だった。

もはや長老たちは頼りにならないと見抜いたユディトは、案じていた企てを実行することに決意を固め、何も聞かずに協力するよう長老に求めた。
「今宵、私はあの女召使いだけを連れて、町を出ます。神は必ずやイスラエルをお救いになります。何も聞かず、ただ約束の期日までは何としても耐えていてください」

もとより長老たちに妙案があるわけではない。承諾は簡単に得られた。客人たちが帰ると、ユディトは早速準備にかかった。戦支度ではない。灰を被って敬虔に祈りを捧げた後で、夫の死後しまいこんでいた晴れ着を身に纏ったのである。高価な髪飾り、宝石、指輪で飾り、念入りに身繕いをしたユディトの姿は、輝かんばかりの艶やかさだった。そして食料を入れた壺を持たせた女召使いを連れて、ユディトはベトリアの門を出た。行く先は包囲しているホロフェルネスの本陣。敵将の元であった。

虚言と計略

　主従は敵味方の間に設けられた無人地帯を歩いて突っ切り、真っ直ぐ敵の本営に向かった。近づく人影に誰何したアッシリアの歩哨は、ユディトのあまりの艶やかさに見惚れてしまい、気後れして直に手を触れることさえはばかられる態だった。
「私は、いずれ滅ぼされるあの町から逃げてきた娘です。ホロフェルネス将軍に、一兵も損じることなく町を攻め落とす道をお伝えに参りました」
　そう述べる美女の魅力に参ってしまったか、あるいは女に大したことはできまいと考えたか、歩哨はユディトを望み通り総司令官の天幕へと送り届けた。
　兵の間で「この世のものとは思えない」と評判になったユディトの美貌の噂は、当人よりも先にホロフェルネスの元に届いていた。幕僚が居並ぶ席上で、上機嫌で面会した将軍も、ひれ伏す彼女に魅了されて保護を快く約束した。だが鷹揚な厚遇だけでは、ユディトの計画に十分ではない。彼女はホロフェルネスの信頼を得るべく、甘く巧みに語りかけた。
「ご主人様がお聞き及びになられている、我が民が掟に従っているときは神に守られ、どのようにしても害されることがない、という話は本当です。けれどいま、彼らは神の掟を破り、罪を犯そうとしています。飢えと渇きに苦しみ、律法で禁じられた食物に手をつけると決めたのです。
　だから私は恐れて町を逃げ出してきました。掟を裏切ったとき、必ずや神は天罰を下されます。神は罰を与える剣としてご主人様を用い、勝利へとお導きになるでしょう。
　私をこの天幕の一隅に留め置いて、いましばらくお待ちください。私は毎夜泉のほとりで祈り、人々の罪の重さを計りましょう。神から時節を告げられたなら、私がご主人様をエルサレムまでもご案内します。そうなればもはや誰一人、手向かいする者はいなくなっているでしょう」
　巧みな弁舌に感心し、また心中密かに感じていた不安をやわらげられたホロフェルネスは、ユディトの願いを喜んで聞き届けた。天幕の一隅を与えられた彼女は、その後三夜にわたって泉に出向き、祈りを捧げた。三夜目には、ユディトと女召使いが夜間に出歩くのを不審に思う者は誰もいなくなっていた。

ホロフェルネスの首

　攻撃の期日が迫った四日目の夜、ホロフェルネスは従者だけを集めて宴会を開いた。その席上で、彼は腹心の宦官にこの数日というもの抱いていた望みを語った。

第3章　神話・伝承の女戦士

「あれほどの女を抱かずにほうっておくのは男の恥だ。彼女にしても、もし誘いがなければ我々を軽蔑するに決まっておる」

宦官からホロフェルネスの希望を聞かされたユディトは、まるで待ちかねていたかのように喜んでみせた。

「それがご主人様の望みなら、どうして逆らうことができましょう。ご主人様の意に沿うことは私の喜びですわ」

ひときわ念入りに身支度を整え、女召使いを従えて天幕に入ってきたユディトに、ホロフェルネスは一目で魂を揺さぶられた。眼前で毛皮の敷物の上に身を横たえ、媚を含んだ笑みを浮かべながら酒盃を傾けている妖艶な美女がほどなく己がものとなると考えるだけで、彼はわきあがる欲情を禁じ得なかった。その昂ぶりとユディトの巧妙な勧めのせいだろう。ホロフェルネスはついつい杯を傾けすぎて、いつしか酔いつぶれてしまった。

将軍が正体もなく眠りこけているのを確かめたユディトは、女召使いを見張りに立たせた。そして近くの寝台の支柱に吊るされていたホロフェルネスの短剣を抜き放ち、眠りこける男の髪を掴んで持ち上げた。

「イスラエルの神なる主よ、今こそ、わたしに力をお与えください」

祈るやいなや、無防備な首めがけて斬りつけた。女の非力では、一度で首は落ちなかった。ほとばしる返り血を浴びながら、ユディトは無表情なまま再度短剣を振るった。将軍の首が、ゴトリと床に落ちた。

ユディトの凱旋とアッシリア軍の敗走

討ち取った敵将の首を入れた袋を女召使いに持たせ、ユディトは急いでアッシリア軍の陣地を抜け出した。泉に祈りに行くものだと思い込んでいる兵士たちが邪魔をすることはなかった。

若い寡婦と女召使いがベトリアの町に戻ったという報を聞いた町の人々は、駆け集まって二人を囲んだ。集まってきた人々の輪の中心に立ち、ユディトは声を張り上げた。「神を称えなさい。神はイスラエルからその憐れみを取り去ることなく、かえって今夜、この手をもって私たちの敵を滅ぼしました」

そして袋から取り出した敵将の首を、髪を掴んで高々と掲げてみせた。

「ごらんなさい。アッシリア軍の総司令官ホロフェルネスの首です。主は女の腕をもって彼を討たれたのです。わたしの容色は彼を魅了し、滅ぼしましたが、この身が汚され、辱められるようなことは決してありませんでした」

人々は歓喜とともにユディトと神を称えた。
　翌朝、ユディトの勧め通りベトリアの軍勢は出撃した。すると朝になってホロフェルネスが首無しの死骸になっていることを知ったアッシリア勢は、大混乱に陥って士気が崩壊し、一戦にも及ばずに自滅してしまった。
　ユダを救った女傑ユディトは、危機が去った後にエルサレムに招かれて栄誉に浴した。しかし多くの男から求愛されたにもかかわらず、彼女は105歳で生涯を閉じるまで寡婦で通したという。

ユディトの魅力

　この「ユディト記」は史実ではなく、当代の権力者を過去の権力者になぞらえた物語だといわれている。だからこそ、物語中にネブカドネザルをアッシリアの王（本当はバビロニアの王）とするなどの初歩的な矛盾があり、また正典ではなく外典とされているのだ。本来は異教徒の権力者（ネブカドネザル）に抵抗して信仰を貫く尊さを教えるための物語として創作された、架空の戦記物語なのである。

第3章　神話・伝承の女戦士

　そしてこの物語を読んだ後世の人々の目は、物語の女主人公であるユディトに向けられた。彼女は聖書文学に登場するほかの賢女貞女の枠に収まらない女傑だ。美と剣と策略を武器に敵将を討ち取るユディトは、聖書に登場する女性の中ではひときわ異彩を放つ動的なヒロインである。

　それゆえに彼女は特にルネサンスの画家に好まれる題材となった。ボッティチェリやミケランジェロなど多くの有名な画家が、ユディトを作品に描いている。鎧装束に身を固めた凛々しく颯爽とした女戦士として描かれた『ユディトの帰還』(ボッティチェリ作)、剣を携えながらも肉感的な脚をあらわにした扇情的な美女として描かれた『ユディト』(ジョルジョーネ作)など、数多くの名画が現代に遺されている。フィレンツェ市では、市民精神を象徴する英雄として、好んでユディトを市のシンボルの一人としたという。

　その一方で、ユディトはしばしば悪女サロメと並び称されもする。勇ましく賢い美貌の寡婦は、非常に敬虔ではあるが、同時に危険な魅力にもあふれているからだ。優れた色香で敵将を篭絡するユディトの物語には、性的な雰囲気が漂っている。そうした印象は過去の画家たちの作品を見ても、またその名がユディト・コンプレックス(女性の内に無意識に存在する、強い男に進んで身を任せたい欲求と、自分の操を汚した男への憎しみという矛盾した感情)という心理学用語に使われていることを見ても確かだろう。

　聖女として全面的に称揚するには、ユディトはいささか生々しい印象を読者に与えるかもしれない。けれど彼女の物語は、そうしたきわどさが魅力となって、永遠に読まれる名作としての力を得た。読者はユディトの傾国の美を想像し、ホロフェルネスと同じように胸を掻き立てられる。それだけに敵将を策略にかけて首を切断する場面の凄惨さが増し、強烈な印象を残すのである。

　異色ではあるものの、ユディトはやはり信仰を貫くことの尊さを教える聖書の女性の一人であり、また信仰による強固な結束なくては生き延びられなかったユダヤ人の苛酷な歴史を象徴する女性なのである。

メデイア

勇者を愛し助力した魔女の姫君
Medea

◆地域：ギリシア

◆時代：――

◆生没年：――

◆出典：ギリシア神話『メデイア』『アルゴナウティカ』

ギリシア神話の見せ場とも言うべき「アルゴ号の冒険」において、王位を取り戻すため、アルゴ号を作り冒険に出たイアソン。その妻、メデイアは強い魔力と叡智を持つ魔女であり、父を裏切り、弟を殺してまでも夫イアソンを助け、冒険を共にくぐり抜けた。そして最後には夫の裏切りに対し、凄絶な復讐を果たす、ギリシア悲劇のもっとも有名なヒロインの一人である。

死の女神の神官にして、強大な魔女

　ギリシア中の英雄たちが巨大船アルゴ号に乗り込み冒険を繰り広げる様を描いたギリシア神話の中でもっともエキサイティングな話がアルゴ号冒険記（アルゴナウタイ）である。ギリシアのイオルコスの正統な王位継承者、ヘラクレスの育ての親でもあるケンタウロス族のケイロンに育てられた王子イアソンが、その叔父ペリアスから王位を取り戻す条件として引き受けた冒険が、コルキスにあるという眠らない竜に守られた金毛の羊皮を取りに行くことであった。イアソンはギリシア一の船大工、アルゴスに巨大船アルゴを建設させ、ヘラクレス、オルフェウスなどのギリシア中の英雄を集め冒険へと旅立つ。彼らアルゴ号に乗り込んだ英雄たち、アルゴノーティスは数々の冒険をくぐり抜け、ついに目的地コルキスへとたどり着く。

　そこで一行のリーダーであるイアソン王子が出会ったのが、コルキス王の娘にして、死の女神ヘカテの女神官、そして強大な魔女でもあるという美しい姫君、メデイアであった。

王女メデイア

　メデイアは伝令神ヘルメスの息子、コルキス王アイエテスと海神オケアノスの娘、イデュイアとの間に生まれた次女である。二人にはメデイアの他に、姉に当たる長女カルキオペと弟に当たる長男アプシュルトスがいた。

　彼女の姉、カルキオペの夫、プリクソスはテッサリアの王子であったのだが、継母の奸計によって命を奪われそうになっていたところを、ヘルメスの使わした金色の羊の背

に乗って、コルキスに逃れた。アイエテス王に迎えられたプリクソスは、カルキオペを妻として与えられ、その感謝の印としてゼウスに逃亡の手助けをした羊を生け贄として捧げた。後に残った金色の羊の毛皮はアイエテスに護られた。この羊が黄道十二宮の一つ、牡羊座になったといわれている。この羊がすべての始まりとなって物語は動き出す。

彼らコルキスの王子、王女たちの子供時代の描写は神話にも、ギリシア古典の中にもないが、コルキス王アイエテスの子供に対する愛情(もしくは執着)の深さから察するに、かなり大事に育てられていたと想像できる。

さらに死と魔術の女神、ヘカテの神官であり、叔母キルケと同じく、強大な魔力をもった美しい姫君であったメデイアはコルキスの民衆の憧れを一身に集めていたと思われる。

そんな順風満帆な未来を約束されていた王女メデイアの運命を大きく変える事件が起こった。ギリシアから出発し、幾多の冒険をくぐり抜けたアルゴ号が目的地コルキスへと到着したのである。

勇者イアソンとの出会い

アルゴ号の船長、ギリシアの王子イアソンは叔父からの言いつけをコルキス王アイエテスへと伝え、黄金の羊の皮の譲渡を求める。

アイエテスは承諾するが、ペリアスと同じく、彼もイアソンに条件をつける。それは青銅の足の火を吹く牡牛で大地を耕し、竜の歯を蒔けというものであった。もちろん、その過程でイアソンが死ぬと思っていたからこその条件だった。

しかし、持ち前の冒険心を刺激されたイアソンはこれを承諾してしまう。そんなやりとりをじっと見ていたのが、アイエテスの娘、王女メデイアだった。

彼女はギリシアから来たこの逞(たくま)しい王子を見ているうちに、自分の胸が高鳴っていくのを押さえることはできなかった。

蝶よ花よと育てられ、どんな男たちをも跪かせることが可能であった彼女が、である。

メデイアが自分の感じているものが恋であると自覚するのに、さして時間はかからなかった。

メデイア

メデイアの裏切り

　実は彼女の恋心はイアソンの冒険を成功へと導くために、アルゴ号とイアソンの守護神アフロディーテがその息子エロスを使ってかけた、決して解けることのない呪いであった。
　彼女はそれを知ることはないのだが、知ったとしても悲しみはしなかったろう。イアソンへの激しい恋心に突き動かされた彼女は決死の試練へと向かうイアソンに、自分を妻とすることを条件に助力を申し出る。美しく、叡智を持った王女の申し出にイアソンは驚きながらも一も二もなく同意した。
　まず彼女は自らの魔力を込めた薬をイアソンに手渡し、それを身体に塗るようにいう。すると牡牛の吐く炎の息にもなんの苦痛も感じなくなったので、イアソンは悠々と手綱をつけ畑を耕し始めた。そして畑に竜の牙を蒔くとたちまちその場から屈強な兵士たちが現れ始めた。
　続いてイアソンは前々からメデイアに指示されていた通り、すぐさま近くの木陰に身を隠し、足下の石を拾って兵士たちに投げつけた。姿の見えない敵からの投石に、竜の牙から生まれた兵士たちは疑心暗鬼に陥り、ついに同士討ちを始め、全滅してしまう。
　こうしてイアソンは条件を果たしたのだが、アイエテスには最初から毛皮を渡すつもりはない。
　王はアルゴ号の乗員もろとも、イアソンを暗殺しようと企んだのだが、父親の計画を知ってメデイアは素早くそのことを恋人イアソンに告げた。そして、彼女は毛皮を守る火竜を眠らせる歌を歌い、イアソンに金の毛皮を奪取させ、弟アプシュルトスを連れてアルゴ号に乗ってコルキスから出奔した。
　暗殺に失敗し、毛皮を奪われたことを知ったアイエテスは直ちにアルゴノーティスたちに追っ手を差し向ける。
　いかにギリシア一の船アルゴ号といえども、コルキス中の船を追っ手に差し向けられ、ついに追いつめられる。
　そのとき、メデイアが再びイアソンに策を授けた。

コルキスからの脱出とゼウスの呪い

　その策とはメディアが共に連れてきた弟、アプシュルトスの身体を八つ裂きにし、海の中にばらまくというものだった。

　その様子を見ていた二人の父親、アイエテスはあわててアルゴ号の追跡を中断し、海中に投げ入れられたアプシュルトスの遺体を回収させ始めた。当時、遺体が損なわれたままでは葬礼を行うことができないとされていたため、コルキスの船はアルゴ号にかまうことなく、アプシュルトスの遺体を探し続けた。

　無事脱出できたアルゴ号であったが、コルキスから離れてすぐ、突然暴風が起こり、アルゴ号の航路を阻む。アルゴノーティスたちが途方に暮れていると、アフロディーテの加護を受けた船首が「イアソンとメディアがアプシュルトスに対して行った残忍な行為にゼウスが怒っているためだ。二人が魔女キルケに清めてもらわない限り、この暴風は止まらないだろう」と予言した。

　魔女キルケはメディアの父アイエテスと同じくヘルメスの子供であり、つまり、メディアの叔母に当たる。キルケは快くメディアとイアソンを迎えると理由も聞かず二人にかかっていた呪いを解き、無事に航海する方法を教える。

　しかしその後、キルケは二人の行ったことを聞くと呪いを解いたことを後悔し、二人を追い払ってしまうのだった。

青銅巨人タロスとの戦い

　航海の途中、物資のなくなったアルゴ号の一行はクレタ島に立ち寄ることにした。上陸しようと船を近づけていくと、その行く手を阻むものがあった。ゼウスがクレタ王ミノスの母親である愛人エウロペに贈ったという青銅巨人タロスである。この恐るべき機械仕掛けの巨人は一日三度クレタ島を巡回し、侵入者を撃退するという使命を休まず実行し続けていた。侵入者であるアルゴ号を見つけると、アルゴ号と同じくらいの大きさの巨岩を持ち上げ、それを投げつけてアルゴ号を沈めようと攻撃し始めた。

　幾多の英雄たちが集ったアルゴノーティスといえどもこの強敵には勝てそうになかった。そこでまたもメディアが英雄たちを救う。

　メディアは魔力を使ってタロスの弱点であるかかとの釘を見つけ、さらに幻覚の呪文によってかかとを岩にぶつけさせ釘を引き抜いて、全身から神々の血液、イーコールを流れ出させタロスの命を奪ったのである。

イオルコスへの帰還

　こうしてアルゴノーティスは危機をくぐり抜け、無事出発地イオルコスへと帰還した。イアソンが無事金色の羊の毛皮を持ち帰えると、ペリアスは驚きながらも言い訳をして譲位の日を一日延ばしにする。

　そんなある日、イアソンの妻、メデイアが強大な魔女であることを知ったペリアスは、その魔術を見せて欲しいと頼む。快諾したメデイアは年老いた羊を牡鹿の肝臓、狼の腸、亀の甲羅、鳥の頭、その他多くの薬草と共に釜の中に入れた。そして再び釜から羊を引き上げると、若々しい羊となって鳴き声を上げた。

　それを見ていたペリアスの娘は年老いてしまった父、ペリアスも同じ方法で若返らせることはできないかと聞く。

　今度もメデイアは快諾し、再び薬草を煮込み始める。

　そしてその中にペリアスを入れた。しかし、ペリアスはそのまま煮殺され、若返ることも生き返ることもなかった。実は今回煮立てていたのはなんの薬効もない物だったのだ（最初の羊を若返らせた方法がトリックだったのではないかという推察も成り立つがそのような記述はない）。

イアソンの裏切り

　こうしてイアソンとメデイアはイオルコスの王位を手に入れたのだが、その後は決して幸福といえるものではなかった。イアソンのためだったとはいえ、メデイアの幾多の残虐な仕打ちは共に冒険していたアルゴノーティスたちにも非難され、イアソンとメデイアはイオルコスを追われた。そして隣国のコリントスに逃れたのだが、コリントス王クレオンがアルゴ号の船長として名高いイアソンに目をつけ、娘との政略結婚を仕掛けてきた。するとイアソンは、なんとそれを承知してしまったのだ。

　メデイアはこのイアソンの裏切りに怒り、二人の結婚式当日に花嫁と、自分がイアソンとの間に産んだ子供二人を生け贄として殺害するという、残酷な復讐を果たした。

　その後、彼女はヘリオスの使わした翼ある竜の引く車に乗ってその場から逃走してしまうのである。

物語の終焉

　逃亡の後、メデイアはアテナイ王アイゲウスをかき口説き、その後妻に納まるが、そこで前妻とアイゲウスとの息子に自分の奸計を見破られ、再び逃亡する。そしてアリアといわれていた町で、そこの民に自分の名を与え、自分にちなんでメーディア人と呼ばれるようにしたといわれる。一方イアソンのその後に対して真説と呼ばれるものはないが、一説では半ば狂人のような状態で諸国を放浪し、ある日、偶然にも朽ち果てたアルゴ号を見つけ、その側で思い出のよすがに浸っているところをアフロディーテをかたどった船首が崩れ、押しつぶされて死んだといわれている。

メデイアという女性

　彼女は残忍で苛烈でありながらもイアソンを愛し、自らの全てを彼に捧げ、冒険を共にしていた。
　アルゴノーティスの冒険は彼女の協力なくしては成功しなかっただろう。
　主人公の冒険を手助けする有能な恋人という高いヒロイン性を持ちながらも、彼女はイアソンからの愛という、唯一のよりどころを奪われ、今までイアソンのために使ってきた冷酷と恐怖に彩られた技を彼に向ける。
　その復讐は凄惨ではあるがどこかもの悲しく、加害者であるはずのメデイアにより多くの同情を禁じ得ない。それは輝かしい冒険を共にくぐり抜けた男女がその果てに得たものが栄光でも賞賛でもなく、互いをただ深く傷つけ合ってしまっただけであった、という悲しい恋の終焉であったからこその話だろう。だからこそ、その後の彼女は出会った男たちを破滅へと導き、自分の欲望の道具としか見ることができなかったのではないだろうか。そう考えると彼女の歩んだ道はあまりにも悲しく、だからこそ美しく見える。

第3章　神話・伝承の女戦士

アキレウスに挑んだアレスの娘
Penthesilea and Amazons
ペンテシレイアとアマゾンの女王

- ◆地域：ギリシア
- ◆時代：紀元前13世紀ごろ
- ◆生没年：──
- ◆出典：ギリシア神話

巧みに弓を使う女戦士だけの民族、アマゾンの王国は、ギリシア神話において何度も登場する。ペンテシレイアは、この伝説の女族を統べた女王の一人で、トロイア戦争にて活躍したといわれる女戦士である。軍神アレスの娘である彼女は、窮地に陥ったトロイアを救うために現れ、乱戦のさなかに英雄児アキレウスに決闘を挑むのである。

アマゾンの伝説

　女戦士について語るさいに、勇猛果敢なアマゾン族を避けて通るわけにはいかないだろう。ギリシア神話中に幾度も登場するアマゾン族は、女戦士だけで構成された奇妙な民族で、軍神アレスとニンフのハルモニアの間に誕生した人々であるとされている。

　ギリシア人は黒海周辺、スキュティア、あるいはトラキア地方といった遠方にアマゾンの国があると考えていた。アマゾンの国には女しかいない。彼女たちは他国の男から精をもらって子供を得るが、生まれた子のうち女だけを育て、男は赤子のうちに殺してしまうのだ。女の子は戦士として育てられ、成長すると弓を引く邪魔になるので右の乳房を切り取る習慣があったという(アマゾンとはギリシア語で「乳がない」という意味)。この言葉どおり、アマゾン族はみな弓が非常に達者であり、戦となれば斧や槍、馬をも巧みに操った。そして狩りの女神アルテミスと軍神アレスを特にあつく信仰していた。

　女性のみの集団だが、軍神アレスの子孫たるアマゾン族はとても好戦的な種族で、戦場においてギリシア人と互角に争った。必ず戦闘と一対として描かれる、猛々しき女性たちだったのである。そして伝説に語られるアマゾン族の女王は、美と武の両方に秀でたアマゾン随一の女傑であるのが常だった。

　そうした女王の一人に、ペンテシレイアというアマゾンがいる。彼女はトロイア戦争にトロイア陣営の援軍として参戦し、ギリシア軍の英雄たちをその武勇で危機に陥れた、凛然と気高く、冷酷で、美しい女王だった。

『イーリアス』──トロイア戦争の顛末

　トロイア戦争を扱った伝説といえば、ホメロスの古典『イーリアス』以上のものは存在しない。ホメロスは紀元前8世紀ごろの西欧世界最古の叙事詩人といわれる人物で、『イーリアス』は10年以上続いたトロイア戦争最後の年を舞台に、アキレウスを始めとするギリシア、トロイア双方の英雄たちの生と死のドラマを描いた壮大なる英雄叙事詩である。

　現在ギリシア神話では、この『イーリアス』の内容を中心に、欠けている部分を他のギリシア悲劇や叙事詩に散見される断片的な伝承で補うことで、トロイア戦争の発端から結末までを物語っている。

　トロイア戦争は、ギリシア神話中の多くの事件と同じく、神々の争いを発端として始まった。オリュムポスの神々すべてが招かれた婚礼の席に唯一招待されなかった不和の女神エリスが、黄金の林檎──「一番美しい女神へ」と書かれた──を宴のただなかに投げ入れたのだ。そして我こそが一番の美女と自認する三女神、アテナ、ヘラ、アフロディテが己の美を競って女の争いを始めた。

　三女神がどうあっても譲らないために、誰が一番美しいかの審判役がトロイアの王子パリスに委ねられた。パリスは三女神からそれぞれ魅力的な条件を提示されて悩んだが、ついに「ギリシア一の美女ヘレネを嫁に与える」と約束したアフロディテに軍配を上げた。

　「パリスの審判」は下った。もっとも美しい女神の称号を得たアフロディテは、代償としてヘレネがパリスを愛し、王子の元に走るよう仕向けた。しかしこれには問題があった。ヘレネはすでにスパルタ王メネラオスの妻だったのだ。当然ながらメネラオスは激怒し、ミュケナイの王である兄アガメムノンに相談して、全ギリシアから英雄を募り、小アジアの都市国家トロイアへの遠征を興した。ギリシア陣営にはオデュッセウス、アイアスなどの群雄が続々加わった（トロイア戦争の主役ともいえる英雄アキレウスは遅れて参陣した）。対するトロイア側も、老王プリアモスの長男で優れた総司令官であるヘクトル、パリス、アイネイアスなどを揃えて迎え撃った。いわば当時の英雄が勢ぞろいした檜舞台のような戦争だったのだ。

　こうしてトロイア戦争は始まった。襲来したギリシア軍は周辺地域を制圧したが、堅固な城壁に阻まれ、知勇兼備のヘクトルが守るトロイアの城壁を破ることはできなかった。発端となった三女神だけでなく、オリュムポスの他の神々までもが、それぞれが応援する陣営の肩を持ったからだ（戦争に参加した英雄の多くは、いずれかの神の子や子孫だった）。アフロディテ、アポロン、アルテミス、アレスらがトロイアに味方し、パリス

第3章　神話・伝承の女戦士

を恨むヘラとアテナ、ポセイドン、ヘルメス、ヘパイストスはギリシア側を守護した。ゼウスは風見鶏的に介入した。一面では神々の代理戦争でもあったトロイア戦争はそのために膠着状態に陥り、決着を見ぬまま10年にわたって続いたのだ。

『イーリアス』はこの壮大な戦争の最後の年、ギリシア軍の総指揮官アガメムノンと随一の英雄アキレウスが仲違いするところから描く。へそを曲げ戦闘から退いたアキレウスは、身代わりとしてアキレウスの武具をまとって戦場に出た親友パトロクロスを、ヘクトルに討ち取られてしまうという結果を招いた。七転八倒するほどの後悔に襲われたアキレウスは、ヘクトルへの強い復讐の念に燃えて戦線に復帰した。

ヘクトルはトロイア最高の武将だったが、ただ一人アキレウスだけには及ばなかった（アキレウスは踵(かかと)以外は不死身という恐るべき肉体を持っていたのだ）。死の運命を悟りつつも雄々しく戦い、ヘクトルは討ち取られる。アキレウスは復讐心からヘクトルの遺骸に辱めを加えたものの、後にはトロイア王にヘクトルの遺骸を返還した。『イーリアス』はヘクトルの葬儀、ギリシアの勝利とトロイアの敗北を予感させる場面で幕を閉じる。

だがトロイアは、この後すぐに陥落したわけではなかった。思いもよらず、アマゾンの女王ペンテシレイアが来援したからだ。

ペンテシレイアと12人のアマゾネス

勇将ヘクトルをアキレウスに討ち取られたトロイアの意気消沈ぶりたるや、陥落も時間の問題と思われるほどだった。トロイア軍を指揮していたヘクトルは、それほどに重みある武将だったのだ。

戦意を失ったトロイアの人々の心を救ったのは、かつてプリアモス王に受けた恩を忘れず、救援に駆けつけたアマゾンの女王ペンテシレイアだった。彼女は供として12人の女性戦士を伴っていたが、美貌においても武勇においても女王は抜きん出ていた。戦場の流血を心から望む勇猛な心を持ちながら、ペンテシレイアはなお愛らしく魅力的な女性であったのだ。しかも軍神アレスの子孫だと言われているアマゾン族ではあるが、ペンテシレイアは真実アレスの娘であり、並みの男など及びもつかないほどの武芸の腕前を誇っていた。

実は女王がはるばる救援に来たのには、個人的な理由があった。彼女は誤って自分の妹ヒッポリテーを槍で刺し殺してしまっていたのだ。だから故国に戻る前に、戦場の犠牲で己の罪を贖(あがな)おうと考えていた。文字どおりギリシア人を神への血祭りにあげるつもりだったのだ。

トロイアの戦士たちはペンテシレイアと供の女戦士団を迎え、しかも彼女たちが戦闘意欲に燃えているのを見て、士気を新たにした。愛息を失い心痛に沈んでいたプリアモス王も、女王一行を丁寧に歓待した。自分がアキレウスを倒してみせましょう、と豪語するペンテシレイアを危ぶんだのは、亡きヘクトルの未亡人アンドロマケーだけだった。

雄々しく残酷なるアレスの娘

　王の歓待を受けた翌朝、まだ見ぬアキレウスとの戦いに胸躍らせながら、ペンテシレイアは父アレス神から贈られた武具を纏った。
　足には黄金の脛当て、身体には精巧に細工がほどこされた胴鎧、頭には黄金の羽飾りがついた兜。肩には銀と象牙で飾られた鞘に包まれた大剣を背負い、手には両端が反っている半月状の盾を握った。その盾は本物の月のようにおのずから光を放つ不思議な盾だった。
　盾の下に二本の槍を挟み、右手に掴んだ恐ろしげな諸刃の戦斧を振り上げて兵

第3章　神話・伝承の女戦士

たちの闘志を煽ったペンテシレイアは、北風の女神から授かった駿馬に跨り、12人の女戦士を従えて戦場へと凛々しく疾駆した。トロイアの戦士たちはその後を追った。戦場へ向かう女王の心に恐れはなかった。ただ戦の興奮があるばかりだった。己の武技と勝利を疑わぬ心境が、彼女をさながら女神のごとく光り輝かせていたのである。

　迫り来るトロイア勢を確認したギリシア陣営は、とまどいを禁じえなかった。ヘクトルを討ち取った後で、トロイアに戦意が残ろうとは思っていなかったのだ。敵勢の中心にあって指揮するペンテシレイアの姿を遠望した彼らは、あれは神かもしれぬ、用心しろとしめしあわせて迎撃に出た。

　トロイア勢とギリシア勢は正面から激しい肉弾戦に突入した。血で血を洗う格闘戦の渦中で、ペンテシレイアはギリシアの名だたる武将を次々に討ち取っていった。彼女が連れていた女戦士、トロイアの武将らも、敵味方入り乱れた乱戦の中で果敢に戦い、敵将を討ち、またみずからも討たれていった。乾いたトロイアの大地は流された戦死者の血で朱に染まった。

　死と暴力が吹き荒れる無残な合戦の光景は、アマゾンの女王たるペンテシレイアの望むところだった。戦闘の高揚に身を委ね、腹心たちの死に激昂し、彼女はますます精彩を放ってギリシア勢を打ち倒した。傍若無人な女王の働きに、ギリシア勢はついに雪崩をうって退却を始めた。
「英雄の誉れ高いディオメデスはどこだ！　アキレウスはどこにいる！　だがやつらとて、わらわを相手に戦おうとはしまい。殺されるのを恐れてな！」

　毅然とそう叫んだペンテシレイアは、退却するギリシア勢に突撃し、戦斧を振りかざして敵兵の生命を奪い続けた。駿馬を巧みに操り、混沌とした戦場をわが庭のように駆け巡っては殺戮を繰り返すペンテシレイアの姿を畏敬とともに仰ぎ見たトロイアの戦士は、実は彼女は女神の一人が変装した姿なのではないかと囁きあった。

　敵を蹂躙するペンテシレイアの後には、トロイア勢がピタリと続いていた。そのためギリシア勢の隊伍は寸断され、逃れることもできずにいたずらに屍を積み重ねることとなった。完全に戦意を喪失したギリシア兵は、女王の斧がもたらす確実な死から逃れようと泣き叫びながら逃げ惑った。

アキレウスとアイアス、苦戦を知る

　こうしてペンテシレイアが戦場の土にギリシア人の血を吸わせているとき、ギリシア軍屈指の英雄であるアキレウスとアイアス（アキレウスに次ぐ武勇を誇った巨漢の豪傑）は、戦闘が起こっていることすら知らずに、パトロクロス（ヘクトルに討たれたアキレウ

ペンテシレイアとアマゾンの女王

スの親友)の墓に詣でていた。やっとアイアスが戦闘の喚き声に気づいたのは、本営が危険にさらされるほどギリシア軍が追い込まれたころだった。

　疾風のように戦場に駆けつけた両雄は、女王の女戦士を次々と討ち取って、戦闘の流れを一変させた。それを見た恐れ知らずのペンテシレイアは、駿馬を駆って二人の前に踊り出て、素早く長槍を投げつけた。だが槍は工人の神ヘパエストスが鍛えたアキレウスの盾に当たり、空しくはね返った。
「いまの槍は無駄になったが、二の槍でそなたら両名の武勇と魂を滅ぼしてくれる。さあ、かかってくるがいい。我らアマゾンの武勇のほどを思い知るのだ。我が一族は勇猛果敢、そしてわらわの父は戦いに倦むことを知らぬアレス神ご自身なのだ。ゆえにわらわには人間の中で最高の武勇が備わっておるのだ」

　堂々たる挑戦を述べると、ペンテシレイアは手にした槍を再び投じた。けれど今度も、アイアスの脛当てに当たってはね返された。アイアスは意に介さず、女王の挑戦を無視して、トロイア勢のただ中に飛び込んでいった。勇ましい女戦士の相手はアキレウス一人で十分だと、彼は知っていたのだ。

ペンテシレイアの最期

　全身を返り血で染めて武者ぶるいする女獅子と対峙しても、ギリシア随一の英雄で傲岸不遜なアキレウスは動じる風もなく、こう揶揄した。
「女将軍よ、われら誇らしきゼウスの血統に連なる者に敵う戦士など、この地上におりはせぬ。あのヘクトルでさえ、わが槍先にかかって生命を失ったのだ。そのわれらに死の呪いをかけようとは、おぬしの心は狂っておるに違いない。すぐに最期のときが訪れよう」

　そしてアキレウスは必殺の長槍を掲げて女王に突進した。数多の英雄の生命を奪った槍は、狙い外さずペンテシレイアの右の乳房を貫いた。槍の魔力によって傷口から黒い血が迸った(アキレウスのトネリコ製の槍はケンタウロスの養父ケイロンから贈られたもので、この槍につけられた傷口は槍穂の錆をふりかけねば癒せないという魔力が備わっていた)。アマゾンの女王は、全身が痺れて手からぽろりと戦斧を取り落としてしまった。そのまま危うく昏倒しかけたものの、ペンテシレイアは気力を振り絞って馬上に留まった。

　しかしその隙を見逃すアキレウスではなかった。彼はペンテシレイアから槍を引きぬくと再度ふりかぶり、強力を振るって今度は彼女と駿馬をもろとも串刺しにしたのである。女王は愛馬に跨ったまま即死し、アキレウスが槍を引き抜くと大地に落下した。女

神と信じた女王が打ち倒されるのを見て、トロイア勢は一気に戦意を失い、退却していった。

アキレウスの悔恨

　ペンテシレイアの遺骸に嘲りの言葉を浴びせたアキレウスは、どれどんな女丈夫か顔を見てやろうと、兜を剥ぎ取ってみた。すると豊かな黒髪がこぼれおち、死してもなお愛らしい素顔があらわになった。

　アキレウスと周囲のギリシア人たちは、トロイア人の言葉が真実であったのを悟った。ペンテシレイアの気高い美貌は女神としか思われないものだったのだ。アキレウスは茫然としながらも、遺骸から目を離せなかった。彼の内には強い恋心が湧きあがっていたが、もはや取り返しがつかなかった。

　敵とするより妻とすべき女性を己の手で殺めてしまった後悔に、アキレウスの心は激しく苛まれた。戦闘の喧騒が絶え、周囲で兵が戦死者から甲冑をはぎとる段に至っても、まだ彼はペンテシレイアの遺骸を前に悩み苦しんでいた。激情家であり、傲慢な面のある英雄児は、過ちを悟るととことんまで己を責める一本気な気性の持ち主でもあったのだ。

　そこに現れたのが嫌われ者のテルシテスだった。姿形のみならず心まで醜い男で、ギリシア陣中で一番の卑怯者として知られていた。こうした男の常として、口だけは達者なので皆に憎まれていたのだった。今度もテルシテスはペンテシレイアに恋心を抱くのは卑怯未練と、言葉の限りを尽くしてアキレウスを嘲った。テルシテスにとっては計算外だったろうが、アキレウスはそんな侮辱に黙っていられるほど忍耐強い男ではなかった。振り向き様に浴びせられた鉄拳に歯を砕かれたテルシテスは、そのまま地面に叩きつけられ死んでしまった。

　男も及ばぬほど勇敢に戦った乙女ペンテシレイアに敬意を抱いたのは、アキレウスだけではなかった。ギリシア陣営の主将アガメムノンとメネラオスはいたく彼女に同情し、トロイア王プリアモスの要請を認めて遺骸をトロイアに持ち帰ることを許した。プリアモスは救援に来てあえなく生命を落とした女王をわが娘の死と同様に悼み、礼を尽くして弔ったとされている。

ヘラクレスと女王の帯

　アマゾンの女王が活躍するギリシア神話は、他にもいくつかある。たとえばヘラクレスの12功業の9番目、ヒッポリテーの帯の話だ。
　よく知られているように、ギリシア神話中で最高の英雄ヘラクレスは天神ゼウスの息子である。だがゼウスの正妻で嫉妬深い女神ヘラは、夫が人間の人妻アルクメネに産ませたヘラクレスを憎悪し、生命を狙っていた。ヘラの魔力によって突然の狂気に見舞われたヘラクレスは、三人のわが子を炎の中に投じて殺してしまう。正気に戻って悲嘆に暮れ、一時は自殺すら考えたヘラクレスに、贖罪のためとアポロンが課した勤めこそ、凡庸な異父兄弟エウリュステウス王に12年間奉仕することだった。この期間にヘラクレスが解決した12の難題が、「ヘラクレスの12功業」と呼ばれているのだ。
　エウリュステウス王の娘である珍品好きのアドメテが、アレス神からの贈り物として名高いアマゾンの女王の帯を所望し、その獲得がヘラクレスに命じられたのはこういう事情からだった。
　命が下ると、ヘラクレスは早速テセウスら仲間を募り、黒海沿岸にあるアマゾンの地へと海路を進んだ。途上でいくつかのささいなトラブルがあったものの無事解決した一行は、アマゾンの女王ヒッポリテーが住むというテミスキュラの港へ寄港した。探し回るまでもなく、女王は高名な英雄が訪れたのに興味を抱き、みずからヘラクレス一行の船を出迎えてくれた。ヒッポリテーはよほどヘラクレスに好意を抱いたのか、英雄が用向きを告げると、大事な帯を譲り渡す約束をしてくれた。
　だがここで、たやすくことが運ぶのを快く思わないヘラが介入した。ヘラはアマゾンの女に変身して、アマゾン族の間に「ギリシア人たちは女王が船に乗り込んだのを幸い、そのままさらって連れ去ろうとしている」という事実無根の噂をばらまいた。もともと血気さかんなアマゾンの群集はその流言を信じ込み、武器を手にして船へと押し寄せた。思わぬ事態に動転し、すわ罠にかけられたか！　と錯覚したヘラクレスは、ここで好意を寄せてくれていた女王を殺して帯を力ずくで奪ってしまった。そしてアマゾン族と戦いつつ港を離れ、逃げるように帰国の途についたのである。

テセウスとアマゾノマキア

　ヘラクレスと並び称される英雄テセウスにも、アマゾンの女王を妻としたという伝説がある。ただこの伝説には経緯の異説がとても多い。
　12功業のアマゾン遠征のさいに、テセウスも同道したのはすでに述べた。そのとき

（あるいはその後）アンティオペー（あるいは姉のヒッポリテー）というアマゾンを略奪したテセウスは、彼女を妻として娶った。二人の間に生まれたヒッポリトスという息子は、成長するとギリシア悲劇『ヒッポリトス』の主役となる。

しかし歳月が過ぎても、アマゾン族は復讐を忘れたわけではなかった。後年、恨みを晴らすべく、アマゾン族の騎馬軍団が突如としてアテナイに攻め寄せたのだ。アクロポリスの西にあるアレスの丘に陣取ったアマゾン軍は、テセウスの率いるアテナイ兵を激しく攻め立て、一時は戦闘がアテナイ市内にまで及んだ。アマゾンとのこの戦いは「アマゾノマキア」と呼ばれ、多くの古代美術家が主題として取り上げている。

激しい戦いの末にアマゾンは撃退されたが、アンティオペーを待っていた運命は悲しいものだった。彼女は合戦の最中もテセウスの隣で戦って戦死したとも、テセウスの手で殺されたとも、姉のヒッポリテー（あるいはペンテシレイア）の槍にかかったともいわれている。

ギリシア人の理想的女性の鏡像

ギリシア神話に登場する女性像は多彩である。運命や神々の意志に翻弄され、偉業や戦闘の褒賞として取り引きされる従順でおとなしい女性が多いかと思えば、男の不実や恋のせいで鬼女に変じる女性もいる（たとえばメデイアのように）。類型化して語ることはできないが、ただ一点、女性心理を巧みに捉えて造形されているというところでは共通している。

ではアマゾンの女王はどうだろう。彼女たちは美貌を持ちながらも、男に頼らずに戦い、生きる。それは母としての力強さとは異なるものだ。彼女たちの猛々しさは、多くの英雄が最後に獲得したギリシア美女（つまりは男たちの理想）とは対極にあるといっていい。

それでもギリシアの人々は、このアマゾンの戦いを主題にした彫刻を非常に好んだ。彼女たちが登場する神話も多い。思えば人間の女性たちとは違って、ギリシアには、男神と一歩も退かずにわたり合う勝気な女神が多い。

ギリシアの人々は、単純に従順な女性を物語のヒロインとして愛でたのではない。彼らは女性の内にある激しい部分をも認めていて、それをアマゾンや女神の内に投影したのだ。美しいアマゾンは成人の男の存在を許さず、容赦なく殺してしまうという伝承を与えられた。それはギリシアの男たちが、女性の微笑みの下に隠した攻撃的な部分をひどく恐れ、同時に強く魅せられていたことの証明になるのではないだろうか。

女狩人アタランテ

　ギリシア神話には、アマゾン以外にも残酷で美しい女狩人が登場する。求婚者に勝負を挑み、敗れた者を殺してしまう女狩人アタランテだ。

　アルカディア王イアソスの娘として生まれたアタランテは、誕生して間もなく男子の誕生を望んでいた父に捨てられ、牝熊の乳によって命をつないだ。そして親切な猟師に拾われて養われた。彼女はとても美しい乙女に成長したが、養父とおなじく優れた狩人としての腕前を誇る、青年のような気性の娘となっていた。アタランテは処女であることに誇りを持っていて、力ずくで彼女を犯そうとした好色なケンタウロスのロイコスとヒュライコスを得意の弓で射殺してしまったという。

　アタランテは、アルゴ号の乗組員に志願したり（航海中の紅一点は騒動の種になるからとイアソンに断られたが）、カリュドンの怪物的な猪狩りに参加して最初に猪に傷をつける栄誉を得たり、あるいはレスリングでペレウス（アキレウスの父）に勝つなどして名を上げた。

　やがて勇士としての評判が実の父であるイアソスの元に届き、別れ別れになっていた両親との再会が叶った。父王は老いていて、娘が幸せな結婚をすることを願ったのだが、もちろんアタランテにその気はない。けれど実父の願いをむげに断ることもできない。

　窮した彼女が言い出したのが、「自分を競争で負かした殿方と結婚します。けれど私が勝ったなら、求婚者の命をもらい受けます」という条件だった。世界一のランナーでもあったアタランテには、実力勝負ならば誰にも負けない自信があった。それにその評判は広く知れわたっているから、実際に挑戦してくる人はいないとふんでいたのだ。

　けれど彼女の健康的な美しさも、またずば抜けていた。彼女の意に反し、手強い相手と知りつつも多くの求婚者が脚力勝負を挑んできた。アタランテは自分は武装しながら、相手は裸でかつ先に走り出させるというハンデを与えて勝負を行ったが、そのすべてに勝った。約束に従って、求婚者の命が次々と奪われた。

　多くの者が殺された後で、メラニオン（一説にはヒッポメネス）という青年がアタランテに挑んだ。メラニオンは、はじめはアタランテに求婚して殺される者たちを嘲笑していたが、アタランテの美貌に接して彼らが必死になる理由を理解し、自分もこの乙女を妻とすべく挑戦してみようと決意したのだ。

　メラニオンにはひとつの策があった。アフロディテの加護を得た彼は、懐に三つの黄金の林檎を忍ばせていたのだ。そしてアタランテに追いつかれそうになるたびに林檎を投げて彼女に拾わせ、その隙にゴールインしたのである。

　もともと眉目秀麗なメラニオンを憎からず思い、勝ってしまうべきか迷っていたアタランテは、青年の求婚を受け入れて恋人どうしとなった。しかし二人は連れ立って帰る途中で、ゼウスの神域（一説にはアフロディテ）を冒瀆してしまい、その罰として獅子に変えられたという（ギリシア人は、獅子は雌雄では交わらず、豹と交わって子を残すと信じていたそうだ。アタランテは恋する者と永遠に結ばれぬ罰を受けたわけである）。

　このアタランテも、広い意味での「アマゾン」に含まれるだろう。

第4章 戦に臨んだ女神たち

本章では、少し趣きを変えて戦争をつかさどる世界の女神の一部を紹介します。女性の戦神というのはいささか奇異に感じられるかもしれませんが、世界の神話には相当数の「強い」女神がいます。女神は生命を与える力を持ちますが、時には与えるために血の力を必要とする恐ろしい面を備えた神として描かれることもあるのです。

SWORD MAIDEN

第4章　戦に臨んだ女神たち

屍を大地となした地母神
Tiamat
ティアマト

- ◆地域：メソポタミア
- ◆時代：不明〜紀元0年ごろ
- ◆生没年：──
- ◆出典：アッカド神話

ティアマトは、アッシリアにおいて神々に命を授けた万物の母と見なされた強大な竜神である。その属性は生命を生み出す地母神であり、野蛮な戦いとは対極にあるはずだ。だが神話の中で、ティアマトは子供たちに戦いを挑んで敗れ去り、その身を世界の礎とする。一見不可解なこの物語は、しかしある視点をもって眺めれば、実に納得がいくものなのだ。

メソポタミアの母なる竜神

　中東の古代帝国アッシリアの遺跡から発掘された石版に刻まれていた、アッカドの創世物語『エヌマ・エリシュ』には、すべての神々を生んだ母としてティアマトという女神が登場する。日本神話に比すならば神話上の役割がイザナミに相当する、世界の母たる存在だ。多くの神話に見られる「地母神」という分類に属す、自然の力を擬人化した古い神格である。地母神というのは、人間や神々、生命を生み出し、出産や穀物の育成を司る、豊穣と多産の象徴たる女神のことだ。たとえばギリシア神話におけるガイアやデメテルが、その典型例として挙げられるだろう。

　地母神は本来ならば生命を奪う戦いとは縁遠く、もっとも対照的な存在といえる。しかしアッカド神話のティアマトは、自分が生んだ子供（新しい神々）と世界の覇権をかけて猛々しく争った末に、討ち果たされてしまう。

　神話は完全な創作物ではない。事実そのものではないにせよ、そこには実際に起こったことの寓意が込められている例が多い。であるならば、本来は優しき地母神であったはずのティアマトが、恐るべき魔獣を次々と生み出して神々の戦いを引き起こした神話からも、何かを読み取ることができるはずだ。

『エヌマ・エリシュ』の物語

　天地がいまだ名づけられていなかったほどの昔、世界には男神のアプスー（淡水の象徴）、女神のティアマト（海水、塩水の象徴）、ムンムー（霧の姿をした生命力。アプスーの執事のような従神）の三神しかいなかった。

ティアマト

第4章　戦に臨んだ女神たち

　ティアマトとアプスーは混ざり合い、その混沌からラフムとラハム、アンシャルとキシャル、アヌといった最初の世代の神々が生まれた（真水と海水の混交とはチグリス、ユーフラテスの両川がペルシア湾に注ぎ込む河口の沼沢地や、両川流域を脅かした定期的な氾濫状態を指している。メソポタミア文明が発祥したシュメル地方は、両川の河口部、極端な低湿地にある。まさに「ティアマトとアプスーが混ざり合った」場所から文明は誕生したのだ）。
　誕生した神々はさらに神々を生み、ティアマトの子供たちは次々と増えていった。しかし母神ティアマトにとって、新しい神々が騒ぎ立てる物音は耐え難い苦痛であった。なぜなら彼女は、世に三人しか神がいない静寂の世界に慣れ親しんでいたからだ。ティアマトはノイローゼ状態になり、日々を悶々と送るようになっていった。
　同様に子供たちを不快に感じていた父神アプスーは、ティアマトに「いっそのこと子供たちを懲らしめ、元の静かな世界に戻してしまわないか」と相談した。だが母神は、アプスーの予想に反して、激昂のあまり夫を怒鳴りつけた。
「あれは私たちが名づけた子供たちです。ちょっとばかり行いが不行儀だからといって、滅ぼすことはないでしょう！　よく注意してやれば済むことです」
　それでも我慢できないアプスーは、執事ムンムーにも思惑を相談した。忠実な執事はアプスーの計画に全面的に賛成した。そして両神は新しい神々に対する陰謀を密かに練った。
　だがこの計画は新しい神々の中でもとりわけ智恵深い神、エアの知るところとなった。他の神々がうろたえる中、エアは仲間を呪文で保護すると、アプスーの所に出向いて父神を眠らせ、そのまま殺してしまったのである。エアはアプスーから冠や衣服を奪い（権威と力を受け継いだことを意味する）、ムンムーを捕らえて封じ込めた。そして己が神々の長として君臨したのである。
　ティアマトは、この簒奪劇が繰り広げられている間、介入も口だしもせずにじっと見守っていた。夫と子供の狭間で揺れながらも、子供たちへの愛情が勝ったのである。

母への反乱、権力の請求

　だが慈愛に満ちたティアマトの忍耐の緒も、ついに途切れるときが来た。
　エアの息子で、最高の資質に恵まれたマルドゥクの誕生が、そのきっかけだった。四つ眼で四つ耳、すなわち通常の神の二倍の力を備えて誕生したマルドゥクに、エアの父神アヌ神は遊び道具として四つの風を授けた。遊び回るマルドゥクが水面につむじ風を吹きつけさせたので、ティアマトはわずらわされ、大層苛立った。若きマルドゥク

のやんちゃに悩まされたのはティアマトだけではなかった。神々の中には、偉大な若き神の行動を快く思わぬ者がかなりいたのである。彼らはティアマトにアプスーとムンムーの無念を思い出させ、母としての愛情にかけてエアの息子マルドゥクを懲らしめてくれるように懇願した。

ティアマトは、夫アプスーを殺害したエアを許したわけではなかった。しかし子供たちは滅ぼされかけ、己の身を守ったに過ぎないのだと我慢していたのだ。しかし今度は違う。エアとその子マルドゥクを罰するよう願い出た神々も、彼女の子や孫にあたる者たちだった。彼女を踏みとどまらせた母の愛が、今度は母神を動かした。ティアマトはマルドゥクやアヌ、エアを好ましく思わない神々を率いて、現在君臨している者たちを武力にかけて取り除く準備にかかった。反乱軍の名目上の頭目はキングーという神だったが、実質的な統率者がティアマトであるのを知らぬ者はいなかった。

反乱の神々は早速戦備にかかったが、母なる神であるティアマトの準備はやはり独特だった。彼女は武器として、神々ですら怖じ気をふるい、戦意を失ってしまうほどの怪物を次々と生み出したのだ。七岐(また)の大蛇、ムシュマッヘー、バシュム、ムシュフッシュ、ラハム、ウガルルム、ウリディンム、ギルタブリルなど、半獣半人ないし自然の猛威を模った魔獣は11を数えた。そしてティアマトは集った味方の神々の目前で、キングーに「天命の石版(王権の象徴)」を手渡し、アヌと同格の神々の中での最高位と総司令官の座を授けたのである。

神々の集会(アヌンナキ)

ティアマトの怒りと戦備を伝え聞いたアンシャルの系譜に連なる神々(アンシャルの子アヌ、アヌの子エアなど)は、恐怖に打ち震えた。原初の存在ですべての母であるティアマトには、誰もまともには歯向かえないと感じていたからだ。アンシャルは孫のエアを呼出して、こう告げた。

「ティアマトが敵視しているのはお前だ。お前がアプスーを殺したのがそもそも原因なのだ。なんとかして立腹しているティアマトをなだめねば……」

使者に選ばれたのは、アンシャルの子でエアの父であるアヌだった。だがティアマトは、目前に出たアヌの懸命の弁明に耳を貸そうとはしなかった。それどころか彼女は、アヌを強い呪いで痛めつけたのである。アヌはしょんぼりと父の元に戻り、母神の怒りの激しさを報告した。続いて派遣されたエアは、恐れのあまり途中から引き返してきてしまった。

アンシャルは失意のあまり声もなく地面を見つめ、集った神々の間にも沈黙と絶望

感が漂った。「もうだめだ。ティアマトに手向かっても殺されるだけだ」。どの神もそう考えて失意に沈んだ。

　神々の精神的な柱たるアンシャルは、苦渋の決断を迫られた。座しても死、歯向かっても死。ならば一縷の望みにかけるほかない。
「圧倒的に強い者が父祖の仇をかえすのだ。闘いにはやる者、勇士マルドゥクを差し向けよ！」
　アンシャルの前に進み出たマルドゥクは、もしティアマトに勝ったなら自分に「天命」を授け、神々の集会で最高の地位につけてくれるよう願い出た。アンシャルはこの請いを容れるため、他の多くの神々を招いて盛大な宴会を開かせた。使者から細大漏らさず事情を聞かされた偉大な神々たちは、うめきながら「ティアマトがこれほどまでに敵意を燃やしていたとは。我々には彼女の意図がわからない！」と呟き、危機感に迫られて宴席に列した。

　宴の席上で、偉大な神々は12宮の星座のひとつを消して見せるよう、マルドゥクに試しを課した。その程度のことができぬようであれば、すべての母であるティアマトに歯向かうなど無謀の極みだったからだ。

　マルドゥクの力は、神々の想像以上だった。消えよ、と彼が命じると、星座はたちどころに消えた。現れよと命じると、復活した。神々は大喜びしてマルドゥクに王権と王の装束、そして無敵の武具を授けて命じた。
「行け！　そしてティアマトの命を絶て！」と。

ティアマトとマルドゥクの闘い

　奮い立ったマルドゥクは、弓矢と稲妻を武器とし、燃え立つ炎を鎧として纏い、手には巨大な投網を携えて出陣した。彼は敵勢を完全に閉じ込めるべく東西南北の風を配置しただけでなく、加えて創造した七種類の悪風を背後に従え、獰猛な嵐の怪物が引く四頭立ての馬車に乗って決戦場へと駆けつけた。

　ティアマトは、もしかしたらエア一党が戦わずに恭順するのを期待していたのかもしれない。結局のところ、彼女は使者として訪れたアヌを生きたまま帰らせたのだから。だが目前に現れた不敵な曾孫マルドゥクは、完全武装の上に旺盛で不遜な戦意に満ちていた。目で見るまでもなく近づいてくるのがわかるほどの威力を誇っていた。悔しいことに、ティアマトが愛でたキングーとマルドゥクでは器が違った。マルドゥクの四眼に見つめられただけで、戦意を挫かれ慌てふためくキングーのざまは見られたものではなかった。

水神でもあるティアマトは、この大戦争に際して巨大な竜の本性をあらわにしていた。その恐ろしげな姿と堂々と対峙する曾孫に、ティアマトは小憎らしさを感じて皮肉を投げつけた。
「お前に楯突く神々をさしおいて、すっかり偉大な神になったつもりですか。どうやらエア一党はそなたに従うことを決めたようですね」
「愛と優しさを標榜する母神が、本心では戦いを煽りたてるとは何事か。勝手にキングーに『天命の石版』を授け、アヌの職務につかせたことで、あなたの悪意は明白になった。さあ戦おう。あなたの相手は私がする」
　そもそもの発端になった生意気なマルドゥクに痛いところを突かれ、神経を逆撫でされたティアマトは、我を忘れるほど怒り狂った。巨竜が天地を轟かす咆哮をあげて、英雄神へと突進した。その周囲では両軍の神々も激突した。
　誰一人邪魔する者のない両神の一騎討ちは、意外にも素早く決着した。砂塵を巻き上げながらわたり合っているさなか、巨大な投網を投げかけてティアマトの動きを止めたマルドゥクが、素早く控えさせていた悪風を放ったのだ。ティアマトはすべての悪風を飲み込んで封じようとしたが封じきれず、大きく口を開いたまま閉じられなくなって

しまったのだ。すかさずマルドゥクが口中に射込んだ矢は巨竜の体内を切り裂き、心臓にまで達して彼女の生命を奪った。

マルドゥクが縛り上げたティアマトの死骸の上に仁王立ちになったのを見た反逆の神々は、一気に戦意を失って戦場から逃げ出そうとした。だが完全に包囲された状態から逃走するのは不可能で、ティアマトが生み出した怪物もろとも一人残らず捕らわれてしまった。キングーも捕らわれ、首から下げていた「天命の石版」をマルドゥクに奪われた上で、処刑されることになった。

世界となった地母神

反逆の神々が厳重に捕らえられたのを確認したマルドゥクは、息絶えた母なる竜神の遺骸に歩み寄った。まず三叉の鉾でティアマトの頭蓋骨を砕き、その身体から血を奪い取った。そしてその後に、この巨体を使って何かできぬかと考えた。思いついたのは、形ある世界を創り出すことだった。マルドゥクは巨竜の身体をふたつに裂き、片割れを空に張り巡らせて天となし、もう一方を地に置いて堅固な地面とした。大いなる母の頭蓋や乳房は巨大な山となり、両眼から流れ出る水が偉大なるチグリス川、ユーフラテス川の源となった。そしてマルドゥクは創り出した天に星座を置き、暦を定め、己の宮であるエサギラと神々が新たに住まう所を設けた。反逆の罪で処刑されたキングーの血からは、神々に代わって労役を担う者として、人間という種が創り出された。

かくして新たにマルドゥクを頂点とする新世界秩序が定まり、神々がマルドゥクの名を称えるところで、『エヌマ・エリシュ』は幕を閉じる。これは起源神話であると同時にアッカドの最高神であったマルドゥクがいかにして天の覇権と秩序を握ったかを説明する物語なのだ。だがそれは視点を変えれば、控えめな母ティアマトから子供たちが権威を簒奪した物語と読むこともできる。

地母神から天空神へ～引き継がれた宿命の石版

古代社会の文明や制度が未成熟な段階では、豊穣の女神や地母神は非常に重要な神として崇拝された。母権社会ではこの傾向が特に顕著に見られた。メソポタミア地域でも古い時代には豊穣神信仰が盛んだったようで、胸とお尻が強調された多産女神の粘土像が多数出土している。

しかし都市が築かれ、社会制度が設けられ、信仰も都市の神殿を中心に体系化されると、崇拝の中心は地から天へと移り変わる。地母神に代わって、支配者の神で

ある天空神がもっとも重要な神性と見なされるようになる。

『エヌマ・エリシュ』の内容を、こうした認識に従って読み解いてみるとなかなか興味深い。それはまさに、地母神から天空神へと権威が移り変わった様子を描いているとも読み取れるのである。

むろんこれはひとつの読み方に過ぎない。実際、アッカドが文化の手本とした古いシュメール文明にも創世神話はあるが、こちらにはティアマトも勇壮な神々の戦いの場面も登場しない。エンリルという主神を中心とする神々が、平和裏に諸物を創造するだけだ。だから短絡的に決めつけるわけにはいかない。

しかし神話が体系化された後も、メソポタミアでは土着レベルの信仰で地母神が崇拝され続けていたようだ。とすれば、いまだ根強い民間信仰を抑える上で、天界の最高神マルドゥクが地母神の化身ティアマトよりも偉いのだということを強調すべくこの神話が語られたと想像することも許されるのではないか。

いつの世も、権力や信仰が移り変わる際には血が流れるものである。比較的平和な母権社会から、男性論理が幅をきかせる父権社会へと移り変わる際にも、多くの争いがあったことは想像に難くない。それは非常に古い時代に起きたことなので、文献上には残されていない。ただ『エヌマ・エリシュ』のような古代神話の中に、形を変えてわずかに記憶されているにすぎないのである。

第4章　戦に臨んだ女神たち

メソポタミアの大女神
Istar
イシュタル

- ◆地域：メソポタミア
- ◆時代：前3000年以前～現代
- ◆生没年：──
- ◆出典：シュメール、アッカド神話

様々な名で知られるメソポタミアの大女神イシュタルは、数千年に渡って崇拝され、数々の権能を振るうとされた偉大な女神である。本来は愛と豊穣を司る美しい女神なのだが、意外にも彼女には勝利を与える戦神としての一面もあるのだ。どうして愛の女神が戦いにも強いと考えられるようになったのか。その背景を考察してみよう。

愛と戦いの女神

　アッカド(シュメール)の女神イシュタル(イナンナ)は、古代メソポタミアで広く崇拝された天空の大女神である。豊穣や愛を司る美貌のイシュタルは、女神たちの中でもっとも格が高いと称えられ、数千年にわたって各地で熱心に祭られ続けた。「メソポタミアの大女神」と通称されるとおり、間違いなくメソポタミアで一番重要な女神である。

　イシュタルは『ギルガメシュ叙事詩』に登場することから日本でも比較的よくその名を知られている。しかし実はイシュタルは、出身のシュメール文化ではイナンナと呼ばれ、フェニキアではアスタルテ、ローマではウェヌスなどさまざまな姿や名で崇拝された、多彩な顔を持つ女神なのである。イシュタルはそれぞれの時代に応じて主神の娘や配偶神など立場を微妙に変えながらも、長期間にわたり重要な神としてあつい信仰を受けた。メソポタミアの多くの宗教がイシュタル女神を自分たちの女神として信仰の中に取り入れたので、広範囲で信仰されることになった。

　愛の女神であるイシュタル神は、始まりには豊穣・地母神であったと考えられている。『ギルガメシュ叙事詩』の中でイシュタル神殿の聖娼(神殿に仕え、信徒に肌を許した神聖娼婦)が登場し、原人エンキドゥを誘惑するのは有名だが、この慣習はイシュタル神の古い属性の名残りとも考えられる。誇り高く奔放な気性の恋多き女神で、多くの恋人と浮名を流すが相手が退屈になると手ひどい罰を与えて見捨ててしまうというあたりにも、古い豊穣女神としての属性が色濃く残っているといえるだろう。

　イシュタルは他の消え去った地母神とは異なり、信仰の体系化が行われる過程で天界のパンテオンに組み込まれ、天界の女神へと姿を変えた。そしてメソポタミアにおける信仰のある時期には、主神アヌをさしおいて天界の女君主とさえされた。

しかし意外にもイシュタルは、当時の文献や讃歌の中で、愛の女神であると同時に戦いの女神としても称えられている。古代の浮き彫りには、イシュタルが剣や刀を背負い、あるいは弓を手にした戦士姿で描かれたものも少なくない。なぜ愛の女神が同時に戦いの女神で「あらねばならなかった」のか。その答えを知るには、古代メソポタミアの神々がどのようにして信仰されていたのかを理解せねばならない。

『イシュタル讃歌』のイシュタル像

残念ながら、イシュタルの戦いの女神としての側面を明確に記した神話は、現存していない。当時の粘土版から解読されたイシュタル（イナンナ）の神話としては「冥界下り」の一本があるだけで、これは戦いとは一切関係がない。オルフェウスやイザナミの冥界下りと同様の、愛するものを死の運命から救おうとする話なのだ。アッカドやシュメールの神話は楔形文字を解読することで現代によみがえった。だがそれはあくまで断片だけで、豊かだったはずの神話の大半は、時の砂の中に埋もれてしまっているのだ。

イシュタルの戦神としての側面（イシュタル・アッシュリトゥム）は、解読された『イシュタル讃歌』や『ギルガメシュ叙事詩』中の断片的な記述から、わずかながらうかがい知ることができる。

『イシュタル讃歌』はアッシリアの王が、当時はアッシリアの主神アッシュルの配偶神とされていたイシュタルに捧げた奉納文である。実はこの時期が、イシュタルの戦神としての力がもっとも強調された時期だった。

讃歌の中で、イシュタルはすべての神々をしのぐ実権を握る女王であり、天の神々の中でも抜きん出て勇敢で、戦闘と戦争を司り、勝利を得させる女神と称えられている。戦闘と戦争の女神でありながら、同時に生命を与える慈愛に満ちた神ともされている点が興味深い。

『ギルガメシュ叙事詩』のイシュタル像

脇役ながら物語の登場人物であるだけに『ギルガメシュ叙事詩』に登場するイシュタルは、万能の神ではなく人間的に描かれている。

ギルガメシュはウルクという都市に君臨した半神の英雄王で、杉の森の怪物フンババ、天の牛退治などの偉業を成し遂げた後、親友エンキドゥの死をきっかけとして不死の探求に赴いた人物である。『ギルガメシュ叙事詩』は、この英雄王の冒険と不死を

第4章　戦に臨んだ女神たち

求める旅を扱った物語なのだ。

　女神イシュタルは、杉の森の恐るべき怪物フンババを、親友エンキドゥとともに退治して凱旋したギルガメシュの前に現れる。新たな恋人にふさわしい英雄と、ギルガメシュを見初めたのだ（イシュタルはウルク市の守護女神で、ウルクの王であるギルガメシュとは縁が深い立場にあった。最初は敵対していたエンキドゥを篭絡（ろうらく）するのに手を貸したのもイシュタルの聖娼〈巫女〉である）。
「来てください、ギルガメシュよ、私の夫になってください」
　富や栄誉、権力を約束し、甘い言葉を並べて愛を得ようとするイシュタルを、しかし英雄児は手ひどく拒絶する。
「あなたが愛したどの愛人が長続きしているというのですか」
　ギルガメシュはイシュタルの過去の愛人の名と、彼らが辿った悲惨な運命を次々と並べ立て、あなたと結ばれたなら私もいずれ同じ運命を辿るだろうと罵った。
　女神一の美貌を持つ誇り高いイシュタルは、この拒絶に心底から激怒した。戦いの女神でもある彼女は、こうした侮辱に黙っていられないたちであった。天界に駆け上り、イシュタルは父である主神アヌの前で泣く。
「わが父よ、ギルガメシュは私を侮辱いたしました。ギルガメシュは私のわるさを数えたてました。私のわるさと愚かな行いとを」
　父神アヌは呆れたのか「すべてお前が本当にやったことではないか」と指摘するが、聞く耳を持つイシュタルではない。泣き落としが通用しないと見るや、一転して「ギルガメシュを罰するために『天の牛』を作ってくれないなら、冥界の門を破って死者たちをこの世に解き放ちます！」と父神を脅しつける。
　イシュタルは父からせしめた『天の牛』を地上に放って多くの害をもたらすが、魔牛はギルガメシュとエンキドゥのコンビに討ち取られる。
　イシュタルは悔しさのあまりウルクの城壁の上で呪いの言葉を吐き、悲嘆にくれるが、彼女の復讐はある意味で成就した。『天の牛』を殺した罰として、エンキドゥが生命を奪われ、それを見たギルガメシュが死への恐怖を植えつけられることになったからだ。
　戦闘の場面こそないものの、女神イシュタルの激しい気性がかいま見えるエピソードである。

イシュタル

第4章　戦に臨んだ女神たち

ウルクの守護女神イシュタル

　メソポタミア世界には、一神教の世界とは違い、多種多様で個性的な神々が存在した。日本神話の八百万の神々のように、神々は人々のすぐ隣にいて、親しく守護を乞える存在と考えられていた。
　たとえば古代メソポタミアの人々は、自分を個人的に守護し、助けてくれる比較的位の低い個人神というものを持っていた。現代風にいうなら守護霊のようなものだ。個人神は大いなる大神たちの会議に、個人の望みや願いをとりなしてくれる大事な存在だった。
　それと同様に、分立していた古代メソポタミア地域の都市国家は、それぞれに決まった都市の守護神を持っていた。
　天の神アンとイナンナ（イシュタル）の聖地はウルク、後の主神エンリルはニップル、智恵の神エンキ（エア）はエリドゥという具合にだ。人々の生活は神々と密着していたので、各都市国家の隆盛や衰亡は、天界における各都市神の権威や勢力と連動していると考えられた。
　つまり都市国家どうしの戦争は、各都市の守護神どうしの対決だったのである。ローマ人が征服地の神像や神体を奪い去ったのは有名な話だが、これはなにもローマに限った話ではない。古代メソポタミアでも、勝利者が敗北者の信じた神の神像や神殿を奪い去ったり、破壊したりすることが普通に行われていたのだ。
　イナンナ（イシュタル）を守護女神としたウルクは、紀元前3000年という非常に古い時代には、周辺の都市国家から抜きん出た力を誇っていた。そしてウルクのもう一人の守護神である天空神アンは、シュメール神話最古の神々の王とされていた。
　しかしある時期を境に、ウルクではアンよりも娘イナンナへの崇拝のほうが盛んになった。これはエアンナというイシュタルに捧げられた神殿の遺跡の規模から確認されていることだ。
　父アヌを、敬意は払われるものの実際にはあまり省みられない「暇な神」としたイナンナは、ウルクでもっとも重要な神となり、天の"実権"を握る女主人と称されるようになった。こうなると、単純に愛と美の女神とばかりはいっていられない。都市国家ウルクは勝者で、軍事的にも強大だったはずだ。
　ゆえにイナンナも勝利をもたらす強い女神という属性を備えねばならなかったのではないだろうか（なおメソポタミアの主神の地位は、後にはエンリル、マルドゥクへと受け継がれてゆく）。
　同様の傾向は、イシュタルがアッシリア帝国の主神アッシュル（アッシリア発祥の地

である古都アッシュルが神格化された神)の配偶神(イシュタル・アッシュリトゥム)とされた時期にも見られた。戦闘的な国家であったアッシリアの重要な女神となったイシュタルは、当然のように戦闘的な性質が強調された。

　イシュタルの聖獣は雄獅子であった。彼女の図像の多くは、獅子を従えた姿で描かれている。豊穣多産の神だったイシュタルは、次第にこの獅子そのもののような女神へと姿を変えていった。美しく、誇り高く、そしていざとなれば誰よりも強い女神へと。

　しかし戦神としての属性は、長い歳月の過程でイシュタルにつけ加えられた多くの顔の一面でしかないことを忘れてはならないだろう。イシュタルは人々の願いを受けて、時代を経るとともに役割や能力を柔軟につけ加えていった女神だ。新しい役割を柔軟に受け入れ続けることで、イシュタルは数千年にわたって最高位の女神として君臨した。

　多くの女神の権能が習合されたイシュタルは、やがてほとんどあらゆる物事に力を及ぼす偉大な神格へと完成していった。

　この女神を語るときに、愛や美、あるいは戦争の神などと限定的な表現をするのは適切でないのかもしれない。「メソポタミアの大女神」。この呼び方こそが、偉大なるイシュタルにはふさわしい。

第4章　戦に臨んだ女神たち

水牛の魔神を殺す女神

Duruga

ドゥルガー

◆地域：インド

◆時代：紀元前〜現代

◆生没年：――

◆出典：ヒンドゥー神話、『女神のすばらしさなど』

ヒンドゥー神話における最強の武神は、二人の女神である。シヴァ神妃のドゥルガーはその片割れで、男神たちの性力を結集し、邪悪なアスラを打倒するために生み出された。手にする数々の神宝は、ドゥルガーが数多の神々から戦う力を分け与えられていることを示している。その圧倒的な神通力の前には、いかなるアスラも屈服を免れないのである。

インドの猛々しき女神

　華麗な衣をまとい、神々しい美貌に柔和な微笑を浮かべている豊満な女神。その表情は暖かく優しげだが、しかし彼女の体から伸びた十本の腕には新月刀や三叉戟、光輪といった神々の武器や宝具が握られ、足には血まみれの水牛や髯面の男(魔神)が踏みつけられている。

　とても印象的な、この美しくも勇ましげな十本腕の女神を画題としたインドの宗教画をなにかの折に目にしたことはないだろうか。

　この女神は名をドゥルガーという。偉大なる「大女神」の一面としてあつい崇拝を受けているヒンドゥー教の重要な神である。しばしばシヴァ神の妃とされ、もっとも有名なシヴァの妻パールヴァティーと同一視されるのも、ドゥルガーが大女神の一面とされているためだ。

　勇ましく武装したドゥルガーは、見た目どおり神々に敵対するアスラを討伐する使命を帯びて誕生した戦女神である。見た者が我を忘れるほどの美貌を誇りながら、戦場においてはどの神よりも確実に残酷にアスラを滅ぼす。図版などでドゥルガーが手にしている数々の武器は、それぞれが本来の主である神々から捧げられたオリジナルの分身だ。それはつまりこの女神が、男神らすべての力(性力)を集めて生み出された、神々を代表する戦神であることを示しているのだ。

大女神(デーヴィー)

「大女神」という耳慣れない単語には注釈が必要だろう。

ヒンドゥー教は、紀元前15～13世紀ごろにインドに侵入し、先住民を支配したアーリア人の宗教を基としている。アーリア人の侵入以前には先住民族の間で一定の地位を得ていた古い形の女神崇拝は、バラモンが指導するアーリア人がもたらした宗教の下では(紀元前に編纂されたインド最古の宗教経典『リグ・ヴェーダ』の時代)、あまり顧みられなくなった。

しかしバラモン教は長い年月と宗教改革を経て、土着や新興の宗教の性質を受け入れて変化していき、やがて今日のヒンドゥー教の原型が形成された。古いヴェーダの時代の神々は没落し、ヴィシュヌ、シヴァ両神への崇拝が巨大化した。そして根強く土着で信仰されていた女神も、ヒンドゥー教内に吸収されて復権することになった。

ヒンドゥー教が他の信仰の神々を吸収するさいには、あるお決まりの手段が用いられた。その神は実はシヴァ神など有力なヒンドゥーの神の化身、分身であったのだという理由づけをして、自宗教の枠内に取り込んだのである(ヒンドゥー教の有力神には多くの化身や同一視される神がいるゆえんである)。

雑多な土着の女神たちの場合は、シヴァ神妃パールヴァティーの下に統合が図られた。パールヴァティーは、炎に身を投じて自殺したシヴァの最初の妃サティー(ウマー)の生まれ変わりとされている。サティーの遺体は細かく分断されてインド中にばらまかれ、落ちた場所から数多(あまた)の女神が誕生した。だから各地で崇められる女神らは、すべて実はパールヴァティーと同一の神なのだと説明され、シヴァ神妃に関連づけられたのである。古くは土着の宗教において、悪魔を殺し、酒や獣の生け贄を好む狩りの処女神として崇められていたドゥルガーも、こうしてシヴァの神妃に数えられるようになったようだ。

やがて他の系列の女神も取り込んでいき、「大女神デーヴィー」は誕生した。大女神デーヴィーは、一個の神性というよりも、ヒンドゥーのすべての女神を代表するシンボリックな存在である。統合されることで巨大な勢力を持った女神崇拝は、ヒンドゥー教内でも有数の勢力として台頭し、今日ではヴィシュヌ崇拝、シヴァ崇拝と並ぶ規模を誇っている。

女神ドゥルガーは、この大女神(そしてそのイメージの中核であるシヴァ神妃)が秘めた破壊的な力を体現する、戦いの女神なのである。

第4章　戦に臨んだ女神たち

「水牛の姿をした魔神を殺す話」

　女神ドゥルガーは、水牛に化けたアスラを足で踏みしだいている姿で描かれるのが一般的である。これは『女神のすばらしさ』というプラーナ（「古伝説」という意味で、ヒンドゥー教の聖典と見なされる文献のこと）中の一篇に登場する場面からとられたポーズだ。

　『女神のすばらしさ』は神々を虐げるアスラを討伐すべく大女神が活躍する物語が三篇集められた聖典で、インドにおける女神信仰の中核となった書物である。それゆえに、女神が「水牛の姿をしたアスラを殺す」物語は、ドゥルガーの神話としてはもっともよく知られたものとなっているのだ。

　この物語では、ドゥルガーの出生と活躍が次のように語られている。

　まだインドラが神々の頂点にいた時代（ヴェーダの神々がいまだに力を持っていた時代）、マヒシャという首領に率いられたアスラが神々を圧倒したことがあった。完敗を喫して天界を追われた神々は、シヴァとヴィシュヌの元に落ちのびて助けを求めた。

　マヒシャの傲慢を聞いたヴィシュヌとシヴァが激怒すると、両神の顔から強い熱光が飛び出した。するとブラフマン、インドラなどの神々からも熱光が生じ、一所に集まって女神の姿をとった。名だたる男神すべてから熱光（性力）を授かって、吉祥なる女と呼ばれるドゥルガーが生まれたのだ。

　ドゥルガーの誕生に歓喜した神々は、彼女にそれぞれの神器の分身を捧げた。シヴァから三叉矛、ヴィシュヌから円盤、ヴァルナから法螺貝といった具合に受け取った武器と装身具で全身を飾った女神は、高らかに哄笑して天地すべてを揺るがす咆哮をあげた。そして勝利を祈る神々の期待の声を背に受けつつ、神獣である獅子（あるいは虎）にまたがってマヒシャ討伐に出立したのである。

　全世界を揺るがしたドゥルガーの戦いの咆哮は、アスラたちにも届いていた。アスラの王マヒシャは異変に驚き、全軍を率いて音がした方向へと進撃していった。獅子に乗り、足音で大地を揺るがしながら近づいてくる千本腕のドゥルガーと出会ったアスラ軍は、恐るべき神威を示す女神に総力を投じて襲いかかった。数々の大アスラに率いられた無数の軍団が、飛び道具を雨と降らせ、また武器で女神を打とうと殺到した。

　だがドゥルガーは千本の腕に構えた神器を振るって身に迫る凶器をことごとく切り落とし、逆に苦もなく数百というアスラを打ち殺した。ドゥルガーが吐いた息は数十万の眷属となって戦いに加わり、彼女の獅子も乱戦の中で次々とアスラを食い殺した。地を覆うほどのアスラの軍勢は、女神に一矢すら報いることなく、瞬間に殲滅され、赤く染まった戦場の土に横たわった。

ドゥルガー

この絶望的な敗勢に激怒した将軍の大アスラ、チュクシュラは、みずからドゥルガーと戦うべく攻めかかってきた。雨のように射掛けた矢群を楽々と打ち落とされたチュクシュラは、剣と盾を手に女神に挑み、凄まじい勢いでドゥルガーの左手に打ち込んだ。だが剣は女神に触れた途端にむなしく砕け散る。ならばとばかりに矛を投じたものの、一瞬の間を置いてドゥルガーが放った矛によって、自分の矛ともども粉砕されて数百の破片となってしまった。チュクシュラに続いて次々と大アスラが女神に挑みかかったが、末路はみな同じで、ドゥルガーの神器に打たれて屍を増やすばかりだった。

腹心の部下と軍勢を壊滅させられたアスラの王マヒシャは激怒し、水牛の魔物の姿に変じてドゥルガーの眷属を襲った。角で突き、突進で蹂躙し、吐息で眷属たちを吹き飛ばして全滅させたマヒシャは、次に女神の獅子を殺そうとした。それを見て怒ったドゥルガーは、水牛の動きを羂索(けんさく)で絡めとって封じた。するとマヒシャは獅子に変じ、次には剣を手にした戦士、続いて巨象、最後にはまた水牛に変化して女神とわたり合った。マヒシャは変化や憑依の術に長けたアスラだったのである。

このままではらちがあかないと感じたのか、ドゥルガーは戦いのさなかに最上の酒を呑んで力をつけてから水牛の魔物に飛びかかり、背中を足で押さえつけ、矛で首を打った。マヒシャはたまらず水牛の首から抜け出そうとしたが、しかし今度は女神の精気に魔力を封じられ、半身が水牛の体内に残った姿で固定されてしまった。不自由な姿勢ながら激しく抵抗するマヒシャの首をドゥルガーは切り落とし、天界の覇権を神々の手に取り戻したのである。神々が大いにドゥルガーの栄光を称えたのはいうまでもない。

ドゥルガーの名の由来

古くは狩の処女神として崇められていたといわれるドゥルガーは、昔は別の名で呼ばれていたのかもしれない。というのも、ドゥルガーという名(近づき難いという意味)は、彼女が倒したアスラから奪ったという神話があるからだ。

ドゥルガーという名のもともとの持ち主であったアスラは、苦行を経て神々を圧倒する通力を得た巨人だった。ドゥルガーは神々を天界から追い出すと、宗教儀式やヴェーダの読書を禁じ、世界の法則を勝手に変える蛮行を行った。

助けを求めてきた神々の訴えを聞いたシヴァは、神妃パールヴァティー(デーヴィー)にドゥルガー退治を任せた。パールヴァティーは、まずカーララートリという美しい神を送ってドゥルガーを討たせようとした。しかしカーララートリがいくら息を吹きかけて敵の兵士を灰にしても、ドゥルガーはより一層強力な巨人を差し向けてくるばかりだった。

やむなく退いたカーララートリの後を追って、ドゥルガーは数知れぬ軍勢を率いて押し寄せてきた。出陣を決意したパールヴァティーは、やはり無数の援軍を作り出し、自分の体から千本の腕と武器を出して戦いに備えた。つまり戦女神(ドゥルガー)としての姿に変じたのである。

巨人ドゥルガーと配下の軍勢の攻撃は、それは激しいものだった。彼らは雨のように矢を浴びせ、山や木を大地から引き抜いて投げつけた。だが女神は自らの体から生じた武器ですべての攻撃を払いのけ、逆に巨人軍を全滅させてドゥルガーを左足で押さえつけた。

通力に秀でたドゥルガーは簡単には諦めず、アスラの王マヒシャのように象や水牛に変じ、また死の霧を吹きつけるなどして戦ったが、最後には巨人の姿に戻され、胸を貫かれて殺された。そして恐るべき戦いの姿をとったシヴァ神妃は、この後から「ドゥルガー」と呼ばれるようになったのだという。

困難を退ける女神

ヒンドゥー教には、男神の神聖なエネルギー(性力(シャクティ))は配偶者の女神(神妃)の姿で形を取るという思想がある。ヒンドゥー教の二大神の一人であるシヴァ神は、災いをもたらす嵐の神でありながら、同時に病を癒す治癒神でもある。生と死を司る二面性を備えた荒ぶる神だ。ゆえに、彼の性力の体現である神妃も、二つのまったく相反する顔を持つことになった。すなわち生と恩恵のパールヴァティーとウマー、死と破壊のドゥルガーとカーリーである。暴風神ルドラの系譜に連なるシヴァの絶大な破壊の力が顕現した女神であるからこそ、ドゥルガーは無敵の力を振ってアスラを討伐できるのだ。

しかし恐るべきシヴァの暗黒面を体現する女神とはいえ、それがドゥルガーのすべてではない。いつも浮かべているたおやかな微笑が示すように、ドゥルガーは力強さと同時にパールヴァティーやウマーのような柔らかな属性も併せ持っているのだ。だからこの女神は、無類の強さを持ちながらも、その無敵の神力で崇拝する者から困難を退け、安全な航海を導いてくれると信じられているのである。

第4章　戦に臨んだ女神たち

黒色の女神
Kari
カーリー

◆地域：インド

◆時代：紀元前〜現代

◆生没年：──

◆出典：ヒンドゥー神話、『女神のすばらしさ』など

黒色の女神カーリーは、ヒンドゥー神話に登場するもう一人の強大な武神である。ドゥルガーの分身である彼女は、本体とは違って身の毛もよだつ姿をし、血の生け贄を求める恐るべき殺戮の神である。だがこの血と肉を求めるという特性が、実はカーリーが生け贄と引き換えに大いなる恵みをもたらす、地母神の系譜に連なる神であることを示しているのだ。

血を好む青黒き女神

　ヒンドゥーの神話には、先に紹介したドゥルガー以上に凄まじい、血を好み戦いを愛する女神が登場する。「黒色の地母神」とも呼ばれるシヴァの神妃、女神カーリーだ。カーリーは時間と黒色をあらわすカーラという言葉の女性形で、それゆえに時間の女神とも黒色の女神とも呼ばれる。

　実際、カーリーは常に（青）黒い肌の色で描かれる。その姿は、カーリーを生み出したとされるドゥルガーの勇ましくも優美な姿とはまるで異なり、実に恐ろしげだ。全身の肌は青黒く、髪を振り乱し、多数の腕（神話では4本腕とされているが、多くの細密画では10本腕に描かれている）にはアスラの生首、血で満たされた頭蓋骨の杯、半月刀や槍などを持っている。それぞれの武器は、敵を殺した直後であるかのように血塗られている。まともな衣装は手首や足首を飾るきらびやかな装身具だけで、腰巻に見えるものは実は連ねて吊るされた人間の腕、首の花輪に見えるものは数珠繋ぎに結ばれた人間の首や髑髏の輪なのだ。血に塗れた唇からはべろりと舌を出し、夫であるシヴァを右足で踏みつけた姿で描かれるが、このポーズの解釈には諸説あって意味ははっきりしていない（戦いの熱狂に我を忘れて踊り続けるカーリーが振動で世界を破滅させるのを、シヴァが身を挺して防ぎ、正気に戻った女神がしまったと舌を出した瞬間だとも、カーリーがシヴァから出でた性力（シャクティ）を象徴しているのだともいわれている）。

　このおどろおどろしい姿から容易に想像されるように、カーリーは血と殺戮を好み、犠牲の血を要求する女神だ。そして破壊神シヴァから出ている彼女の力は、使い方によっては世界を滅ぼすことも可能なほど強大なのである。

大女神のスンバ・ニスンバ討伐

　女神ドゥルガーがアスラの王マヒシャを倒した後、スンバとニスンバという二人に率いられたアスラが力を盛り返し、天界から神々の王インドラを追い出すという事件が起こった。追放の憂き目にあった神々は消えたドゥルガーを思い出した。

　神々が女神の栄光を称えていると、そこを訪れたパールヴァティーの体から、神々の窮地を救うためにドゥルガーが出でた。霊峰ヒマラヤを輝かせるほど美しい女神を目撃した配下のチャンダとムンダから、世界一の美女である彼女を妻とするよう勧められた帝王スンバは、大アスラのスグリーヴァを使者として派遣した。

　スンバの求婚を聞いたドゥルガーは、内心では嘲笑いながら歌うように答えた。「私は以前、浅薄にも誓いを立ててしまった。戦いで私に勝ち、驕りを取り除いてくれる方の妻になろうと。だからスンバか、ニスンバにここに来てほしい。そして私に勝って、すみやかに私を妻にしてほしい」

　面目を潰す返答に驕慢な女めと怒った魔王スンバは、次は力ずくでドゥルガーを連れて来るよう、将軍のドゥームラローチャナに命じて軍勢とともに差し向けた。だがこの魔将は、女神のフムという掛け声を浴びただけで灰にされ、引き連れていった軍勢は神獣の獅子がひと暴れしただけで壊滅してしまった。

カーリーの出現

　完敗の報を聞いて激怒に身を震わせながら、魔王スンバは次に大アスラのチャンダとムンダに出撃を命じた。チャンダとムンダ、そしてアスラの軍勢が近づいて来るのを見て、ドゥルガーは怒りで顔を真っ黒にした。するとその額から、恐ろしい形相をしたカーリーが剣と羂索、髑髏杖を手にぬっと出現した。このときのカーリーは、虎の皮をまとい、肉のしなびた幽鬼のごとき体をしていたという（カーリーと同一視される女神チャームンダーの姿）。

　誕生したカーリーは赤い目を光らせながら舌なめずりし、天を揺るがす咆哮をあげるやアスラの軍勢に襲い掛かった。防戦に出た大アスラたちを手もなくなぎ倒したカーリーは、兵士や象をまとめて掴んでは口の中に放り込んで、ばりばりと噛み砕いた。アスラたちは止めようと試みたが、彼らの貧弱な武器は怒れる女神の歯と牙に砕かれ、何の役にも立たなかった。

　一瞬でアスラの軍勢を殺戮したカーリーは、そのままの勢いでチャンダとムンダに挑んだ。チャンダは無数の円盤をカーリーに向けて投じたが、黒い女神はすべてを大口

を開けて飲み込み、身の毛もよだつ咆哮をあげながら二人の大アスラに駆け寄ると、剣を用いて無造作に殺してしまった。
　カーリーはチャンダとムンダの死骸を掴むと、ドゥルガーに差し出した。
「ここにチャンダとムンダを、偉大な贄としてあなたに捧げる、戦いという祀(まつ)りで。次はご自身でスンバとニスンバを殺されよ」

血をすする女神

　二度の敗戦に堪忍袋の緒を切らした魔王スンバは、配下のアスラ全軍に出動を命じ、ドゥルガーとの決戦に出陣した。ドゥルガーのほうにも神々から抜け出した性力が「七母神」(本項末コラム参照)となり、強力な援軍として集った。
　おとなしく地下世界に去るようにとのドゥルガーからスンバへの忠告は当然のように蹴られ、神器で武装した女神たちと包囲するアスラ軍の間で、激烈な戦闘の火蓋が切って落とされた。カーリーと七母神はドゥルガーに先んじて敵軍に襲い掛かり、当たるを幸いアスラたちをなぎ倒した。
　そのあまりの獰猛さにアスラたちは総崩れになりかけたが、進み出た大アスラ、ラクタビージャが流れを押し留めた。ラクタビージャは自分の血が大地に落ちる度に分身を生じるという通力を得たアスラで、七母神が傷つければ傷つけるほど、敵勢は強大になっていくのだった。やがて世界は血の一滴一滴が分身を生むアスラで満たされ、七母神は手痛い反撃を受けた。この世の終わりかと、神々は恐怖に震えた。
　だがその様子を観察していたドゥルガーは、冷静にカーリーに命じた。
「カーリーよ、口を大きく開け、私の打撃で生じる彼の血の滴を飲み干しなさい。すでに生じたアスラは貪り食ってしまいなさい。そうすれば魔神は血を失って死ぬでしょう」
　そしてドゥルガーは矛でラクタビージャを打ちつけた。迸(ほとばし)る血の滴は、一滴残さずカーリーが飲み干した。口中で生まれようとした魔神の分身はそのまま噛み砕かれた。ドゥルガーの数々の神器にめった打ちにされ、血を最後の一滴までカーリーに吸われたラクタビージャは、なすすべもなく倒れて死んだ。

すべての女神はデーヴィーに

　ラクタビージャを討たれた帝王スンバと弟ニスンバは、みずから戦うより他になしと、アスラ軍の主力を伴って女神たちを襲った。しかし攻撃は女神に届く前にことごとく粉砕され、斧を手に迫ったところを矢の連射に貫かれてニスンバは倒れた。

カーリー

第4章　戦に臨んだ女神たち

　弟の死に激昂したスンバは大軍を引き連れている自分のことはたなにあげて、こう叫んだ。「思い上がるな、あばずれ女のドゥルガーよ。お前はうぬぼれているようだが、他の女の力に頼って戦っているではないか」。
「この世に在るのは私独りのみ。私と異なる、私に次ぐ誰がいようか。見よ、悪党め、私の示現（女神のさまざまな現身のこと）であるこの女たちが私の中に戻るのを」。ドゥルガーがそう答えると、カーリーと七母神が彼女の身体に融け込んでいき、すべての女神は一体となった。
「私は示現力によって、多様な姿をとってここにいたが、そのすべてを吸収し、留まっているのは私一人だ。さあ、腹を据えてかかってくるがいい」
　スンバが天地を揺るがす戦いの雄たけびをあげた。女神が数百の武器を放てばスンバが迎撃用の武器ですべて破壊し、スンバが雨の矢を放てば女神が「フム」という掛け声でことごとく叩き落とす。激しい戦いは長く続いた。だが矛を円盤で断ち切られ、剣と盾と鉄槌を矢で破壊されたスンバは、次第に劣勢に追い込まれていった。素手の格闘に切り替えた魔王は、ドゥルガーを掴んで空に飛び、足場のない空中で激しく拳を戦わせた。
　しかし格闘においても、魔王は大女神の敵ではなかった。長い技の応酬の末に天空から地面へと激しく叩きつけられたスンバは、立ち上がって猛然と逆襲しようとしたところを矛に胸を貫かれて絶命した。魔王が大音響とともに倒れると、全世界の秩序は元に戻った。生気を取り戻し、顔を喜びに輝かせた神々は、今度も心からドゥルガー神の栄光を称えるのであった。

崇拝される恐怖の女神

　この話から読み取れるように、当初カーリーは、ドゥルガー女神の化身のような存在と見なされていた。大女神ドゥルガーの中から出でて、特別の強敵と戦う女神を助ける従神のごとく描かれている。
　カーリーが現在もシヴァ神妃の一人と目され、また大女神の荒ぶる側面とされているのはこのためだ。優しく可愛らしいパールヴァティー、美と勇を兼ね備えたドゥルガーに対し、恐るべき哄笑をあげながら踊るカーリーは好戦的で血と破壊、殺戮を好む、容赦ないシヴァの破壊の力の権化なのである。
　しかし時代を経るに従って、神としてのカーリーの重要性は増していった。今日ではドゥルガー以上の尊敬を集め、ベンガル州周辺では主神として崇められるに至っている。露骨に血を好み、犠牲を求める残虐な女神がなぜ、と日本人の感性では感じて

しまう。けれど血と犠牲は、豊穣を求める儀式と密接に結びついた汎世界的な様式なのである(「アナト」の章を参照)。大きな代償を求めるカーリーは、犠牲の血と生命を受け取ると、恩恵としてより大きな生命を授け、極端な困難をも打倒してくれると考えられているのだろう。カーリーは恐るべき姿をした殺戮の神ではあるが、やはり女神なのだ。地母神の系譜に連なる、生命と再生をもたらす神でもあるのだ。

七母神 (サプタ・マートリカー)

『女神のすばらしさ』の中で、ドゥルガーから出でてアスラ族と戦い、またドゥルガーへと融け込んでいった女神たちは、七母神(あるいは八母神)と呼ばれる女神群である。インドの古い地母神の系譜に連なる猛々しく荒々しい女神の一団で、常に集団で行動するとされる。

七人組のこの女神は、それぞれ名をブラフマーニー(ブラフマーの妻)、マーヘーシュヴァリー(シヴァの妻)、カウマーリー(クマーラのパートナー)、ヴァイシュナヴィー(ヴィシュヌの妻)、ヴァーラーヒー(獅子頭人身であるシヴァの化身の妻)、インドラーニー(インドラの妻)、チャームンダー(ヤマの妻)という。

七母神はそれぞれ夫と同じ武器を携え、同じ乗り物に乗り、多くの特徴を共有している。

四面のブラフマーニーは瓶を手にし、白鳥に乗っている。傾けられた瓶から流れる水を浴びた魔物は、士気を挫かれ、力を奪われる。

五面で10本腕のマーヘーシュヴァリーは三叉戟でアスラを貫く。その乗り物はシヴァと同じ牛である。

処女神カウマーリーはただ一人正式の妻でないが、これはクマーラ(スクンダ)が童子神で、同時に女性嫌いであるためだ。槍を武器とし、孔雀に乗る。

ヴァイシュナヴィーは光り輝く円盤で敵を切り裂き、ガルーダ鳥に乗る。

夫と同様に猪の顔をしたヴァーラーヒーは魚を手にしているが、それを武器としては使わない。猛烈な突進が彼女の武器なのだ。乗り物は野生の猪である。

金色の体を持つインドラーニーは、手に金剛を持ち、アスラを打ち砕く。乗り物は象だ。

そしてときにカーリー女神と同一視されるチャームンダーは、七母神の中でもっとも恐ろしい姿をしている。地獄の餓鬼を思わせる骨と皮ばかりの痩せこけた体で、歯をむき、舌を突き出し、死体やふくろうの上に乗っているのだ。装飾物もカーリーと同様の不気味なものばかりである。剣と盾を武器にするが、カーリーと同様の武装をすることも多い。

ドゥルガーは自分の分身ともされるこれら七母神の助力を得て多くのアスラを倒した。七母神は時代を経るにつれ、それぞれバイラヴァというシヴァの憤怒相を夫とするようになり、血と骨と犠牲を要求する血なまぐさい女神群となっていった。だが七母神をかたどった彫像は、恐ろしげなものばかりではない。赤子を抱いた慈母像として七神が並んでいるものも残っている。七母神はもともとは土着の地母神であったが、それが時代と民衆の要求に従い、戦神としての職能を強く発揮するようになった女神なのだ。

第4章　戦に臨んだ女神たち

知恵と勇気を守護する戦女神
Athena

アテナ

- ◆地域：ギリシア（特にアテナイ）
- ◆時代：──
- ◆生没年：──
- ◆出典：ギリシア神話

ギリシア神話の中核を成す、オリンポス十二神の一柱、彼女は戦いの神であるだけでなく、知恵と生活の神でもあり、また、都市の守護神であった。数多くの武勲を神話の中に残しているが、その多くは守るためのものであり、決して自分から他者への侵略に加担しないその清廉さから、多くの人に慕われ、信仰された女神である。

都市アテナイの守護神

　ギリシア神話の中では、アテナ以外にも闘争の神と呼ばれるものは数多く存在する。アレスとその妹エリスやアルテミスなどがその最たるものだろう。彼らはそれぞれに個性溢れる軍神であり、戦う者たちの勇気を奮い起こし、歓迎する神であった。そんな中、アテナだけはいささか異質な存在であった。それは彼女が他の神々のように、荒ぶる「闘争」の神だったのではなく、「正義と知性」ある戦いの神であったためだろう。また都市の守護神としての性質を兼ね備えていたためだとも思われる

　しかしながら、光り輝く甲冑と兜に身を包み、右手にはサリッサ（長槍）を構え、左手には何者も打ち破れない神の盾イージス（ゼウスより送られた黄金の羊の皮で出来た盾であらゆる邪悪を防ぎ、予言を与える蛇がからみついている）を携え、時に冷静に戦場を見渡し、時に激情をあらわにしながら敵に打ちかかっていく美しい女神の活躍は、どれも勇壮で、決して他の軍神たちにひけを取るものではない。

アテナの誕生

　大神ゼウスは思慮の女神メティスに執心し、ついに彼女を手に入れる。しかし、プロメテウスに「メティスから生まれる男の子は父の王座を奪う」との予言に怯えたゼウスは、自分の父、クロノスが自分と自分の兄弟たちにしたのと同じように、妊娠中のメティスを飲み込んでしまう。

　その瞬間、ゼウスの額に激しい痛みが走り、あまりの痛みに耐えきれなくなったゼウスは鍛冶の神ヘパイストスに頼んで彼の造った鎚で額を叩き割らせた。するとゼウス

の額から雄叫びを上げて黄金に輝く鎧に身を包んだ成人の美しく凛々しい女神が現れた。彼女が軍神アテナであった。

二人目の処女神

　アテナはその特殊な生まれ方にあるように、普通に女性の子宮から生まれたわけではなく、ある意味ゼウスだけから生まれた女神である。このことに嫉妬したヘラがゼウスの種を受けずに自らも神を生み出そうとしてヘパイストスを生んだという伝説もある（その場合、アテナ誕生の際にゼウスの額を割ったのがヘパイストスのはずがなく、いくつかの矛盾が生じるが）。そのためか、ゼウスはアテナを溺愛し、アテナもまた、父神ゼウスに対して敬愛と、自らが生まれた時の予言から、自分の血に連なる者がゼウスの地位を脅かす可能性を感じていたのだろう、生涯処女として貞節を守る事を誓い、かまどの女神ヘスティアに続き、二人目の処女神となったのである。続いてアルテミスも生涯処女を守ることを誓い、ギリシア神話で処女神といえばこの三柱を指す。単純に釣り合う男神がいなかったと思われるヘスティア（彼女はゼウスの最年長の姉であった）や、ロマンスはあれども、決して男性と結ばれず、悲恋のヒロインとなることしかできなかったアルテミスと違い、アテナは多くの人間や神々に求愛されるが、頑として自らの意志で貞節を守り通した。最も処女神らしい処女神だといえる。

英雄の守護神

　戦いの女神である彼女は当然のことながら、ヘラクレス、ペルセウス、イアソンなど、多くの英雄たちの戦いを手助けした。特にヘラクレスに対しては数多くの援助を与え、ゼウスと人間の娘アレクメーネとのあいだに生まれた彼が、ゼウスの妻ヘラの嫉妬から荒れ地に捨てられたさいにも抱き上げ、ヘラの乳を与えて救った。このおかげでヘラクレスは、神々と同じ不死の身体を手に入れたのだ。
　さらにヘラの策略で狂気を吹き込まれ、錯乱したまま妻と息子を弓で射殺した彼に正気を取り戻させてやり、贖罪の旅に出立する彼に他の神々と一緒に贈り物を与え、その後の試練でもたびたびヘラクレスを手助けしている。ペルセウスにはメデューサを倒すために、その視線を跳ね返す銀色の盾を授けた。実は美しい娘だったメデューサをその美しさに嫉妬して醜い化け物にしてしまったのもアテナだったのだから、英雄を利用して自らの鬱憤を晴らしたといえる。ペルセウスが討ち取ったメデューサの首はその後アテナに捧げられ、彼女はこの贈り物をイージスに填め、さらにその威力を上げ

第4章　戦に臨んだ女神たち

させた。そしてイアソンには彼の航海の船、アルゴ号に予言の力を持つ木を使わせ、たびたび助言を与えた。

　ギリシア神話の英雄たちにとって、彼女は何よりの庇護者であり、英雄たちの行動が正義である限り、必ず手を貸してくれる存在だったのだ。

アテナの武勲

　そんな彼女自身の武勲も神話の中に多く残っている。そのいくつかは剣を持って戦うのではなく、知恵や戦闘以外の技術、またはその美貌を競うものであった。
　リュディアに住む女性アラクネは、決して右に出る者のいないほどの織物の名人であった。アラクネは自分の腕に自信があり、「織物の女神であるアテナにも負けはしない」と言ってしまった。これを聞いたアテナは老婆に変装してアラクネの前に現れ、「たかだか人間が女神と張り合うものではない。すぐに、女神に許しを請いなさい」と言った。しかしアラクネは態度を改めず、むしろ腕試しがしたいものだと言い張った。怒ったアテナは変身を解き、「ならばおまえの腕を試してやろう」と言い放った。その場で二人は機織りを始め、アテナは十二の神々を中央に配し、愚かな人間たちが、どんな罰を受けたのかを織った。アラクネの態度をたしなめたのである。対するアラクネは神々の落度を織った。ゼウスが浮気相手を手に入れるために行ったスキャンダラスな行為を織り、神々をあざけった。アラクネの織物はみごとで、アテナの作品を上回っていた。アテナは怒ってその織物を引き裂いた。アラクネはそのアテナの理不尽な行為に悲しみのあまり、首をくくって死んでしまった（一説ではアテナの作品の方がすぐれていたためだともされる）。それを見たアテネはせめてもの詫びに（もしくは呪いに）アラクネを蜘蛛に変え、未来永劫糸を紡ぐ役目を与えた。
　ある時、陸地に領土を欲しがったポセイドンとギリシアのアテナの占有権を争ったことがあった。どちらも一歩も譲らず困り果てた他の神々は「人間たちにとって役に立つものを生み出したほうがアテナイの守護神となることにしよう」と言った。まずポセイドンが泉（一説には馬）を生み出し、人々は喉を潤した。続いてアテナはオリーブを生み出した。人々がオリーブの木をより喜んだのでアテナイはアテナの土地となった。この決定に怒ったポセイドンは津波を起こし、以後、アテナイの人々はポセイドンの怒りを恐れて女性に選挙権を与えなかったという。

アテナ

第4章　戦に臨んだ女神たち

トロイア戦争

　続いての戦いはやはり実際の戦闘ではないものの、この勝負が引き金となり有名な大戦争が起こり、また彼女自身もサリッサとイージスを構え、戦場に立つこととなる。
　それはペレウスと海の女神テティスとの結婚式から始まった。アルゴ号の冒険にも加わったアルゴノーティスの一人でもあるペレウスの結婚式である。ギリシア中の神々、英雄が集うこととなった。その中に不和の女神エリスだけが呼ばれなかった。怒ったエリスは黄金のリンゴに「最も美しい女へ」と添えて、結婚式の式場へと投げ入れた。
　投げ入れられたリンゴに女神たちは注目した。"最も美しい女"とは誰のことなのか、女神たちは自分の美しさを競い合った。そして、三柱の女神が名乗りをあげた。大神ゼウスの妻ヘラと美と愛の女神アフロディーテ、そしてアテナである。互いに一歩も譲ろうとせずリンゴの所有権を主張するのだが、その採決はゼウスの手にゆだねられた。しかしゼウス自身もこの採決には関わりたくなかったらしく、「この審判は羊飼いの青年パリスに任せることにする」と言い出した。三柱の女神はただちにパリスの元へ行き、ヘラは自分を選んでくれたらアジアの領土を、アフロディーテは美しい女性を、アテナはあらゆる戦いでの勝利を約束した。パリスは美しい女性を得るために、アフロディーテを選んだ。
　実はパリスはトロイアの王子であったのだが、姉カッサンドラによってトロイアを滅亡に導くと予言されたため、山中に捨てられ羊飼いをしていたのだった。やがて彼は自分の正統な地位を取り戻す。そして、アフロディーテは約束に従って美しいスパルタの王妃ヘレネを強奪してパリスの妻にした。
　王妃を奪われたスパルタ王は怒り狂い、トロイアへと戦争を仕掛けた。こうして10年の長きにわたるトロイア戦争が始まった。

軍神同士の激突

　トロイア戦争にはギリシア中の英雄たちが集まった。はじめは神々も不介入を決めていたが、戦争が長引き激化するにつれて、自ら戦陣に立つことを余儀なくされた。
　この時神々は、それぞれギリシア、トロイアいずれかの陣営に荷担した。リンゴの裁定についての不服もあったのか、ヘラとアテナはギリシアに加わり、アフロディーテと彼女の愛人アレスはトロイアに味方した。
　アテナとアレス、二柱の軍神は戦場でまみえ、互いに武器を構えた。もともとこの戦争の直接の原因でもある二人は互いを見つけるとまっすぐにぶつかり合っていく。ア

レスはアテナへ攻撃するために炎の槍をふるわせて女神に突撃する。アテナはそれを愛用の盾、イージスで受け止める。なおもぎりぎりと力をこめてアレスが盾をうち破ろうとするが、ゼウスですらうち破れないその盾をアレスにうち破れるはずはない。しかしすさまじい力で押されたアテナは一歩引き、そして傍らにあった巨岩を持ち上げ、アレスへと投げつける。岩はアレスの首に命中し、その鎧を砕き、アレスは地面に倒れ伏す。その様子を見てアテナが叫ぶ。「おまえと私とでこんなにも力の差があるのになぜ気づかない！？　母（ヘラ）の呪いを思い知るがいい！　おまえがギリシアの民を守らずトロイアの民などを守るから！」

　アテナが勝ち鬨をあげる間に、アフロディーテがアレスを助け起こしていた。ヘラがその場を見てアテナに檄を飛ばす。「彼らを見よ、アテナよ！　アフロディーテが"人を滅ぼす者"註1アレスを戦乱と残虐の外へと導きだそうとしている！　あの女を追え、早く！」

　それを聞いてアテナはアフロディーテに襲いかかる。アテナの容赦のない一撃がアフロディーテの胸に当たると、アフロディーテとアレスは消滅し（不死の存在である神々にとって、それは一時的なものでしかないが）、アテナはさらに高らかに勝ち鬨を上げた。「落ちるがいい。トロイアを助けるすべての神はこの二人のように落ちてゆくがいい！！」

　この戦いの後も幾多の英雄たちが剣を交えながらトロイア戦争は続き、最後に「トロイの木馬」によって決着がつけられるが、アテナの主な活躍はここで終わる。

アテナへの信仰

　以上が主だったアテナの活躍である。彼女は処女神でありながら、アルテミスのように男性を遠ざけず、かと言って盲目的な恋愛にも陥らず、常に戦う男たちを適切な勝利へと導いている。彼女は単純に軍神であるのではなく、正義のために戦う知恵の神なのである。だからこそ正義の戦いを行う者には必ずアテナの加護がある、そう信じることで男たちは戦いに赴くことができたのだろう。

註1）"人を滅ぼす者"とはヘラのアレスに対する蔑称である。

第4章　戦に臨んだ女神たち

月の下、弓を操る潔癖の処女神────
Artemis
アルテミス

◆地域：ギリシア

◆時代：──

◆生没年：──

◆出典：ギリシア神話

月と狩り、そして動植物と子供の守護神であるアルテミスは銀の馬車に乗り、銀の弓を引き、銀の光の矢を放つ女神である。アテナを慕い自らも処女を守ることを誓った彼女は無邪気で清らかでありながら、ときとして残忍な行動をとる。兄アポロンと共に決して逃れることの出来ない弓を使う女戦士である。

月と太陽を司る双子の姉

　アルテミスは大神ゼウスとゼウスの従姉妹レトとの間に生まれた子供である。レトが懐妊したことを知ったゼウスの妻ヘラは、嫉妬から他の神々たちに頼んでレトがあらゆる土地で出産することを禁じたり、出産の神の足止めをするなどして子供を産むのを阻止しようとしたが、レトはヘラの影響の及ばない浮き島で他の神の協力を得て、双子を産んだ。その双子が太陽の神アポロンと月の女神アルテミスだった。

　この二柱は非常に仲の良い姉弟で一緒にいることが多かった。双子が生まれた後もレトに対しての嫉妬を消さなかったヘラが巨人ティテュオスをけしかけてレトを襲わせたときも、アポロンとアルテミスは協力して巨人を射殺し、地獄の底タルタロスへと落とした後、その肝臓を二匹の鷹についばまれ永遠に苦しみ続けるという残酷な罰を与えた。

　また、夫との間に六人のすぐれた息子と六人の美しい娘をもうけたテーベの王妃ニオベがレトを祀る祭りを行っていたときのことである。たった二人しか子供のいない女神レトよりも自分を崇拝せよと、ニオベがテーベの人々に命じた際、怒ったレトの命令でアポロンが息子たちを、アルテミスが彼女の娘たちをそれぞれ全員射殺した。

　また、トロイア戦争でアポロンとアルテミスはトロイア側につき戦うのだが、なかなか出陣しようとしないアポロンに焦り、罵っているところをギリシアに味方していたヘラに見つかり、弓矢を奪われ叩かれるという一幕もある。

自ら望んで得た、処女神という位置

　アルテミスは自分より先に生まれ、ゼウスの腹心として活躍していた軍神アテナを敬愛していたらしく、自らもアテナと同じくその生涯を通して処女を守るという誓いをたてた。またアルテミスは自らに従うニンフたちにも純潔を守ることを強い、ゼウスに見初められその純潔を奪われたお気に入りのニンフ、カリストを自分たちの森から追放さえした。その他にも猟犬を連れて狩りに来たときに偶然彼女の沐浴をのぞいたデバイ王の息子アクタイオンに激怒し、その場で彼を鹿に変え彼の連れていた猟犬に食い殺させるという残酷な復讐を果たす。このようにアルテミスの処女性というのは、宗教的な意味や彼女の環境がそうさせたというよりは、彼女自身の個性の一部であったのだろう。

処女神の恋

しかし、愛欲の神エロスの矢でさえ効果がない(神々でさえ抗えないエロスの恋の矢も処女神であるヘスティア、アテナ、アルテミスらには効果がないといわれている)とされる彼女には二つの恋物語が存在する。

その一つが羊飼いの美少年エンディミオーンとの話である。

アルテミスがいつものように銀の馬車を駆って下界を月の光で照らしていると、その光の下で眠っている羊飼いの少年エンディミオーンがアルテミスの目に入った。エンディミオーンの美しさに一目惚れしてしまったアルテミスが彼の隣に降り立ちその夢の中に語りかける。そしてエンディミオーンの夢の中で二人はひとときの逢瀬を重ねる。再び現実に戻りエンディミオーンの寝顔を見つめるアルテミス。そして彼女は思う。「彼は人間だ。いつか年老いてしまう。そして移ろいやすい人間の彼は現実では私を受け入れてくれないかもしれない……」

彼女は父親である大神ゼウスに、彼が年を取らないようにしてくれと頼む。この頼みをゼウスは聞き届け、彼を決して醒めることのない永遠の不死の眠りにつかせた。それ以後、アルテミスは毎晩エンディミオーンの元に訪れ、口づけし愛撫したが、エンディミオーンは永遠の眠りの中で決して応えることはなかった。この話はもともと月の女神セレネの話が、アルテミスのローマ名ダイアナと混同され、アルテミスの神話となったようである。

もう一つのアルテミスの恋物語は、ポセイドンの息子で狩りの名手であるオリオンとのものである。彼の死についてはいくつかの話があるが、その一つがアルテミスとの恋物語である。

腕の良い狩人であったオリオンは、あるとき偶然アルテミスと出会う。二人は出会ったときから互いに引かれ合い、狩猟という趣味を通じて親睦を深めていった。エンディミオーンとの話とは違い、オリンポスの神々の血を引く二人にしては考えられないくらい、交際は慎ましやかなものだったらしく、アルテミスの純潔は守られたままだったが(オリオンに至っては過去に妻をもったこともあり、プレアデスの乙女たちを追い回したなどの逸話を持つ好色な男であったにもかかわらず、である)、アルテミスの兄アポロンは二人の交際を快く思っていなかった。ゼウスに対する処女神の誓いを破ってしまうのではないかと心配したためだったとされているが、それは建前でただ単に、今まで自分一人だけに向けられていたアルテミスの親愛が他人に向けられることに対して嫉妬しただけなのではないかという推測のほうが、的確だと思われる。彼はオリオンが浅瀬に入っていたときに彼の頭に細工をして光を灯し、丘の上にいるアルテミスの

ところに戻ると「アルテミス、あなたは狩りの女神だったが、さすがにあの海の光る所までではその弓も届かないだろう?」と挑発した。アルテミスもそれに答えて、「なにを言うのアポロン。そんなことはたやすいこと」と答える間に矢を放ち、確かな手応えと同時に光は海中に没した。そして数日後、浜辺にオリオンの死体が流れ着き、事の次第を知ったアルテミスは嘆き悲しんだ。そしてゼウスに頼んでオリオンを星にして夜空に掲げたのがオリオン座だといわれている。

少女神アルテミス

　これらの逸話は彼女の少女らしい未成熟さを感じさせる。他の処女神たちが経験やなんらかの事情から処女神になったのと違い、アルテミスが処女神になった理由は有り体にいえば、知恵の女神であり、また軍神でもあるという文武両道を修めた先輩女神であるアテナへの憧れと、少女らしい潔癖さからの男嫌いが高じた結果かもしれない。その後の恋愛についてもあまり処女神としてのハンディを本人が感じている節はない。またトロイア戦争のときにもヘラに叩かれたアルテミスはオリンポスに帰り、父親であるゼウスの膝で泣きじゃくるという、少女らしい描写がある。彼女は絵画などでも、双子の弟であるアポロンよりもいくらか年下の少女に描かれることがしばしばある。

　純潔を誓う、というより「不浄な物に対する嫌悪」という少女らしい感覚ととらえれば、彼女がした巨人ティテュオスやニオベの娘たち、そして自分の部下であったカリストに対しての残忍な仕打ちも理解しやすい。神々の力を持ち、自在に弓を操る強力な女戦士でありながら、幼い少女の側面をもつ女神。人間くさいといわれるギリシア神話の神々の中においても、特に魅力的なキャラクターとして印象に残る女戦士であるといえる。

第4章　戦に臨んだ女神たち

兄を慕う殺戮の処女アナト
Anat
アナト

- ◆地域：カナン
- ◆時代：紀元前2000〜1000年前後
- ◆生没年：──
- ◆出典：ウガリット神話

大女神イシュタルの一部を受け継いだウガリット神話の殺戮の"乙女"アナトは、なんとも興味深い女神だ。その役割や言動が、まるで現代日本の若者向け創作の登場人物のようなのだ。キャラクター造形というものの本質が、実に三千年にわたって変わっていないのだと考えさせられる、魅力的かつ躍動的な女神である。

殺戮の女神

　メソポタミアで信仰された大女神イシュタル（イナンナ）は、非常に人気が高い神だった。そのためメソポタミアと文化的交流のあった幅広い地域に伝播し、それぞれの地で偉大な女神として崇拝されることになった。こうした分身たちは、イシュタルに備わっていた性質のある一面だけが強調されたり、あるいは複数の女神に分割されたりと、各地の風土風俗に沿って少しずつ装いを変えた。
　カナン人の重要な女神で、慣例的に「処女」と冠されるアナトも、こうした化身の一人である。数多いイシュタルの姉妹神の中から、あえてアナトを取り上げるのには理由がある。処女アナトは、祖先の戦神としての性格をもっとも色濃く受け継ぎ、強調した、殺戮を愛する恐るべき女神なのだ。

カナン人とウガリット神話

　旧約聖書の記述ではカナンと呼ばれるシリアとパレスチナは、内陸部の都市がエジプト、メソポタミアの二大文明をつなぎ、海岸沿いの港は地中海貿易の拠点となる交通の要衝であった。この地に住んだセム系のカナン人たちは、都市国家単位で完結し、大規模な国家を発達させなかった。そのため複雑な信仰が打ち立てられることなく、流入する諸文化から影響を受ける形で神話や宗教が発展していったのだ。そうしたカナン文明をもっとも開花させたのが地中海沿岸の諸都市国家である。中でもウガリットという都市は、重要な考古学的文書が発見されただけに有名である。ウガリット神話の多くは、この地ウガリットから出土した資料が解読された結果世によみがえった。

カナン人が神話の中で最高神としたのは天空神のエルである。メソポタミア神話のアヌに相当する神々の父、天の最高権力者だ。だがエルは実際にはほとんど玉座に座っているだけの「暇な神」とされ、その権力は嵐の神である主神バアルに委ねられていた。
　バアルは、エルないし穀物神ダガンの息子とされる活発な神だ。ウガリット神話の中で、「雲に乗る者」バアルはエルに代わって海神ヤムや死神モートと戦い、正義と王権を守る神として描かれている。現存するバアル神話は、バアルが大敵を相手に苦戦するが、最終的には勝利を手中にするという筋書きのものが大半である。戦士バアルは秩序の守護者なのだ。
　処女アナトは、ウガリット神話においてバアルの妹とも、妻ともいわれる非常に近しい神である。
　戦闘においては兄バアルを凌ぐ狂戦士と化すアナトは、父エルすら恐れるほど血気盛んな凶暴性を持ちながら、同時に一途に兄を慕い、バアルを助けてあらゆる敵と困難を克服する愛と戦いの女神だった。「少女アナト」とも呼ばれるアナトは、武装したうら若い娘の姿でイメージされていたのではないかと想像される。
　嵐の神バアルのもう一人の妻は豊満な豊穣女神のアスタルテだ。アナトとアスタルテにも、深い結びつきが存在する。この二神は、どちらも根をイシュタル女神に持つ神なのだ。アナトは戦神として、アスタルテは地母神としての属性をそれぞれ強く受け継いだ、いわば性格の違う姉妹のような関係にあった。そのためか、アナトとアスタルテ、そしてイシュタルは、ときにひとつの神性として、同一視されて崇拝されることもあった。たとえばエジプトでは、アナトとアスタルテは二神揃ってファラオの戦車を守る神として尊ばれた。
　嵐（雨）の神が、愛や豊穣の女神の助けを借りて、冬の象徴である神モート（死）、荒ぶる水の象徴である神ヤム（川）を打倒し、秩序を取り戻すカナン神話は、豊穣多産への強い祈りが込められた神話と考えられている。

処女アナトの戦い

「バアルにどんな敵が、『雲に乗る者』にどんな敵が来たのか？
　わたしは神ヤムを、エルがいつくしむ者を殺したではないか。偉大なる神『川』を絶滅したではないか。
　竜を沈黙させたではないか。這いまわる蛇を、七つ頭の強い怪物を破ったではないか。

わたしは神々のいつくしむ者、『欲望』を打ち砕いた。

エルの子牛『破壊』を破った。

神々の雌犬『火』を砕き、エルの娘『ゼブブ』を打った。

わたしは戦って、かつてはツァファヌの頂からバアルを追い出し、かれを追い払った人々の黄金を我がものとした」

　これは現存する神話の中で、アナトがバアルからの使者に問いかけた言葉だ。察するに、昔はアナトがバアルの敵を打ち滅ぼす物語がたくさんあったようだ。残念ながら大半は失われてしまっているが、残された断片からでも、アナトがどれほど戦闘に強い女神であったかは容易に知れる。

　たとえばアナトが倒したと述べているヤムという神は、諸事を決する"神々の集会"を脅かしたバアルの敵だった。審きの川、海の王子、海流の支配者とも呼ばれる強大な神である。

　横暴なるヤムは、父神エルが主催する神々の集会に、バアルを奴隷として引き渡すよう使者を送ってきた。まだバアルが天の主権を得ていない時期の話だ。ヤムの使者は無礼極まりない態度を取ったが、ヤムの強大な力を恐れるエルと神々の集会は脅しに屈し、言われるがままバアルを引き渡すと承諾してしまった。激怒したバアルはその場で使者を殴り殺そうとしたが、アナトとアスタルテに両腕を引かれて制止され、果たせなかった。

　奴隷になるよりは戦いで果てるべしと、バアルはヤムとの戦いを決意する。コシャルとハシスという技術神に魔法の棍棒（一説には雷光）を授かったバアルは、ヤムと対決し、辛くも打ち破った。この結果、神々は王権を奪ったヤムを倒したバアルを新たな主権者と認めるようになったのである。

　しかしヤムやレバイアサン打倒の功績を己のものとして述べている以上、アナトがバアルを助けてこれらを倒した神話の異説も存在していたものと考えていいだろう。

血に狂う女神アナト

　アナトの戦と流血への渇望は、現代人からするといささか度を越していると感じられるほどに激しい。別の神話には、経緯は不明ながら人間の軍勢と戦ったアナトが、戦士たちを殺戮する場面がある。切り取った無数の生首が足元にごろごろと転がる中、アナトは生首をまとめて背中に背負い、死者の手首を束ねて持った（首級や手首は勝利の象徴）。そして膝まで鮮血に浸りながら、棍棒で戦士の頭を砕き、逃げる相手の背に矢を射込み続けた。アナトは殺しても殺してもまだ飽き足りなかったのだ。

殺すべき者を殲滅し、アナトは己の宮殿に戻ったが、ひとたび目覚めた殺戮の衝動はまだ満たされていなかった。そこで彼女は宴と称して宮殿に兵士たちを誘い込み、再度心ゆくまで大殺戮にふけったのである。テーブルとテーブルの間を飛び交いながら、彼女は斬り、突き刺し、なめらかな太腿を戦士たちの血潮に浸した。そして自分が作り上げた殺戮の舞台を見渡して晴れ晴れと哄笑し、勝利と歓喜に酔った。ようやく満たされた思いになったアナトは、兵士らの血で手を洗い、自分の宮殿を綺麗に清めた。

　ヒンドゥー教のカーリーを連想させる、凄惨な女神である。しかしバアルは妹アナトの殺戮癖を好ましいとは思っていなかった。バアルはこの殺戮の後で妹を呼び寄せる使者を派遣し、同時に戦を終わらせ愛と平和を招来したいという意思を伝えさせた。殺戮を愛好する恐るべき女神ながら、兄にはぞっこん参っている処女アナトは、地上から戦いをなくし、愛を大地に広めようと誓った。そして兄との再会を待ちきれなかったのであろう。戻る使者を追い抜いてバアルの元に馳せ参じた。

　妻たちをしっかりと(嫉妬深い)処女アナトの目から隠しておいたバアルは、対面した妹に望みを語った。自分はいまだ他の神々のような宮殿を持たない。エルに建てて

第4章　戦に臨んだ女神たち

くれるよう頼んでくれないかと。
　アナトは自信満々で引き受け、父エルの宮殿を訪れた。娘の来訪を喜ぶエルに、アナトは冷たく言い放った。言うことを聞いてくれなければ「わたくしの手があなたの頭蓋を打ち砕きます。あなたの白髪を血とともに、あなたの白いあごひげを血潮とともに滅ぼすでしょう」と脅しつけたのだ。アナトは兄バアル以外には、父親といえどもまったく容赦がないのだ。
　こうしたアナトの恐ろしさをよく知る父エルは、すっかり震え上がって答えた。「おおわが娘よ！　わたしは知っている、おまえのがむしゃらさを。女神というものには自制がないことを。何が欲しいのだ、おお処女アナトよ」
　こうしてアナトが父神から承服を取りつけたおかげで、バアルの宮殿は造営されることになったのだ（バアルとアナトが連れ立って貴婦人"海のアシラト"〈エルの妻で神々の母〉に懇願し、アシラトを通して許可を得るという話もある）。

死神モートとの戦い

　技術神コシャルとハシスの手で宮殿を作ってもらったバアルだが、得意の絶頂にある彼に最大の仇敵が牙を剥こうとしていた。"死"だ。モートは作物の育たぬ季節と早魃期を象徴する神で、地下世界（冥界）の支配者である。豊穣期の支配者であるバアルにとっては最大の敵で、一度は敗れ去らねばならない宿命の相手だった。
「かつて悪しき蛇レバイアサンを打ち砕いたおまえだが、天は枯れ果ててしぼんだ。わたしはおまえを飲み尽くし、食べ尽くす」
　モートからの通告を伝えられたバアルは戦慄した。木々の実が枯れる早魃期には、豊穣の力は死に遠く及ばない。バアルはモートの支配する地下世界に呼び寄せられ、そこで死の力に屈し、地に倒れ伏して死んだ。
　神々はバアルの死を嘆いたが、なかでもアナトの絶望は深かった。彼女は己の身をかきむしりながら泣き（古代中東の伝統的な服喪表現）、嘆きの声は山に森にこだましました。泣きつかれるまで悲しんだ彼女は、気丈にも兄の遺骸を見つけるべく、シャマシュという太陽の女神を連れて地下世界に降りていった。バアルの遺骸は地下世界の美しい死の野原に倒れ伏していた。遺骸を背負って地上に戻ったアナトは、兄をしかるべき場所に葬った。
　アナトの報告を聞いた神々はバアルに代わる主権者の選出にかかった。だが慕うバアルを諦められないアナトは、モートを探し求めた。
「モートよ、わたしの兄を返しなさい」

アナト

マントの袖を掴んで詰め寄るアナトに、モートは冷然と拒絶の言葉を吐いた。けれどその程度で、バアルを慕い求める処女アナトが引き下がるわけがない。戦いを挑んだアナトは、兄を屈服させた強大なモートを剣で切り裂いて殺してしまい、遺骸をふるいにかけ、火で焼き、臼でひき、野原に灰を振りまいた。

モートは倒れた。早魃が終わったのだ。すると大地は潤いを取り戻し、豊穣の支配者バアルが息を吹き返した。死からよみがえったバアルは、留守の間に立った偽りの主権者を打ちこらしめ、再び王権の座に返り咲いた。

この七年後、バアルはこちらもよみがえったモートと戦い、今度こそ勝利を収めるのだが、それはまた別のお話になる(神話では、豊饒期と早魃期は七年周期で交代の時期が来ると考えられている。バアルとアナトのモートに対する勝利は、七年間の豊穣を約束するのだ)。

アクハトの弓

「アクハト」という神話は、アナトのイシュタルとの深い関係を暗示している。アクハトとは、世継を願ってやまないダニエルという王がバアルに祈願をし、ようやく授かった王子である。立派な若者に成長したアクハト王子は、ダニエル王が技術神コシャルとハシスから贈られた見事な弓の柄を譲り受けた。

この弓の柄は、もともとは神々(おそらくはアナト)のために作られたものだった。アクハトはこのすばらしい弓のおかげで、最高の狩人となった。しかし同様に優れた狩人であるアナトも、この弓を欲しがったのだ。

アナトはアクハトを豪勢な宴に招き、弓を譲ってくれるよう持ちかけた。はじめは金銀を、次には不老不死を約束した。だがアクハトは、人間は死すべき定めにあると女神の誘惑を拒絶し、逆に弓を用いて狩りをするのは女性にはふさわしくないという考えまで述べてしまう。

その場では高らかに笑い、何事もなかったかのように振舞ったアナトだが、心中では煮えたぎる怒りを抑えていた。彼女は宴が終わるやエルの元に飛び、アクハトが自分に向けた侮辱に復讐する許可を求めた。アナトの逆恨みであることがわかっていたエルはためらったものの、いつものやり方で脅されると、勝手にしろ、いつか報いを受けるぞと不承不承黙認せざるをえなかった。

アナトは自分に仕える戦士ヤトパンのところに赴き、アクハトを殺すように命じた。ヤトパンは弓欲しさにアクハトを殺めるのはよくないと女神を諫めたが、怒りに我を忘れている女神に道理が通じるはずもない。エルの言葉を借りるなら、アナトは「激しい神」

なのだ。アナトの魔力で鷲に変身させられたヤトパンは、やむなく狩猟中のアクハトを襲い、頭を嘴で突いて死なせる。アクハトの死体は他の鷲に丸のみにされ、彼の弓は海に落ちて失われた。

　しかしアクハトが死した瞬間、アナトの胸に去来したのは意外にも苦い後悔だった。泣きながらアナトは呟いた。「わたしはアクハトを生き返らせよう。弓のために、彼は打ち砕かれた。ただ弓のために。おまえは必ず生き返る」

　この後、伝説はダニエル王の嘆きとアクハトの埋葬を語り、そしてアクハトの妹「乙女」が復讐のためヤトパンに接近する。残念ながら結末は欠けていて失われた伝説になっているが、おそらく「民の生命の源」とも呼ばれるアナトがアクハトをよみがえらせる顛末が語られていたのだろう。

　この伝説上におけるアナトの行動と、『ギルガメシュ叙事詩』におけるイシュタル（P225～226参照）を比較してほしい。アナトがイシュタルの一側面を受け継いだ分身であることが、納得できるはずだ。

愛と生命の女神アナト

　登場する神話において、アナトは決まって短気で殺生を好む女神として描かれている。だが殺戮を好む面は、この複雑な少女神の一面に過ぎない。アナトの戦いは実際には兄のために行われたものがほとんどである。海神ヤム、死神モート、七つの頭を持つ蛇レバイアサン。これらはすべてバアルの大敵で、アナトは兄への愛ゆえにこれらの敵と戦い、勝利するのである。

　殺戮を好む女神が「民の生命の源」と呼ばれたのを奇異に感じるかもしれない。しかしバアルとアナトの関係を考えれば疑問は氷解するはずだ。豊穣をもたらす雨と嵐の神バアルは、その性質からときに旱魃や洪水といった敵に敗れてしまう。そのときに立ち上がり、敵を打ち倒し、バアル復活のきっかけを作るのが戦神たるアナトの役目なのだ。かくして豊穣はよみがえり、民は生き長らえる。こう解釈すれば、子供すら産むことのない「処女」アナトが「民の生命の源」とされるのも納得できるだろう（もっとも通り名とは裏腹に、兄バアルと結ばれ、野牛を産み落とすとおぼしき神話もあるのだが）。血の生け贄を必要とするのも、活力をつけてより大いなる生命を与えるためなのだ。これは世界の豊穣神に共通する特徴である。

　凄惨な殺戮の女神としての印象から一見そうは思われないが、アナトはやはり豊穣多産、愛と戦いの女神であるイシュタルの分身なのである。

第4章　戦に臨んだ女神たち

―― シャルカ ――

　いまも世界中で愛されている連作交響詩《わが祖国》は、ボヘミア（現チェコ）の作曲家ベドルジーハ・スメタナ（1824-84）が母国への想いを込めた作品である。ボヘミアの風土や伝説を題材に取った全六曲のうち、特に《モルダウ》は広く親しまれている。
　《モルダウ》に続く三曲目は名を《シャルカ》という。ボヘミアの古い伝説を下敷きにした激しい曲である。シャルカとは、その伝説の悲劇的ヒロインである女戦士の名だ。
　伝説の時代、チェコの地域では女性の権利は強く、男女がほとんど平等であったという。リブシェという王妃は、容姿が美しく賢明な女性で、予言の力を用いて公正に国を治めた。
　しかしリブシェ王妃の死後、女の権利はどんどん失われてゆき、世の女性の不満は嵩じていった。やがて女性はヴラスタという名の首領の下に結束し、ジェヴィーン城（処女の城）を固めて武器を手に男性と戦うようになった。これが《シャルカ》が下敷きにしている伝説の「男女戦争」という時代である。昔話が土台なだけに《シャルカ》の物語には細かい異説がいろいろあるが（たとえばオペラにもなっている）、大筋においておおよそ共通している。
　シャルカは首領ヴラスタの親友で、若く清らかで勇敢な娘だった。しかし真実の愛を捧げた恋人に裏切られた彼女の心は、悲しみと怒り、そしてすべての男への復讐心に塗りつぶされてしまっていた。
　ある日、プシェミスル王の勇敢な青年騎士ツチラドが、仲間たちと森の中を散策していると、どこからか女の助けを求めるかぼそい声が聞こえてきた。
「騎士さま、どうかお助けください」
　いぶかしんだツチラドが仲間の馬脚を止めさせ、周囲を探してみると、若く美しい乙女が木に縛りつけられていた。シャルカがツチラドを罠にかけるために一計を案じて待ち伏せていたのだ。そうとも知らず、ツチラドは乙女（シャルカ）を救い出し、巧妙な作り話を心から信じてしまった。姿を一目見たときから、ツチラドの心は恋の虜となってしまっていたのだ。この美しい女性を妻に欲しいとさえ、彼は願った。
　一方青年騎士を策略にかけたシャルカのほうも、思わぬ自分の心の動きに戸惑っていた。シャルカを自分の城に連れ戻り、にぎやかな宴席で慰めた凛々しい騎士ツチラドの優しさに、いつのまにか惹かれていたのだ。宴に興じる楽しげな騎士の顔を横目に見れば我知らず頬が火照り、微笑みを向けられればにこりと微笑みを返してしまう。宴に疲れて寝入ってしまったツチラドの寝顔を見ながら、シャルカの心は千々に乱れた。
　だがかつて受けた手ひどい裏切りの痛みが、彼女の悩みを断ち切った。
　このツチラドだって、いつか私を裏切るに決まっているのよ！
　窓辺に駆け寄ったシャルカは、迷いを振りきるかのように用意のホルンを一気に吹き鳴らした。シャルカの手引きで城内に乱入した女戦士軍は、ツチラドと仲間たちを手はずどおり惨殺してしまった。けれどツチラドが死した瞬間、シャルカは激しい動揺に襲われ、自分の所業を心から後悔した。そして烈火の如く怒った王の命令で女戦士軍が滅びると、シャルカもツチラドの後を追って炎の中に身を投じて生涯を終えたのである。

第5章 物語のなかに描かれた女戦士

最後の章として、小説や物語などの完全なフィクションに登場する女戦士の中で、伝統的な傾向を強く備えた女性たちを紹介しましょう。女戦士たちは物語の主役として苛酷な運命や栄光と挫折に正面から立ち向かい、それぞれにふさわしい運命を全うします。戦うヒロイン像はここに完成するのです。

SWORD MAIDEN

シャルルマーニュの騎士
Bradamante
ブラダマンテ

- ◆地域：フランス
- ◆時代：中世
- ◆生没年：──
- ◆出典：『シャルルマーニュ伝説』

イギリスのアーサー王と並び、民族の英雄として語り継がれてきたフランクの王シャルルマーニュ。彼に仕えた騎士たちの一人に、美しき心と、澄んだ瞳を持った乙女がいた。その名はブラダマンテ。彼女はあるとき戦場で、誠実さと強さとを併せ持つ勇者を見出しほのかな憧れを抱いた。そしていつしかその想いは愛へと変わっていったのである。

十二勇士の妹

　中世ヨーロッパで「アーサー王伝説」と並んで人気を博した騎士物語である「シャルルマーニュ伝説」。この伝説はシャルルマーニュの活躍したフランス以上に、イタリアで人気があった。女騎士ブラダマンテの物語は、主にイタリアで語り継がれてきたものだ。

　ブラダマンテは、シャルルマーニュの臣下でクレルモンという領地を治める、エイモンという公爵の娘としてこの世に生を受けた。彼女の兄はリナルドーという騎士で、シャルルマーニュに仕える十二勇士の一人だった。

　彼女の騎士装束を象徴しているのは白である。彼女の鎧には常に白いスカーフが巻かれており、兜には白い羽根飾り、そして手には白い盾を持っていた。この白は潔癖を表し、さまざまな誘惑に屈する多くの男性騎士に対し、彼女の決して揺らぐことのない誠実さを示している。

　この物語ではブラダマンテだけでなく、もう一人の女戦士で後にブラダマンテの義妹となるマルフィサ、ブラダマンテとその恋人ロジェロを助ける女魔法使いメリッサなど、女性が大活躍する。

　それには、この伝説が生まれたのがルネッサンス期のイタリアで、女性の華々しい姿がもてはやされた時代だったという背景があった。だがそれは、男性はしとやかな淑女ばかりでなく、実は賢く勇気のある、自立した女性に対して大いなる憧れを抱いているということの証でもあるのだ。

ロジェロとの出会い

　ブラダマンテの運命にもっとも深く関わった人物、それはもちろん彼女の夫、騎士ロジェロである。ブラダマンテとロジェロの愛の物語は、キリスト教徒とイスラム教徒の軍勢を、多くの騎士や魔法使いを巻き込み、シャルルマーニュの戦争全体に影響を及ぼすことになるのである。

　あるとき、ブラダマンテはシャルルマーニュの軍勢に加わり、戦場へと赴いた。しかし、そのころフランク王国はイスラム教徒に対し苦しい戦いを強いられており、ブラダマンテが参加した戦いでも、キリスト教徒は異教徒に押されていた。そんななか、ブラダマンテは十二勇士らとともに戦場に踏みとどまり、一人、また一人と異教徒の戦士をうち破っていた。

　そのとき、彼女の前に腕の立つ相手が出現した。その名はロドモン。彼はブラダマンテの兄リナルドーと一騎打ちをしていたのだが、リナルドーが退却するシャルルマーニュ軍とともに後退したため、キリスト教徒の陣内に深入りし、ブラダマンテと出会ったのである。

　ブラダマンテはロドモンが兄の一騎打ちの相手だったとは知らなかったが、兄に劣らぬ剣の腕で、互角の戦いを演じた。戦いはいつ果てるともなく続き、いつしか彼女は後退する味方と離れてしまった。

　そこへ現れたのが、異教の騎士ロジェロだった。彼はロドモンの後にリナルドーと戦ったのだが、高潔な騎士だった彼は相手が敵陣に取り残されつつあるのを察し、戦いをやめて彼に後退を促し、自陣に戻ろうとしていたのだ。

　だが、そこで彼が目にしたのはいまだ敵陣で孤軍奮闘を続けるキリスト教の騎士の姿だった。ロジェロはリナルドーに対したのと同じように、ブラダマンテにも戦いをやめ、自陣へ帰るよう勧めた。だが、ブラダマンテと戦っていたロドモンは勝利に執着し、休戦を拒絶してしまう。

　騎士らしからぬこの振る舞いに怒ったロジェロは、自分がロドモンの相手をすると二人の間に立ちふさがり、敵であるキリスト教の騎士を救った。ブラダマンテはロジェロの潔い振る舞いに感心し、戦場を後にした。

　しかし、ブラダマンテもまた高潔な騎士であった。彼女は自分のかわりに味方の騎士の剣を受けたロジェロの恩に報いずには去れないと、再び振り返り、彼のもとへ戻ったのである。

　ブラダマンテが戦いの場に戻ったとき、ロジェロはちょうどロドモンの剣をその手からはたき落としたところだった。ロジェロは丸腰の相手にとどめを刺すようなことはせず、

自らの剣をおさめようとしていた。

　ブラダマンテはこの見知らぬ異教の騎士が優れた武勇と、真の騎士道を身につけていることにまたしても心を震わせた。そして、助けてくれた礼を述べ、互いに名乗り合った。ロジェロはこのときはじめて、己が救った騎士が女性であることを知ったのである。

　ロジェロは彼女の勇敢さ、礼儀正しさ、そしてその美しさに瞬時に心を奪われた。ブラダマンテもまた、異教徒であるロジェロが味方の騎士にも希な潔さを持つことに、ほのかな憧れを抱いていた。

　しかし、イスラム教徒の軍勢は後退するブラダマンテを待ち伏せていた。単身包囲網に斬り込む彼女。ロジェロはこの美しい女騎士を放ってはおけないと剣を抜き、相手が味方であるのも気にせず加勢した。

　だが激しい戦いのさなか、二人は離ればなれになってしまう。ロジェロの高潔さに惹かれたブラダマンテと、ブラダマンテの美しさと気丈さに惚れ込んだロジェロが再び会うには、しばしの時間が必要となるのであった。

魔法使いとの戦い

　その後、ブラダマンテはロジェロのことを想いつつも、主君シャルルマーニュのために戦い続けた。彼の部下たちも、戦場を駆けめぐる白い盾を持つ女騎士の姿に奮い立ち、彼女はキリスト教軍を代表する勇者となった。だが、一刻も早くロジェロの行方を追いたい彼女は、戦いのさなかにも、彼のことが頭から離れなかった。

　あるときブラダマンテは、小さな泉で悲しみに暮れている一人の騎士に出会った。なぜ悲しんでいるのかと彼女が尋ねると、その騎士は「自分の妻が悪い魔法使いに捕らえられてしまった。多くの騎士がその魔法使いに挑戦したが、みな殺されるか捕らえられた」と語った。そして、捕らえられた人々のなかにはロジェロという騎士もいるという。

　ブラダマンテは想い人の名を聞き、その騎士とともに魔法使いの城へ向かうことを決意する。しかし、そのときブラダマンテのもとに「戦場へ戻って味方を鼓舞せよ」と伝える、シャルルマーニュからの伝令がやってきた。

　彼女は悩んだ。主君のために戦うことは騎士の務め。しかも彼女は多くの仲間に信頼され、帰還を望まれている。一方、恩義と淡い憧れを抱くロジェロを追わずにいることも、そして目の前にいる苦しむ騎士を見捨てることも、彼女にはできなかった。

　ブラダマンテは結局、援軍を求める知らせよりも先に悲観に暮れる騎士に出会った

ブラダマンテ

のだと己を納得させ、魔法使いの城へと向かうことにした。
　その城は遙かな断崖絶壁の上に築かれていた。そこに住む魔法使いアトラントは、翼を持った馬を所有しており、頂上に建てられた城に難なくたどり着けるのだが、徒(かち)のブラダマンテはそうはいかない。彼女は連れの騎士とともに険しい岩場を一歩、また一歩と登っていった。
　ところが、彼女と一緒に冒険に挑んだかの騎士は、正義に燃える彼女とは別な考えを抱いていた。彼の家系は実はブラダマンテの故郷とは敵対関係にあることが、道中の会話で明らかになっていたのだ。騎士はブラダマンテの勇気に気圧され、彼女から離れようと考えていた。そして行く手に大きく口を開けた岩場の亀裂が現れたとき、騎士の心には暗い計画が持ち上がったのである。
　もちろん疑うことなど知らぬ純粋なブラダマンテは、あたりでツタや木の枝を見つけるとそれらをつなぎ合わせ、騎士に端を持っているよう頼むと亀裂を渡りはじめた。だがこれこそ騎士の待っていた瞬間だった。彼は一言「そなたの一族とは相容れぬ」とつぶやくと、ツタを持つ手を離したのである。
　ブラダマンテは亀裂へと落ちた。ところが、手に握った木の枝が崖にこすれてブレ

第5章　物語のなかに描かれた女戦士

ーキとなり、また岩から突き出た木々の根が彼女の落下を和らげた。彼女は甲冑をしたたか地面に打ちつけたものの、幸い軽傷ですんだのだ。

　しかも、彼女が落ちたのは、その地に住んでいた善良な女魔法使いメリッサの洞窟からほどないところだった。メリッサはブラダマンテから事情を聞くと、彼女をアトラントの城まで案内し、さらにやはり城を目指している男が持っている「魔法の力を無効にする指輪」を手に入れるよう助言した。

　ブラダマンテはメリッサの忠告に従い、ブルネロという名のその男を見つけると道案内を乞い、自分はその男に背を見せぬよう、後ろからついていった。そして、魔法使いの城が見えてくると、ブルネロを縛り上げ、魔法の指輪を奪い取った。

　メリッサはブルネロは悪い人間なので、殺して指輪を奪えと告げていた。だが、ブラダマンテには無防備な相手を殺すことはできなかった。彼女は助けてくれと泣き叫ぶブルネロを無視して城の下まで行くと、持っていた角笛を吹き、アトラントに挑戦する騎士がいることを告げた。

　アトラントはこの挑戦に応じ、翼の生えた馬に乗ってブラダマンテの前に現れた。彼は左手に銀色に輝く丸い盾を、右手に魔法の呪文書を持っていた。輝く盾は陽の光を反射して相手の目を眩まし、怯んだところへ魔法の攻撃を仕掛ける。この方法で彼は、どんな勇猛な騎士にも勝てると信じていたのである。

　だが、ブラダマンテの指輪がそのどちらの効果をもうち消してしまった。彼女はしかし、盾の光に惑わされたふりをして地面に倒れた。そして魔法使いが空飛ぶ馬から降り、彼女のもとへと近づいた瞬間、立ち上がって剣を突きつけたのだ。

　アトラントは愕然とし、そして絶望した。魔法が効かないのであれば、目の前の騎士に対抗する手段はない。ブラダマンテは無抵抗なアトラントを縛り上げた。

　実はアトラントは、ロジェロの育ての親であった。彼は息子同然のロジェロがかわいいあまり、騎士となって危険な冒険の旅に出ることを許せず、魔法の力で彼を自分の城に閉じこめていたのだった。

　しかし魔力の通じないブラダマンテが相手では、アトラントは従うしかない。こうしてブラダマンテはロジェロを解放した。二人が魔法使いとの戦いの現場に戻ってくると、アトラントが乗っていた翼の生えた馬がブラダマンテを待っていた。彼女はこの馬の美しさに惹かれ、ゆっくりと近づいていった。

　ところが、ブラダマンテが近づくと、その馬は林の中に逃げてしまったのだ。後を追うブラダマンテ。ロジェロも彼女に力を貸そうと手分けをして翼の生えた馬を探し始めた。するとその馬は、ロジェロの前に現れ、彼がブラダマンテのもとに戻ろうとその背に乗ると、突然飛び上がり、彼を連れ去ってしまったのである。

恋の試練

ブラダマンテはロジェロがいなくなったのを知ると悲しみに暮れ、あてもなく彼を探し始めた。だが、空飛ぶ馬の背に乗せられ、遙か彼方に飛び去ってしまったロジェロは、ブラダマンテがいくら必死になっても、見つけることはできなかった。

彼女はどうしてよいかわからなくなり、アトラントの手からロジェロを救う手助けをしてくれたメリッサのもとを訪ねた。

実はロジェロの失踪は、彼を奪い返そうとする魔法使いアトラントの策略だった。ロジェロは人里離れたある島に連れていかれ、そこに住む魔女の妖しい魔力の虜になっていたのである。

メリッサは、「そなたの持っている指輪を渡していただけるなら、私がロジェロを取り戻して見せましょう」とブラダマンテに告げた。ブラダマンテは愛する人が帰ってくるならばと、すぐにその指輪を外し、彼女に手渡した。

メリッサがその島を訪れ、魔法のために魔女のことしか目に入らなくなっていたロジェロの指に魔力を封じる指輪をはめると、ロジェロはすぐに正気に返り、翼の生えた馬をメリッサに託すと、ブラダマンテのもとへと急いだ。

ところが、運命はまだ二人の再会を許さなかった。魔法使いアトラントは今度は自分自身が魔法でブラダマンテの姿となり、旅を続けるロジェロの前に現れたのだ。

ロジェロは道中で巨人と戦う騎士を見つけた。近づいてみるとその騎士はブラダマンテの姿をしている。ロジェロは即座に加勢しようとしたが、巨人は彼女を抱え上げるとものすごい速さで逃げ出した。

慌てて後を追う彼は、巨人が逃げ込んだある宮殿に入っていった。しかし、そこはアトラントの砦だった。ロジェロはまたしても彼に捕らえられてしまったのである。

実はそのころ、本当のブラダマンテは城塞都市マルセイユで、ロジェロの帰りを待ち続けていたのだ。人々や仲間の騎士から高い評価を得ていたブラダマンテは、ロジェロを魔法使いから救出した際に、捕らえられていた多くの人々を解放したことでさらに人気を高めていた。シャルルマーニュはそんな彼女の功績を認め、ブラダマンテをマルセイユの防衛隊長に任命していたのである。

彼女は人々の期待に応え、その重い責任を伴う役目をよく務めた。だが、彼女の心は一時もロジェロから離れることはなかった。

そこへやってきたのが、またしても魔法使いメリッサだった。彼女はブラダマンテにロジェロの居場所を教え、ついてくるようにと告げた。ロジェロを救うことができるのはブラダマンテだけだとメリッサは言った。

アトラントはロジェロを騙すためにブラダマンテのふりをした。ならばブラダマンテの前ではロジェロの姿をとるはずだ。ブラダマンテはメリッサの言葉を信じ、ロジェロの胸に剣を突き立てればよいのだ。

だが、メリッサに言われてアトラントの城へと近づいた彼女の前に、巨人と戦うロジェロの姿が現れたとき、彼女には迷いが生じた。

賢者メリッサの言葉を信じるか、いま己の目に映っている現実を信じるか。彼女には決心がつかなかった。もし剣を刺した相手が本当のロジェロだったら、とりかえしのつかないことになってしまう。

ブラダマンテは幾度も剣の柄を握り直したが、ついにその刃を送り出すことができず、巨人から逃げるロジェロを追って、アトラントの城に入ってしまった。

しかしその城の中では、囚われたすべての人がアトラントの魔術によって姿を変えられ、ブラダマンテとロジェロは互いにすぐ隣にいながら、相手を恋人だと知ることはなかった。

こうして二人は、同じ場所にいながら手を触れあうこともなかったのである。

愛の誓い

そんな二人を救ったのはブラダマンテの従兄弟である騎士アストルフォだった。彼は冒険の途中でアトラントの城にたどり着いたのだ。彼はあらゆる魔力をうち破る呪文の本を持っていた。そのためブラダマンテやロジェロを欺いた魔法の犠牲とならずにすんだのである。

そして、ようやく再会したブラダマンテとロジェロは、互いに自分の中の愛情をはっきりと認識した。ロジェロはブラダマンテの美しさと気高さ、崇高さを讃え、己の妻になってくれと申し出た。

ブラダマンテは微笑み、小さく頷いた。だが、二人の間にはまだ超えなければならない障害が残されていた。それは二人が異なる宗教のもとに生きているということだ。

ブラダマンテはロジェロに告げた。「もし私の夫になるならば、あなたは洗礼を受け、キリスト教徒にならねばならない」と。

これはロジェロにとっても望むところだった。彼の父はもともとキリスト教徒だったが、母はイスラム教徒で、この結婚を認めない母方の一族に幼いころ海に流され、イスラム教徒に拾われ育てられたのだった。いまこそ、生まれながらの神のもとへ帰るときだ。ロジェロはそう考えた。

ロジェロは味方の陣営に帰って名誉を持って軍を辞め、キリスト教に改宗するため、

ブラダマンテ

第5章　物語のなかに描かれた女戦士

ブラダマンテに二週間後に会おうと約束した。
　二人はまたしても離ればなれになった。
　ブラダマンテはロジェロの帰りをじっと待ち続けた。しかし約束の二週間が過ぎてもいっこうに彼は現れない。それどころか、彼が戦場で負傷し、マルフィサという名の女戦士の看護を受けているという噂が流れてきたのだ。その噂では、ロジェロは回復次第、マルフィサと結婚するという。
　ブラダマンテはいてもたってもいられなくなった。彼女は噂の真相を確かめるために馬を走らせ、ロジェロのもとへ向かった。
　途中、幾度かの危険な戦いと、人々を助けるための冒険を経て、彼女はようやくロジェロと再会した。噂は真実ではなかった。女戦士マルフィサの正体は、ロジェロの妹だったのだ。
　真実を知ったブラダマンテは安心し、苦難を乗り越えてやってきたブラダマンテに、ロジェロはあらためて愛情を感じた。ロジェロは即座に洗礼を受け、キリスト教徒となろうと決意し、改めてブラダマンテに求婚した。ブラダマンテはようやく幸せをつかむことができると喜んだ。
　だが、そんな二人には最後の試練が待ち受けていたのである。

最後の試練

　そのころ、長く続く戦いに飽いたシャルルマーニュとイスラムの太守は、そろそろ和睦を結ぼうと考え始めていた。だが積年の恨みをただ水に流すわけにはいかない。そこで彼らは、互いにこれぞという騎士一人を出し、一騎打ちによって勝敗を決するという取り決めを結んだ。
　そのころロジェロは軍を辞めるため、イスラム教徒の陣営へと戻った。
　しかし、そこで待っていたのは、自分がキリスト教徒との勝敗を決する勇者に選ばれたというニュースだった。しかも、相手となるのは婚約者ブラダマンテの兄リナルドーだというではないか。
　ロジェロは思い悩んだが、それまでの仲間に対する友情と、主君への最後の奉公のためと、これを引き受けないわけにはいかなかった。
　この知らせは、ブラダマンテをも絶望させた。どちらが勝っても、彼女は最愛のひとのうちどちらかを失うことになるのである。しかし、彼女にはこの状況をどうすることもできなかった。
　この戦いは終始リナルドー優勢のうちに進んだ。なぜならリナルドーが勝利と名誉

のために必死になるのに対し、ロジェロは相手が婚約者の兄であるがゆえに、全力を出しきれなかったからだ。

ところが、この戦いをそれまで何度もブラダマンテを救ったメリッサもまた見つめていた。彼女は魔法でイスラム教徒の戦士に化け、戦う二人の間に割って入った。これをきっかけに両軍は再び激突し、一騎打ちはうやむやになった。

ブラダマンテは兄とロジェロが無事だったことを喜んだが、自分のために再び戦争が始まったことに心を痛めた。

一方ロジェロは戦いの後、主君への務めは果たされたと考え、洗礼を受けキリスト教徒になった。一騎打ちの相手だったリナルドーはこれを祝福し、ロジェロが妹ブラダマンテを妻にしたいと告げると、喜んで賛成した。

しかしこのころ、実はもうひとつの結婚話が持ち上がっていた。というのは、ビザンチン帝国の皇帝が、たぐいまれな美女であり、優れた戦士でもあると誉れの高いブラダマンテを、自分の息子レオの妻にしたいとシャルルマーニュ、およびブラダマンテの父エイモン公に申し込んでいたのだ。

シャルルマーニュはもちろんこれに賛成。エイモン公もその妻も、自分の娘が皇太子妃となることを喜んで受け入れた。悲しいのはひとりブラダマンテである。彼女は行方の知れない兄とロジェロに、はやく帰ってきて欲しいと願った。

だがロジェロはこの話を聞くと絶望してしまった。ブラダマンテはついに自分を見限り、皇太子の妻となる道を選んだのだろうかと。そして怒りがわき起こり、自分の手で皇太子と決着をつけようと、身分を隠してギリシアへ向かった。

そのころギリシアは隣国ブルガリアとの戦いのさなかで、ロジェロが訪れたとき、たまたまブルガリア軍が圧倒的なギリシア軍に敗走させられているところだった。ロジェロは騎士の務めとして劣勢な側に加勢するべきだと考え、単身ギリシア軍に襲いかかった。

圧倒的な敵に対する勇戦空しく、ロジェロはギリシア軍の捕虜となってしまう。だがそのおかげでブルガリア軍は体勢を立て直すことができた。この戦いぶりを見ていたビザンチン皇太子レオは、名も知らぬ戦士の活躍に感心し、彼の命を助けた。ロジェロは相手が宿敵である皇太子とも知らず感謝し、命にかけても恩義に報いると約束した。

一方そのころ、ブラダマンテはロジェロへの愛を守るため、「私は盾の乙女である」と宣言し、自分を妻としようと思うものは、一騎打ちで自分の攻撃に一日耐えねばならないと主張した。

レオはこの宣言を聞くと、打ちひしがれた。自分があの女戦士にかなうはずはない。

第5章　物語のなかに描かれた女戦士

　そこで、命を救った騎士にかわりに戦ってもらおうと考えた。彼はその騎士がブラダマンテの婚約者であるとは露とも知らなかったのである。
　こうしてロジェロは、己の恋敵であるレオのために婚約者と戦わねばならなくなってしまった。彼は絶望したが、約束を破るわけにはいかない。彼は「恋人の刃によって死ぬなら本望だ」と覚悟を決め、フランスへと帰ってきた。
　一騎打ちの当日、ブラダマンテは相手を皇太子レオと思いこみ、必死の打撃を繰り出した。
　ロジェロは愛する人に剣を向けることができず、ただ騎士の名誉として、必死で身を守ることだけに専念した。恋人の最後の一撃を待ちながら。
　だが、さすがのブラダマンテも、勇者ロジェロにとどめを刺すことはついにできなかった。もしかしたら彼女のどこかに、恋人を相手にしているという第六感が働いたためかもしれない。
　いずれにせよ、二人の戦いは日没まで決着がつかず、取り決めによってブラダマンテの敗北が宣言された。
　ブラダマンテは目の前が真っ暗になり、ロジェロを裏切るくらいなら己の命を絶とうと決心した。
　ロジェロもまた、苦しんでいた。彼は自らの剣で、己の愛を裏切ってしまったのである。彼もまた、死を持ってこの苦しみを終わらそうと考えていた。
　こうして二人の愛は悲劇的な終わりを告げるかと思われた。
　これを救ったのは、ロジェロの妹、女戦士マルフィサであった。彼女はやはり戦う乙女であるブラダマンテの気持ちが痛いほどよくわかっていた。マルフィサはシャルルマーニュに「ブラダマンテはすでに自分の兄ロジェロと婚約しているのだから、この一騎打ちは無効だ」と主張した。そして、この結婚を強行するというのであれば、皇太子と一騎打ちしたいと申し出た。
　シャルルマーニュは驚き、そして困惑した。ブラダマンテの両親は、その婚約はロジェロの洗礼前であろうから無効だと主張。マルフィサは仕える神のいかんにかかわらず、現世の約束は約束、愛は愛だと言い返した。
　ところが当のレオはこのマルフィサの申し出を快く承諾した。
　なぜなら、彼にはブラダマンテとも対等以上に戦う騎士がついているからだ。マルフィサに対しても勝ったも同然だと彼は考えていた。その騎士がマルフィサの兄であるとも知らず。
　ロジェロは再び苦しみに苛まれた。そして今度ばかりは、その苦しみと悲しみを、恩人であるレオに隠しておくことができなかった。

彼はついに、レオにすべてを打ち明けた。自分がロジェロで、ブラダマンテの婚約者であり、レオとはライバルであること。そして戦う相手であるマルフィサの兄であるということを。
　レオはこれを聞いて驚いたが、不思議と怒りは湧き上がってはこなかった。彼は未来のビザンチン帝国を担う人材であり、忠誠への報いと友情の尊さを知っていたのである。彼はブラダマンテへの愛を捨て、友情を選んだのだ。
　こうしてようやくブラダマンテはロジェロと結ばれた。
　その後、ロジェロが救ったブルガリアから、彼に王になって欲しいという願いがあり、ロジェロはこれを承諾、ブラダマンテはブルガリア王妃となった。ブルガリアとフランス、そしてビザンチン帝国は愛情と友情によって結ばれ、劣勢となったイスラム教徒たちはシャルルマーニュと和睦を結んだ。
　ブラダマンテは自分のために巻き起こった争いがついに終わったことを、すべての人と神に感謝した。だが、戦いを終わらせたのは、ブラダマンテの己を貫く意志とロジェロへの偽りのない愛、そしてそれゆえに人々の信頼を勝ち得た彼女自身の誠だったのである。

第5章　物語のなかに描かれた女戦士

豪傑を翻弄した三国志の傾城
Diaochan
貂蝉

- ◆地域：中国
- ◆時代：後漢朝末期(2世紀末期)
- ◆生没年：——
- ◆出典：『三国志演義』『三國志平話』『錦雲堂美女連環計』

「三国志のヒロインは誰か？」と聞けば、ほとんどの人が彼女の名前を挙げるのではないだろうか。中国四大美女の一人に数えられるその美貌と、養父王允により教え込まれたたぐいまれな歌と踊りの才能によって、三国志中最強の武将である董卓、呂布を破滅へと導いた彼女はある意味、「三国志演義中、最強の戦士」といえるかもしれない。

三国一の美女

多くの武将、知将たちが登場する『三国志演義』。世界的にも人気のあるこの物語の中で劉備、曹操たち人気武将と共に、忘れることのできない登場人物として、貂蝉の名前を挙げる人も多いと思う。

彼女は中国四大美女といわれる西施、楊貴妃、王昭君、貂蝉の中で唯一の創作上の人物である。しかし、「演義」を正史と同列に考えるのは中国人にとって当然の思考であり、彼らが貂蝉を実在の人物も同然に扱うのは無理のないことなのだ。その証拠に彼女の人気は『三国志演義』の中だけに留まらず、連環の計の行だけを取り出した京劇や映画、ドラマなどが中国では大変な人気を博している。

しかし、彼女の正確な容貌についてはまったく記述がない。ただ、当時の女性の理想像として、「玉膚柔軟」(玉のようになめらかでやわらかな肌に)、「柳身」(柳のような細い体)、などがしばしばあげられるので、きっと貂蝉もその名の通りのはかなげな美人であったのだろう。

彼女が『三国志演義』という長い物語において活躍するのはほんの一瞬のことでしかない。しかし、彼女の差し込んだエピソードはあまりに鮮烈に人々の記憶に刻み込まれる。以下に貂蝉の活躍を紹介しよう。

養父王允の悩み

董卓が幼帝を擁して事実上漢王朝を乗っ取り、多くの大臣たちが離散した後も、幼帝を見捨てず朝廷に残った朝廷の元老、司徒(当時の元老院の最高位、宰相のよ

うなもの)王允の歌姫として、彼女は登場する(養子、実子との説もある)。日ごとひどくなっていく董卓の横暴に王允は頭を悩ませ、また、ただ悩んでいるだけでなく董卓をいさめたり、それでも聞かないとなると董卓の暗殺計画も(自分の名前は出ないように注意した上で)実行に移していたのだが、董卓の養子である最強の武人、呂布が常に側に仕えていたため、そのことごとくが失敗していた。

苦悩を深くしていく養父、王允の様子を見かねて、当時16歳の貂蝉(『三国志平話』ではもともと呂布の妻だったが、戦いの中はぐれてしまった貂蝉を王允が預かっていた)が「どういたしましたか、お父様」と声をかけた。その瞬間、王允の頭に策がひらめいた。しかしそれは董卓を亡き者にすると同時に今まで実子以上にかわいがってきた貂蝉にも過酷な運命を課せるものだった。

美女連環の計

その策が孫子の兵法、三十六計にいう「連環の計」である。貂蝉の顔を見た途端ひらめいた王允は実子同然にかわいがってきた歌姫に決死の計画をうち明ける。父親も同然、いやそれ以上の恩がある王允の頼みを、貂蝉はなんのためらいもなく承諾し、自分の命をコマとするこの計画に協力することにした。

そしてある日王允は呂布を宴に招き、歓迎の一環として貂蝉を呼ぶ。しずしずと部屋に入る貂蝉の美貌に呂布は言葉もなく見入ってしまう。十分な反応を見た王允は「呂布殿さえよろしければ、娶ってやっては頂けませんか?」と切り出した。もちろん呂布に否などあろうはずはない。王允は「では吉日に貂蝉を嫁がせましょう」と約束し、宴を終わらせた。

さらに幾日が過ぎた頃、王允は董卓を自宅へと招き再び宴を開き、ここでも貂蝉を呼んだ。姿を現した貂蝉に、呂布のときと同じく董卓も声が出なかった。はじまった貂蝉の舞いはその美貌にも増して、天女のように美しく董卓の目に映る。そんな董卓に王允は「お気に召しましたのでしたら、このまま連れ帰っていただいても結構です」と言う。董卓は一も二もなく頷いて、その場で貂蝉を抱き上げ、宮廷へと帰っていった。

董卓が美女を連れ込んだという噂はたちまち知れわたることとなり、それが貂蝉と知った呂布は烈火の如く怒り狂い、王允へと詰め寄った。

満面に怒りを表す呂布に王允もさめざめと涙を流しながら、貂蝉を一目見た董卓は呂布殿の元へやるのが惜しくなってしまったのだろうと語り、さらに呂布は董卓に自分の女を取られたともっぱらの噂である、と続けた。その言葉に激怒した呂布は今までの恩を翻し、董卓を討つことを誓う。そんな呂布に対して、王允も共に董卓を倒すこ

とを約束した。しかし、準備が整うまで董卓に疑われるわけにはいかない。言い含められた呂布が普段通りにと董卓の元へ向かう途中、偶然か、それとも何らかの計算のためか、董卓の帳（とばり）から自室に戻る貂蝉と出会ってしまう。思わず呂布が声をかけると貂蝉は泣き崩れ「呂布様、どうしてもっと早く来てくださらなかったのですか……私はもはや董卓様に汚されました。どうしてあなたに会わせる顔があるでしょう」と庭の池へと身を投げようとする。呂布は慌てて貂蝉を止め、王允との約束を貂蝉に語り、貂蝉のため全てをなげうつ覚悟を伝える。貂蝉がひしと呂布に抱きついたそのとき、自室から出た董卓が二人を見つけ、声を荒げて近づいてきた。呂布が慌ててその場から去ると、貂蝉は董卓に「董卓様、危うくあの乱暴者の呂布に手込めにされるところでした」としなだれかかる。すっかり貂蝉に惚れ込んでいた董卓は全ての怒りを呂布へと向けた。このとき、貂蝉は自らが養父王允の策を成したことを実感しただろう。

　この騒ぎは宮中で噂となり、董卓と呂布の確執はますます深くなっていった。そんな中、呂布を董卓の武の懐刀とするなら、智の懐刀と言える軍師李儒（りじゅ）は「貂蝉くらい呂布にくれればよいのです。呂布を失ったらどうしますか」といさめ、董卓も悩みながらも「確かに今の地位があるのも呂布の助力あってのもの」と思い直す。しかし貂蝉に「私の幸せは董卓様のところにいてこそのもの。あのがさつな呂布の元に行くぐらいなら死にます」と言われると、董卓も慌てて「呂布の元へなどやりはしない」と答えてしまう。李儒は「われわれは女の手にかかって死ぬのか」と嘆いたという。

　そして、計画は最終段階を迎える。幼帝が病に倒れたため、その見舞いに董卓が向かう途中、王允が組織した反董卓軍が呂布を先頭に襲いかかったのだ。決着は一瞬で着き、都中が暴虐な董卓の支配から逃れたことに歓喜の声を上げた。

　ここにおいて王允の「美女連環の計」は成り、董卓の抹殺に成功したのである。

連環の計の後

　その後、呂布がとって返して貂蝉を迎えにいくと、彼女はすでに自害していた……という展開が一般的だと思われているが、実はこれは日本の訳本（おそらく吉川英治版からの）独特のものである。

　中国の『三国演義』ではこの後、貂蝉は呂布の妾となり、呂布が曹操に捕らえられるまで行動を共にし、捕らえられた後は呂布の家族と共に曹操がその身を預かることとなる。

　一方王允は、一時は董卓に代わり天下を取ったものの、董卓派の人間の復讐により間もなく討ち取られた。

貂蟬

第5章　物語のなかに描かれた女戦士

　養父を失い、呂布の妾としてその側に居続けた貂蝉の心境がどのようなものであったのかを想像するよりは、そのまま自害するという展開のほうが我々日本人には理解しやすく、また美しくも感じるだろう。だが、あえて彼女を生き延びさせ、呂布の妾としてその一生を全うさせたというのは（『三国志平話』の筋ならば、もともと妻であった貂蝉がその後も呂布につき従うのもわかるのだが）『三国志演義』の著者、羅貫中や羅貫中が編纂するまで説三国（三国志演義として羅貫中が編纂する以前の講談であった三国志のタイトル）を語り続けていた講釈師たちのどのような意図によるものであったのかは知る由もない。

貂蝉のモデル

　前述した通り、貂蝉は『三国志演義』における創作上の人物だが、そのモデルになった女性は実在する。王允が董卓の暗殺計画を立て、それを次々実行していったことは事実で、その一環としてどうしても呂布の協力が必要だった。そして、そのとき、呂布のほうでもどうしても董卓に死んで欲しかった理由があったのである。呂布は董卓の侍女と密通していたのだった。この呂布の動機と王允とを絡めて、講釈師たちは貂蝉というキャラクターを創作したのだろう。
　また呂布の部下秦宜禄が、呂布と共に曹操に捕らえられたとき、秦宜禄の妻の美しさに、当時曹操の部下であった関羽が彼女を娶りたいと所望したが、あまりにも美しかったので曹操は自分のものにしてしまったという話もある。この話から関羽が貂蝉を娶ろうとする挿話を持つ三国志小説もあり、秦宜禄の妻は貂蝉のもう一人のモデルとなった。

整形美女？　貂蝉

　当然ながらこの希代の美女に後世の人間がつけ加えた逸話や民間伝承は数多く存在する。その中でも特に興味深く、異端めいたものを一つ紹介しよう。
　天下の司徒王允がひどく思い詰めた顔をして、食事も喉を通らない。このまま政務が滞ることがあっては一大事と、彼の元に一人の優秀な医者が送られた。その優秀な医者こそ、三国一の名医華佗であった。王允の体を一通り調べ、「体はどこも悪くない。さては何か悩み事がおありかな？」と聞く華佗に、王允はこの人ならば大丈夫だろうと重い口を開く。「私が思い悩む事と言えば、天下治世のことのみです。今の天下は董卓の横暴のせいでこの荒れよう。どうにかして董卓を廃さなければと、美女連環

の計を思い立ったのですが、この策に必要な美女が見つからないのです」とため息を吐いて言う。華佗は少し首をひねって「ならばあなたの養女の貂蟬はどうですかな？　彼女は両親を董卓に殺され恨みも深く、養ってくれたあなたに恩義を感じている。刺客にはうってつけだと思いますが？」しかし王允は苦り切った顔のままで、「貂蟬はそれほど美しくない(!?)。この策には完全な美女が必要なのです」と答えた。華佗は「なるほどわかりました」と頷くとそのまま王允の家を後にする。それからしばらく経って華佗は再び王允の家に現れる。「華佗先生、一体今日は何のご用でしょう？」と王允が聞くと、「医者の仕事は患者の治療、あなたの病を治すために来たのだ。さあ貂蟬を連れてきなさい」と答える。何事かとは思ったが、とりあえず王允は貂蟬を連れて華佗の前へと座る。「ふむふむ、この娘をもっと美しくすれば、あなたの悩みは消えるのだね？　ならばそれは造作もない」といい、懐から一つの生首を取り出した。驚く二人に華佗は滔々(とうとう)と説明する。「これは私が掘り出した西施の首だ。これをそこの貂蟬につけ替えよう」と言った。あっけに取られる二人を後目に華佗は手術を始めてしまう。繋いでしばらくはピクリとも動かなかった貂蟬だったが七日後、ついに目を覚ます。王允も「これぞ西施の再来！　これならば私の連環の計もうまくいく！」と喜び勇んで貂蟬に連環の計を説明する。しかし貂蟬には董卓への恨みも王允への恩もあるものの、策をやりとげられるだけの覚悟がもてない。ならばと華佗は再び飛び出し、今度戻ってきたときには「肝」を手に持って言う。「これは始皇帝を暗殺しようとした刺客、荊軻(けいか)の肝だ。これを貂蟬に移植すれば、きっとやりとげられるだろう」と、再び顔のときと同じく貂蟬の体を手術した。もちろん手術は成功し、貂蟬は西施の美貌と荊軻の胆力を持ち合わせた「傾国」となり、王允の連環の計を成功に導いたのだった。

　なんとも突飛な話ではあるが、貂蟬が実は美しくなかったという斬新な切り口と名医華佗を連環の計に絡めた、三国志民間伝承の白眉であるといえる。

貂蟬という女性

　貂蟬とは本来、漢代の高位高官がかぶる冠の飾りで、テンの尾と蟬の羽を模して金箔で作られた繊細なものであったという。とすると、貂蟬という女性は、三国志の世界を蟬のように儚く、英雄たちの間をテンの尾のようにユラユラと漂って生きた儚い女性たちの生き様に、後の講釈師が名前と体を与えたものだったのではないだろうか。そして名と形を得た戦国の女性たちの姿に我々は憐憫(れんびん)とそれ以上に美しさを感じて、非実在の貂蟬という女性を中国四大美女の一人に数えるまでに美しいものとして見てしまうのだろう。

第5章　物語のなかに描かれた女戦士

中国でもっとも有名な女戦士
Mulan
木蘭

◆地域：中国

◆時代：5～6世紀（もしくは7世紀初頭）

◆生没年：──

◆出典：『木蘭詩』『隋唐演義』『木蘭従軍』

北魏時代（5～6世紀）初頭に活躍したといわれている木蘭は十三妹、穆桂英とも並び称される中国屈指の女戦士である。自ら剣を取り、馬を操り、その知力を持って敵陣深く入り込み、味方の窮地に颯爽と駆けつける。彼女は私たちが「女戦士」という言葉からイメージするものを余すところなく所有した人物であるといえるだろう。

中国屈指の女戦士

　木蘭（ムーラン）は三国時代末から北魏にかけての動乱の時代に、父親に代わって男装して軍隊に入り活躍した。彼女はただ強い兵士であるだけでなく、父のため、国のため、孝と義に殉じて戦った女傑である。中国では広く知られた女性で詩歌や京劇、映画など様々な創作のモチーフとされ、上海では木蘭拳という拳法まである。現代でも教科書に取り上げられるほどで、中国、台湾では切手の図案にもなっており、中国女性の心のシンボルとして、燦然と輝き続けている。

木蘭の出典

　彼女の存在が初めて世に出たのは、北魏時代の無名詩人が著した、古楽府（こがくふ）という曲つきの詩『木蘭詩』によってである。「トントン……トントン」という擬音から入る楽しげなこの詩は当時の流行歌のようなもので、事実を面白おかしく喧伝したのか、無名詩人による完全な創作なのかは判然としていない。以下に、簡単に内容を紹介しよう。
　トントン……と窓辺で妙齢の女性、木蘭が機を織っている。トントン……トントン……だが、不意に機織りの音が止み、木蘭は深いため息を吐いた。その表情は物憂げで、何か悩み事があるのは明らかだ。「ああ、どうしよう……昨夜、皇帝陛下から兵員の招集状が来たというのに、この家には兵員になれるような男手がない。お父さんはもう戦える体ではないというのに……」。十二枚の招集状には全て父の名が書かれていた。これはどうあっても兵員を出さないわけにはいかない。しばらく悩んだ後、木蘭は決心する。「私はお父さんから馬術を習った。剣技も習った。用兵も習った。なら

ば、私が兵士になろう！」。思い立つと、木蘭は市場で馬と馬具と鞭を買い求め、家を飛び出してしまう。男装して父の招集状を掲げた木蘭は何の疑いもなく部隊に迎え入れられ、各地を転戦することとなる。彼女は何百もの死闘をくぐり抜け、気づけば10年の月日が経ち、壮年となった。多くの手柄を立てた木蘭は皇帝と謁見して十二階級特進と多数の褒美を受けた。皇帝はひたすら木蘭の活躍に感心し、「何か望みはないか？ そなたの望むところをかなえよう」と言ったところ、木蘭は昇進を拒み、「ならば駿馬を賜りたく思います。一刻も早く、父母の元へと帰りたいのです」と請うた。皇帝はすぐさま駿馬を用意させ、木蘭と生死を共にした仲間たちに故郷の村まで送らせた。娘が帰ってくると聞き、老いた父母は互いを助け合って村の入り口に立ち、姉や弟は大喜びで出迎えの準備を整える。木蘭は仲間と共に村に戻ると自分の家に飛び入り、鎧を脱ぎ、機織りをしていた昔の服に着替え、髪を結い、かんざしを挿した。そして再び門に戻ると同時に、かつての仲間たちの驚きの声があがる。「12年も一緒にいたのに、木蘭が女性だとは知らなかった！」。木蘭はその仲間たちの声に笑って答える。「雄兎が素早く、雌兎がのんびりしているものかしら？ 二匹の兎が並んで走っていたら、どちらが雄か雌かを見分けることなんて、できる人がいるかしら？」と……。

第5章　物語のなかに描かれた女戦士

もう一人の木蘭

　以上が後に続く木蘭を主人公とした物語の原型ともいうべき『木蘭詩』を比較的原文通りに訳したものである。非常にシンプルなストーリーながら、軽妙な韻を踏んだ原文は、当時広く民衆が口ずさんでいた様子を想像させる。彼女が実在、もしくはモデルが存在したものなのか、あくまで空想上の存在なのかはわからないが、この歌は当時の民衆に絶大な支持を受け、多くの人々がその実在を信じていた。当時や、この時代以前にも多くの女将軍、女戦士が中国には存在したのだが、人々の口の端に上ることはほとんどなかった。厳格な儒教社会がそうさせた……という考え方はいささか論を急ぎすぎていると思われる。しかし木蘭に至るまでの女将軍、女戦士が夫や父に従いその補佐として活躍していた中、木蘭の活躍は男装して、自分自身が武勲を立てた話として、センセーショナルに受け入れられたことだろう。
　そしてそれは彼女が正史に載っていない存在であったこともあって、後世の創作家たちはこの魅力的なモチーフを使って自分の作品を作ろうと考えた。
　そのもっとも有名なものが『隋唐演義』に登場する花木蘭だろう。ここで「花」という木蘭の姓が登場するのだが、果たしてこれが『隋唐演義』のオリジナルであるのか、それ以前にあったいくつかの「木蘭伝」のひとつにあったものなのかは不明である。しかし、あまりにも有名なこの作品で登場した「花」がその後木蘭の一般的な姓として人々に知られることとなる（他には魏、朱といった姓がある）。それはともかく、北魏時代から隋末期、少なく見積もっても100年の開きがあるのだから、両者が同一人物のはずがない。明らかに『木蘭詩』をモチーフに作られた後の創作なのだが、この『隋唐演義』であまりに有名になったために、こちらのほうが元祖だと思っている人も多い。
　ときは隋末、事実上ほとんど滅亡した隋王朝の後を狙い、幾人もの男たちが次代の皇帝を狙う中、突厥は蕭后や趙王を掌握している曷娑那可汗が支配し、漢民族から兵を駆り集めていた。花孤という男も徴兵されることになった。彼の娘・花木蘭は、「年老いた父が出征するのは可哀想だ」と思い悩み、男装して父の代わりに徴兵に応じた。しかし花木蘭は自分と同じく女戦士である敵、竇線娘に捕らえられてしまう。竇線娘は彼女が女性であることを知ると、お互いの環境に共感を覚え、義姉妹の契りを交わした。しばしの交友を深めた後、竇線娘から別れ際にその思い人、羅成への手紙を託される。木蘭はその途中、故郷に帰り着くがそこでは彼女の武勇と美貌に目をつけた曷娑那可汗の、自分の後宮に入るようにという通達が届いていた。彼女は申し出を拒絶するために、妹の花又蘭に羅成への手紙を託して自害してしまう。花又蘭は姉の死を悲しみつつ、遺志を継いでやはり男装して羅成の元へと向かう。

これ以後、『隋唐演義』における木蘭の役割はその妹、又蘭に受け継がれる。手紙を持っていった彼女は姉の義姉妹の思い人、羅成に一目惚れされたりとさらに展開を見せていくのだが、この際それは割愛する。

この『隋唐演義』がベースになっていると思われるが、創作の世界では一般的に花木蘭は隋末期から唐初期にかけての人物とされている。しかし細かいディテールは千差万別で、京劇の『木蘭従軍(ムーランシュウユン)』では隋の兵士として従軍し、転戦12年の後、故郷に帰って戦友賀廷玉(がていぎょく)と結ばれるという、いわゆるハッピーエンドとなっている。

巾幗英雄(きんかく)

巾幗とは、中国の女性の髪飾り、頭飾りのことであり、転じて女性自身を指す。つまり「巾幗英雄」とは女性の英雄、女戦士のことである。

中国文学や京劇の世界でも巾幗英雄は人気のある題材であり、巾幗英雄が主人公として登場する話の中でも花木蘭(ファムーラン)・穆桂英(ぼくけいえい)・梁紅玉(りょうこうぎょく)・秦良玉(しんりょうぎょく)などはトップスターといっていいだろう。

穆桂英は『楊家将演義』に登場する元山賊の女首領で、あるとき獲物であった軍人の家系である楊家の息子に一目惚れし、無理矢理結婚してしまう。その後、夫とともに戦場を駆けめぐり、夫亡き後は自ら先陣をきる。戦争によって男手を失った楊家に遺された女たちをかき集め、女だけの軍隊で逆賊を討ったといわれている。

梁紅玉はもともと娼妓(しょうぎ)であったときにいまだ身分の低い軍人であった韓世忠と出会い、「この男はきっと将来立派な軍人になるに違いない!」と見抜き、素早く結婚の約束を取りつけた後、自分の持てる力の全て――一流の娼妓として蓄えていた財力と、そしてたぐいまれな武芸――を持って彼を補佐し、ついに宋(そう)の将軍の地位まで彼を押し上げる。その後も彼女の内助の功は続き、自分でも女だけの軍隊を組織し、陣太鼓を叩いて、味方を鼓舞し、敵を威嚇したといわれている。

秦良玉はこの四人の中で唯一実在が確認されている人物で、歴史書『明史』にその活躍が記されている。幼少期、父親が兄や弟たちと一緒に戯れに武芸を教えたところ、その才能は瞬く間に開花し、父親は彼女が男でなかったことを嘆いたという。その後、馬千乗(ばせんじょう)という実直な男の元へ嫁ぐが、馬千乗が宦官の仕掛けた罠により獄死してしまうと、彼に代わり名代を引き継ぎ、自ら夫の部隊を率いて、当時頻発していた反乱軍と戦った。当時の軍隊と言えば略奪を当然のように行っていたなかで、彼女の部隊では厳しい規律が守られ、決してそのような行為を働かなかったという。後に侵攻を繰り返す女真族(じょしん)との全面戦争に身を投じ、その一生を戦陣で終わらせることとなる。

美しさと強さ、そして優しさをも同居させた彼女たちに我々は心奪われるのだ。

第5章　物語のなかに描かれた女戦士

英雄を救う中国の戦女神
Jiutianzuannu
九天玄女

◆地域：中国

◆時代：様々

◆生没年：──

◆出典：『平妖伝』『雲笈七籤』『水滸伝』ほか

中国でもっとも有名な女神の一人。仙人たちの最高責任者の一人である西王母の補佐も務め、戦いの女神でもある九天玄女は中国でも広く名前の知られた神の一柱である。もともと中国土着の女神が、道教やその他の中華思想の中変化し、今の形になったと思われる。台湾では現在でも厚く信仰され人気の高い女神である。

九天玄女の二つの側面

　九天玄女は中国の軍神であり、ギリシア神話のアテナなどと同じく勝利をもたらす闘争の女神であると同時に、仙界の西華(そこにある池から瑤池ともいう)に住む仙人たちの頂点に君臨している女神・西王母の補佐でもある。来歴については不明な点が多いのだが、九天玄女は創世神話の主役、女媧とたびたび同一視される。創世神話の主人公にして人類の生みの親である女媧と、西王母の補佐であり軍神として人間どうしの戦争に深く関わっていく九天玄女が同一人物と考えられているのは少々意外な気もするが、そんな雑多な世界観の中、彼女はどのような存在として、認識されているのか、以下に紹介しようと思う。

最初に援助を得た英雄、黄帝

　最初に九天玄女が軍神としての立場を確立するのは、三皇五帝の時代、黄帝の時代の話である。

　かつて世界を治めていた牛頭の王・神農の死後、荒れていった世の中を建て直した黄帝が世界を治めていたときのことだ。彼の治世を神農の子孫で牛蹄手(牛のひづめ)、銅の頭、鉄の額を持つ蚩尤という怪物がねたみ、黄帝に対して72人(もしくは81人)いる兄弟とともに魑魅魍魎からなる異形の軍勢を率いて反乱を起こした。黄帝も各地の豪族や鬼神を結集し蚩尤を迎え討とうとするのだが、武芸百般の武神である蚩尤が指揮する軍の前に、苦戦を強いられる。

　苦境に立たされた黄帝であったが、ある晩本陣で眠っているとき、西王母に「近い

うちに自分の助力を与えよう」といわれる夢を見る。これを信じた黄帝は祭壇を造り三日三晩祈ると、彼の眼前に西王母の副官である九天玄女が現れ、兵法書「陰符経」を貸し与え、天へと去っていった。

　これによって力を得た黄帝は様々に軍を駆使し、やがて蚩尤の軍を壊滅することに成功するのだった。

　九天玄女の伝説としてもっとも古く、かつ伝統のある物語であるが、女媧＝九天玄女説を採ると、この話にはいささか普通の解釈とは違った趣が加わることとなる。女媧は神農の前にこの中国を治めていた神であり、蚩尤はその子孫である。つまり彼女は自分が帝位を譲った人物の子孫を討ち滅ぼすために、黄帝に力を貸したこととなる。彼女の真意は一体どこにあったのだろうか。

第5章　物語のなかに描かれた女戦士

もっとも有名な九天玄女の援助、宋江

　続いて紹介するのは『水滸伝』の主役の一人、宋江の話である。すでに梁山泊の頭首となっていた宋江が追い手をかけられ追いつめられ、もはや万事休すかと思われたところ、とある社にたどり着き、その中に隠れて難を逃れる。そのまま社の中に隠れていた宋江だったが、そのとき不意に女童の声に呼ばれ荘厳な神殿へとたどり着き、そこに座っていた九天玄女の前へと導かれる。驚く宋江に九天玄女は彼が天地百八星の星主なる身で、本来は神界の人間であるという来歴を語り、魔術と戦術、そして予言の書の三巻の天書を渡し、これからの戦いに役立てるようにと伝える。恐れながらも天書を受け取った宋江は梁山泊へ戻り、天書の助けを借りながら、梁山泊をさらに強大な一大勢力へと築き上げるのである。

越女に下凡した九天玄女

　最後に、『水滸伝』『三国志演義』と同じ、羅貫中（馮夢龍によるという説もある）によって編纂された『平妖伝』に登場する九天玄女を紹介しよう。
　春秋時代、呉王と越王が争っていた頃、范蠡という越国の宰相が南山に剣術に精通した処女が住んでいることを聞き、彼女を軍師として越国に招くことにする。この処女が、暴虐な呉王を倒すため玉帝が遣わした九天玄女だった、という話から物語がはじまる。
　彼女が范蠡の招きに応じて山を下りるときに、突然一人の老人が現れ、「なかなかの腕とお見受けする。自分も少し覚えがあるのだが、一手、手合わせして貰えないだろうか」といった。九天玄女は「わかりました、存分におためしください」と応じて、近くにあった木を二つに折り、即席の木刀で打ち合いを始める。
　実はこの老人は長年の修行で妖術を身につけた白猿、袁公が化けたものであったのだが、即座にその正体を見破った九天玄女は難なくこれを撃退する。越国へと到着した九天玄女は、強大な呉の国に軍備増強を気づかれないまま越軍の教練を行い、越軍が強大になったのを見ると、黙って越国から去っていった。その後、越王は訓練された軍隊によって、呉王の軍を打ち破ったのである。
　さて、黙って去っていった帰り道で、九天玄女は再び袁公と出会う。再戦を望むのかと聞く九天玄女に袁公は弟子にして欲しいとひざまずく。袁公が心から敬服しているのを見て、九天玄女は弟子にしてやることにした。そして彼に剣術を教え、弾丸に変化する雌雄一対の剣を授けたのである。

この九天玄女直伝の雌雄一対の剣は術者の思うがままにうなりを上げて空を飛び、敵の急所を一撃で貫くという強力なもので、学んだ袁公自身でさえそのあまりの恐ろしさに多用を控えたという。
　この後、剣術以外にも様々な術を修めた袁公は天界の書庫の管理人となるのだが、『西遊記』の孫悟空よろしく行った悪戯のせいで、天界と地上にトラブルを引き起こし、それが物語の発端となっていく。
　その後しばらく九天玄女の出番はないのだが、後半になると『水滸伝』のときに宋江にしたのと同じように朝廷側に助力し、増長した妖人たちの征伐に力を貸す。
　余談ではあるが、越王の軍師としてその幕僚に加わったという九天玄女の化身である処女は、一般に「越女」の名で知られる実在した（といわれている）女軍師である。

創作と信仰の狭間にいる女神

　九天玄女は一般に英雄や皇帝に助力し、その戦いに勝利をもたらす軍神として認識されている。また、『平妖伝』の中の記述のように、ただ助力するだけではなく、自らも武勇に秀で、剣を持って戦う女戦士でもある。おそらくこの『平妖伝』の話から想起されたものであると思われるが、民間伝承の中では、九天玄女の化身である乙女が妖怪をうち倒すという話が数多く存在する。
　このように逸話に事欠かない存在ではあるのだが、創作からの出典が多く、道教の神としての神話自体はそれほど華やかとは言い難い。しかし、それらの逸話から、彼女のイメージは強く民衆に形作られ、多くの人々から信仰の対象として崇拝されている。

第5章　物語のなかに描かれた女戦士

騎馬の国の盾持つ乙女
Eowyn
エオウィン

◆地域：中つ国

◆時代：第3期

◆生没年：2995〜？

◆出典：『指輪物語』

映画にもなったトールキンの名作『指輪物語』。この物語では、大いなる使命を担う勇者たちとともに、ひとりの剣を握る女性の姿が描かれている。男たちに交じって剣を握り、冥王サウロンの軍勢と戦うというエオウィンの勇姿を通して、トールキンは女性の自立と若者の栄光への憧れ、そして真の英雄の姿を見事に描き出したのだ。

トールキンと『指輪物語』

　エオウィンは、英国の文学者にして言語学者であるJ.R.R.トールキンが記した『指輪物語』に登場する女戦士である。彼女は作品の第二部である『二つの塔』から物語の舞台に姿を現し、第三部『王の帰還』において、冥王サウロンに仕える指輪の幽鬼ナズグルの首領が乗る怪鳥の首を切り落とした[注1]。彼女のこの一撃が、「ペレノールの合戦」と呼ばれる善と悪の一大決戦の転回点となったのである。

　トールキンは英国やアイルランドのケルト民族、および北欧や西欧のゲルマン民族の間で語られていた、多くの神話や英雄伝説、民間伝承をかみ砕き、味わい、飲み込んだ。そしてその凝縮されたエッセンスを、『指輪物語』に代表される新たな読み物としてしたためた。

　その物語には創造主が、創造主に仕える天使たちが、彼らによって生み出された英雄や妖精や怪物たちが登場する。亡国の王子が、重大な使命を背負った勇者が、民のために剣を取る王たちが登場する。すべての力と世界の覇権を手にしようと目論む悪魔が登場する。

　これらはみな、トールキンが拾い集めた欧州の伝説を構成するひとかけらなのだ。そしてエオウィンは、やはりヨーロッパで延々と語られ続けてきた、剣と盾を握る女性の姿を今に伝えるものなのである。

註1）映画『ロード・オブ・ザ・リング』では、オーストラリア出身の女優ミランダ・オットーがエオウィンを演じている。

ローハンの女戦士

　エオウィンはローハンという騎馬民族の貴族として生まれた。金色の川のような長い髪を持ち、背が高く痩せていたが、その身体は鋼のようにしゃんとしていた。銀色のベルトで留めた白い服が、彼女の強さと美しさを併せ持ったその姿を輝かせていた。彼女の母はローハンを統べる王セオデンの妹であり、王にとっては自身の姪にあたる存在だった。彼女はこの母と、ローハンのかつての騎士隊長エオムンドの間に生まれた。エオウィンの兄エオメルもセオデンに仕える騎士で、世界を支配しようとたくらむ冥王サウロンの下僕魔術師サルーマンとの戦いにおいて戦死した王子セオドレッドに代わって、セオデン王の跡継ぎとなった。

　王家の姫という立場はあったが、エオウィンは他の宮廷に住む多くの姫君のような、従順な女性ではなかった。

　そもそもローハンは、長い歴史と栄光を誇る隣国ゴンドールに比べ、素朴な民族だった。王国としてローハンに定住するようになってからも、騎馬民族の伝統としてすべての貴族が騎士としての戦いの技術を身につけていた。

　姫であるエオウィンも、幼いころから兄とともに剣技を、そして乗馬を学んでいた。セオデン王やその息子が、あるいは兄エオメルが戦いのために城を空けると、彼女は残った騎士たちとともに「王国の最後の砦」の守護者として、凛々しく民を率いた。

　だが、そんな彼女にも我慢できないことがあった。兄弟たちとともに鍛えた剣の腕が、戦に出陣しない自分にだけは栄光をもたらさないという不満である。そしてこの不満は、未来の王と呼ばれる一人の勇者に出会ったとき、奔流となって彼女の心からほとばしったのだった。

世界への憧れ

　エオウィンが物語に登場するとき、彼女の住むエドラスは絶望に包まれていた。ローハンの領土はその北辺で冥王の手先サルーマンの領土アイゼンガルドと接し、騎士たちは常に、オークやウルク・ハイと呼ばれる巨大な闇の軍勢を相手に苦しい戦いを強いられていたのだ。

　加えて黄金館と名づけられた城の中にも、人々の呼吸する空気を澱ませる声があった。王の側近で助言者であるグリマは「蛇の舌」と呼ばれる狡猾な男で、実はサルーマンが送り込んだ間者であった。

　彼は王の耳元に善の敗北とローハンの滅亡を囁き彼を絶望させ、その判断力を奪

第5章　物語のなかに描かれた女戦士

っていた。セオデン王はグリマの甘く苦い舌の響きを通して、魔術師サルーマンの虜になりつつあったのである。

そしてグリマは、その妖しい言葉によって美しい姫エオウィンにも魔の手を伸ばしていた。彼がローハン滅亡の後にサルーマンから約束されていた報酬は、ほかならぬエオウィンの心と身体だったのだ。

エオウィンはこの男の野望と、自分に対する邪心に気づいていた。だが、相手が、主君のもっとも信頼する人物である以上、彼女にはこの状況を打開することはできなかった。

そんなとき、跡継ぎである王子セオドレッドが「イセンの渡し」と呼ばれた戦場で討ち死にしたという知らせが届いた。これを聞いた王の心はさらに深く沈み、城内は重苦しい静けさに見舞われた。ただグリマだけが、己の野望に一歩近づいたとほくそ笑むばかりだった。

彼はもはやエオウィンに対する欲望を隠そうともせず、エオウィンは彼女を見つめる濁った瞳と、甘い囁きのたびに這い出る舌に震えた。彼女の兄エオメルは、グリマの企みを王に進言し、逆に不興を買い城を追い出された。

エオウィンは思った。自分が男であったなら、襲い来る悪に剣を持って立ち向かうことができるだろう。心を奪われた王を救うために戦うことができるだろう。信頼する兄を心配させることもなかっただろう。

たとえ従兄弟のセオドレッドのように戦場に倒れたとしても、この濁んだ城の空気に耐え続けるよりはましだった。「外へ出たい」と彼女は願った。それは、この小さな城の外へ、ローハンの姫という定められた殻の外へ、そして大きなうねりの生じている中つ国という世界へと出ていきたいという願いであった。

救いの神

そんな彼女に希望の火をもたらしたのが、北からやってきた旅の勇者たちであった。魔術師ガンダルフ、野伏[註2]アラゴルン、エルフのレゴラスとドワーフのギムリという風変わりな一行である。彼らはローハンの騎士たちを、サルーマンが統べるアイゼンガルドの戦いに奮い立たせるためにやってきたのだ。

彼らは黄金館にすがすがしい空気を吹き込んだ。ガンダルフは「蛇の舌」グリマを放逐し、セオデン王をサルーマンの呪縛から解き放った。アラゴルンら戦士たちの勇姿にローハンの騎士は戦意を高め、人々は希望を抱いた。

そしてエオウィンも、アラゴルンにほのかな憧れと、未来への希望を感じていた。そ

註2）野伏（のぶせ）森などをさすらう人。英語ではレンジャー。映画『ロード・オブ・ザ・リング』では「さすらい人」とされていた。

の憧れは、彼が自分がかつての王の末裔であり、その後を継ぐ存在なのだと明かすと、いっそう高まった。

　アラゴルンなら人々を勝利へと導くであろう。その手に栄光を掴むだろう。そして自分をこの檻から救いだし、光り輝く世界へと連れていってくれるだろう。エオウィンはそう感じたのである。

　だが、いざ戦がはじまろうというとき、セオデン王はエオウィンに城に留まれと命じた。戦いが敗北に終わったとき、ローハンを統べる王家のものが必要だったからだ。エオウィンは軍勢が旅立つとき、ただ一人城門に立ち、剣を両手で握ったまま彼らを見送った。その姿には、王家の娘としての誇りと、戦士としての歯がゆさがともににじみ出ていた。

脱出

　サルーマンとの戦いは激戦となったが、ローハンの戦士たちはどうにか勝利を得ることができた。いよいよ戦いは冥王サウロンとの決戦へと移りつつあった。だが、セオデン王は隣国ゴンドールで行われるであろうこの戦いにも、エオウィンを連れていくことを拒んだ。

　彼女はこれに刃向かい、出陣するアラゴルンに自分も連れていってくれと願う。「私も殿方たちのように、戦によって栄光を掴みたい」と。だがそこには、ほんの少し以前とは違う気持ちが混じっていた。

　彼女は、ほのかな憧れを抱くアラゴルンの側で戦いたいと思うようになっていたのだ。自分の本当の姿を、戦う乙女の姿を、彼に見届けてもらいたいと思ったのだ。そしてまた、彼の戦いに少しでも貢献し、たとえ短い間であろうと、人生の歩みをともにしたいと思ったのだ。

　しかしアラゴルンは「そなたはローハンの最後の砦だ。誰かがやらねばならない重要な任務なのだ。男たちが戦いに敗れれば、そなたも戦うことになる。誰もその栄光を語るものがいない戦いを。それが真の勇者なのだ」と彼女を諭した。

　エオウィンは「それは、男たちが戦場で死んだ後は、女はその家とともに焼かれてもよいということでしょう」と叫んだ。「私は盾の乙女であり、召使い女ではありません」と。

　アラゴルンはそんな彼女の瞳を、優しく見つめた。そこには少女の、いや少年の若々しさがあった。ほんとうの戦場を知らず、世界の運命が危機に瀕しているということをほんとうには理解していない若者の、未来を信じている若者の瞳だった。

　彼女はたとえ禁じられても、剣を持って戦場へ行くであろう。そう思うと、アラゴルン

は悲しみを感じた。彼はエオウィンの自分に対する気持ちに気づいていた。願いを叶えてやりたいとも思った。だが自分にはすでに愛を誓った女性がいた[註3]。どうしても彼女を連れていくことはできなかったのだ。

　アラゴルンの思った通り、同行を拒絶されたエオウィンは、男装し、デルンヘルムと名を変え、やはり出陣を拒否されたホビット族のメリーを連れて、密かに戦場へと向かった。その心には、愛する男性に拒絶された絶望から、勇者としての死を望む気持ちが生まれていた。

ナズグルとの戦い

　こうしてエオウィンはペレノールの平原へとやってきた。そこではゴンドールの軍勢と、サウロンに従うオークたちが激戦を交えていた。だが形勢は圧倒的にサウロン軍有利だった。セオデン王率いるローハン軍は、この窮地にかろうじて間に合ったのだ。

　戦いの行方はわからなくなった。しかし、セオデン王はオークの放った矢に貫かれ、愛馬とともに戦場に倒れてしまう。そこへ敵軍の総大将であるナズグルの首領が舞い降りてきた。勝負は決したかに見えた。

　エオウィンはこのとき、すかさず王の側へと駆け寄り、ナズグルの前に立ちはだかった。主君である王への想いと、ついに決戦の場に立ったという興奮と、目の前の敵に対する恐怖から、その瞳には涙が浮かんでいた。彼女は「死者に手を触れるな、化け物よ」と叫んで剣を抜いた。

　ナズグルの首領はしゃがれた声で「おまえを殺さず、黒の塔へと連れていこう。その柔らかい肉を裂き、縮み上がった心臓を冥王の御目に曝そう」というと、彼女に襲いかかろうとした。「私を倒せるものなどいないのだ」。

　だがナズグルはエオウィンが兜を脱ぐと、たじろいだ。自分の目の前にいるのが女の戦士だということに気づいたのだ。ナズグルは「人間の男の手で殺されることはない」といわれていた。だが、いま自分に立ち向かっているのはなんと女ではないか。

　エオウィンは長い髪を片まで垂らし、泣きながら剣を構えていた。そして、ナズグルを乗せた怪鳥が、甲高い叫びを上げて襲いかかってくると、エオウィンはすばやく一撃でその首を切り落としたのである。

　慌てたナズグルは持っていた矛でエオウィンの盾を突いた。彼女の盾は木っ端みじんに砕け、盾を持っていた左腕は醜く折れ曲がった。だがナズグルもまた、地面に崩れ落ち、エオウィンと一緒に戦場へ来ていたメリーに致命的な一撃を受けたのだった。

註3）アラゴルンはエルフの乙女アルウェンへの愛を誓っていた。エルフ族は不死である。定命の人間である自分に対する愛を信じ不死の力を捨てようとしている彼女に、アラゴルンはすべてを捧げていたのだった。

エオウィン

第5章　物語のなかに描かれた女戦士

満たされた心の隙間

　エオウィンがナズグルの首領を倒したことで、形勢は完全に逆転した。そしてそこへアラゴルンの軍勢が出現し、ペレノール平原の戦いは勝利に終わったのである。しかしエオウィンはその勝利を目にすることはできなかった。左腕を幽鬼の一撃で砕かれた彼女は意識を失い、闇のもたらす苦痛の中を彷徨うことになってしまったからだ。

　やがて彼女は戻ってきたアラゴルンの術によって癒された。そして、そのとき彼女の心も癒す人物が現れたのである。エオウィンの病室にはもう一人、以前の合戦で重傷を負っていたゴンドールの執政の息子ファラミアがいたのだ。

　戦いがゴンドールから、冥王の居城モルドールの黒の門へと移っていった後、傷の癒えたファラミアは自分の側に美しい姫が眠っていることに気づき、その美しさに心を奪われた。さらにまた、彼女の瞳に悲しみが宿っていることにも気がついた。

　戦いが自分を残して去っていったことを知ったエオウィンは、再び失望に苛まれていたのだ。やはり戦場はこのかよわい女戦士を必要としていないのかと。そして医師に対し、武具を返し、自分を戦場に戻してくれるよう願い出たのである。

　ファラミアはそんな彼女に「あなたが戦場へ戻る必要はないのです。戦いはまだ終わっていません。今は身体を癒すことです。もし我が軍が破れ、この地が再び戦場となる日が来たならば、私もあなたも、そのときまでに戦える身体になっていなければならないのですから」と告げた。

　さらに彼は「それにあなたが戦場へ行ってしまうのは、私にとって悲しいことです。あなたの姿を再び見られなくなるかもしれないと思うと、私の心は張り裂けそうです」ともいった。それは愛の告白にほかならなかった。

　このとき、それまで感じたことのなかったものが、エオウィンの心に生じた。彼女はこれまで、父を母を、主君セオデンを、そして兄エオメルに愛情を抱いていた。ローハンの民に、勇者アラゴルンに愛情を抱いていた。だが、自らに対する愛情を、これほどまでに感じたことはなかったのである。

　それは彼女の心に新たな光が射し込んだ瞬間だった。彼女の中の戦いを求める心、栄光を追い求める心は、満たされぬ心の裏返しだったのだ。

　このときを境に彼女は剣を捨てた。そしてファラミアの愛を受け入れ、盾の乙女であることをやめ、彼の妻となった。

　指輪を巡る冥王サウロンとの戦いは、善の勝利に終わった。ゴンドールには真の王アラゴルンが帰還し、執政の子ファラミアは民を率いる重責から解放された。そして彼の妻エオウィンも、王家の姫としての義務から解放され、一人の女性として残りの人生

を生きることができるようになったのである。
　そしてこのときになってはじめて、彼女はかつてアラゴルンがいった「真の勇者」という言葉の意味を知ったのだ。若者が戦いを求めるのは、自分を認めてもらいたいからで、真の勇者は誰も知らぬところで己の使命を全うするのだということを。

索引

ゴシック体のページ数は項目となっている事を表します。

【ア行】

- アイゼンガルド 289
- 会津娘子隊 **89,94**
- アウレリアヌス 148
- アキレウス 206
- アクハト 258
- アスラ 230,237
- アタランテ **214**
- アッカド 216,224
- アテナ **205,242**
- アトラント 265
- アナト **252**
- アフロディーテ 200,246
- アポロン 205,248
- アマゾン **204**
- アラゴルン 290
- アルゴ号 197,244
- アルテミス 204,242,**248**
- アレクサンドル一世 64
- アレス 204,242
- アンガンチュール 183
- アンティオペー 213
- イアソン 197,243
- 韋后（いこう） 136
- イシュタル **224**,252
- 今井兼平 29
- インドラーニー 241
- ヴァーラーヒー 241
- ヴァイシュナヴィー 241
- ヴァルキューレ **162**
- ヴィシュヌ 231
- ヴィニョール（エティエンヌ・ド） 16
- ヴェルヴィユ（ジャンヌ・ド） 43
- ウガリット 252
- 内田家吉 33
- エア 218
- エイファ 174
- エオウィン **288**
- エリザベス一世 112
- 袁公（えんこう） 286
- エンデュミオーン 250
- 王允（おういん） 275
- 王皇后（おうこうごう） 138
- 黄金演説 123
- 王昭君（おうしょうくん） 274
- 応神天皇 107
- オーディン 162,182
- 大姫 156
- 大山祇神社 72
- 忍城（おしじょう） 95
- 越智安成（おちやすなり） 76
- オッタヴィアーノ 129
- オデナート 147
- 乙姫 156
- オリオン 250
- オルレアン公 11

【カ行】

- カーラ 167
- カーリー 235,**236**,255
- 甲斐姫 **95**
- カウマーリー 241
- 華陀（かだ） 278
- 賀廷玉（がていぎょく） 283
- カナリー（マーサ・ジェーン） 56
- カナン 252
- 蒲生氏郷（がもううじさと） 98
- 花又蘭（かようらん） 282
- カラミティ・ジェーン **56**
- 川崎尚之介 88
- 木曽義仲 28
- 九天玄女（きゅうてんげんじょ） **284**
- ギルガメシュ 225
- 巾幗英雄（きんかくえいゆう） **283**
- ク・フーリン 174
- クトゥーゾフ 70
- グドルン 168
- 倶利伽羅峠 30
- クリッソン（オリヴィエ・ド） **43**
- グンナル 168
- ケルトの戦の女神 **171**
- コーション（ピエール） 22,26
- コンピエーニュ 20

【サ行】

- 索元礼（さくげんれい） 143
- 佐々木留伊 **100**
- ザブダ 148
- サロマーテン（アレクセイ） 50
- シヴァ 231,236
- シグルーン 164
- シグルド 167
- 七母神 238,241
- シノン 12
- ジャーンシー 77
- シャルカ **260**
- シャルル7世（王太子シャルル） 11
- シャルル マーニュ 262
- 周興（しゅうこう） 143
- シュメール 224
- ジョヴァンニ 130
- 蕭淑妃（しょうしゅくひ） 138
- 徐敬業（じょけいぎょう） 142
- 神功皇后 105
- 秦良玉（しんりょうぎょく） **283**
- 垂簾の政（すいれんのせい） 143
- スヴァーヴ 163
- スカアハ 174
- スカル（サリー） 57
- スター（ベル） 57
- スチュワート（メアリー） 118
- スフォルツァ（カテリーナ） **124**
- スンパ 237
- 西施（せいし） 274
- セオデン 289
- セシル（ウィリアム） 116
- ゼノビア **146**
- 宋江（そうこう） 286
- 祖国戦争 70

【タ行】

- 妲己（だっき） 136
- ダドリー（ロバート） 117
- ダモタル 80
- ダルク（ジャンヌ） **10**
- チャームンダー 241
- 仲哀天皇 105
- チュルフィング 182
- チュン・チャク（徴側） 110
- チュン・ニ（徴弐） 110
- 張易之（ちょうえきし） 144
- 張昌宗（ちょうしょうそう） 144

索引

貂蟬(ちょうせん).....274
ツチラド.....260
鶴ヶ城.....89
鶴姫.....72,95
ティアマト.....216
鄭夫人.....44
テセウス.....212
照姫.....94
トゥアハ・デ・ダナーン(女神ダヌの一族).....171
トゥーブ(タンチャ).....82
ドゥーロワ(アンドレイ).....65
ドゥーロワ(ナージェジダ・アンドレーエヴナ).....64
董卓(とうたく).....274
ドゥルガー.....230,237
トールキン(J.R.R.).....288
ドムレミイ村.....12
巴(巴御前).....28,98
豊臣秀吉.....95
ドレイク(フランシス).....119
トロイア戦争.....204,246,248

【ナ行】
中野こう子.....94
中野竹子.....94
中野優子.....94
中原兼遠(なかはらかねとお).....29
ナズグル.....288
成田氏長.....95
新島襄(にいじまじょう).....93
ニスンバ.....237
ネブカドネザル.....190
ネモン.....171

【ハ行】
バーイー(ラクシュミー).....77
バーヴ.....171
バアル.....253
パールヴァディー.....230
ハーン(ナーテ).....81
ハイ・バ・チュン(徴姉妹).....110
バタール(ジャン・ル).....16
畠山重忠.....32
バラノフ(ニコライ).....50
パルミラ.....146
板額.....28
ヒコック(ジェイムズ・バトラー).....61
ヒッポリテー.....212
花木蘭(ファ・ムーラン).....282,283
フィーア.....171
プーリン(アン).....113
フェオ(ジャコモ).....129
武則天.....136
プラダマンテ.....262
ブラフマーニー.....241
ブリュンヒルド.....167
ブルゴーニュ公.....11
平妖伝(へいようでん).....145
ベトリア.....191
ヘラ.....205,243,248
ヘラクレス.....212,243
ヘルヴォール.....182
ヘルゲ(シグムントの子).....164
ヘルゲ(ヒョルヴァルズの子).....163
ヘロデス.....148
ペンテシレイア.....204
ヘンリー5世.....11

ヘンリー6世.....11
ヘンリー8世.....113
北条政子.....152
ボーディケア.....160
ボードリクール(ロベール・ド).....14
ホーフンド.....188
穆桂英(ぼくけいえい).....283
ボニー(アン).....36
ボルジア(チェザレ).....124
ホロフェルネス.....191

【マ行】
マーヘシュヴァーリー.....241
マッハ.....171
マルドゥク.....218
マルフィサ.....272
三島安精.....73
源実朝.....156
源義賢(みなもとのよしかた).....29
源頼朝.....29,153
木蘭(ムーラン).....280
無敵艦隊(アルマダ).....119
メアリー.....113
メイヴ.....177
メイストル(ジャン・ル).....26
メデイア.....197
メリッサ.....262
モート.....253
モリガン.....171
モルガン.....181
モルゴース.....181

【ヤ行】
ヤマトタケルノミコト.....105
山本覚馬(やまもとかくま).....86
山本八重子.....86
ユディト.....190
楊貴妃(ようきひ).....136,274

【ラ行】
ラーオ(ガンガーダル).....79
ラーオ(サダシオオ).....81
来俊臣(らいしゅんしん).....143
ラカム(ジョン).....37
ラスコヴァ(マリナ).....47
ラフォンテーヌ(ジャン・ド).....26
ランス.....12
リアーリオ(ジローラモ).....125
リード(メアリー).....36
李賢(りけん).....141
李弘(りこう).....141
李孝逸(りこういつ).....142
李旦(りたん).....141
李哲(りてつ).....141
リトヴァク(リディヤ).....46
リナルドー.....263
梁紅玉(りょうこうぎょく).....283
呂布(りょふ).....275
レオ.....271
ローズ(サー・ヒュー).....82
ロジェロ.....262

【ワ行】
ワーバラット.....148

参考文献

書名／著者名／訳者名／出版社
Celtic Myth and Legend／Charles Squire／／Newcastle Publishing
Dictionary of Mythology Folklore and Symbols／Gertrude Jobes／／The Scarecrow Press
La Morte D'Arthur／Sir Thomas Malory／／Penguin Classics
Life and Adventure of Calamity Jane／Calamity Jane
Standard Dictionary of Folklore Mythology and Legend／Maria Leach／／Harper and Row
The History of the Kingdom of Britain／Geoffrey of Monmouth／Lewis Thorpe／Penguin Books
アイスランド・サガ／／谷口幸男／新潮社
会津鶴ヶ城　物語・日本の名城／阿井景子／／成美文庫
会津鶴ヶ城の女たち／阿達義雄／／歴史春秋社
会津白虎隊／／／歴史春秋社
アメリカン・ヒーローの系譜／亀井俊介／／研究社出版
『イーリアス』ギリシア英雄叙事詩の世界／川島重成／／岩波書店
イギリス海賊史(上)(下)／チャールズ・ジョンソン／朝比奈一郎／リブロポート
イギリス東インド株式会社／ブライアン・ガードナー／浜本正夫／リブロポート
インド神話／上村勝彦／／東京書籍
インド神話／ヴェロニカ・イオンズ／酒井傳六／青土社
インド神話伝説辞典／菅沼晃／／東京堂出版
インド神話入門／長谷川明／／新潮社
インドの神々／斎藤昭俊／／吉川弘文館
エッダ／／谷口幸男／新潮社
江戸の女ばなし／西岡まさ子／／河出書房新社
エリアーデ世界宗教事典／ミルチャ・エリアーデ、ヨアン・P・クリアーノ／奥山倫明／せりか書房
欧州戦史シリーズ15　ソヴィエト赤軍興亡史Ⅱ／／／学習研究社
欧州戦史シリーズ16　ソヴィエト赤軍興亡史Ⅲ／／／学習研究社
オスプレイ・ミリタリーシリーズ　世界の戦闘機エース2　第二次大戦のソ連航空隊エース1939〜1945／ヒュー・モーガン／岩重多四郎／大日本絵画
オリエント神話／ジョン・グレイ／森雅子／青土社
女騎兵の手記／ナージェジダ・アンドレーエヴナ・ドゥーロワ／田辺佐保子／新書館
海賊／ユベール・デシャン／田辺定之助／文庫クセジュ
海賊史の旅　村上水軍盛衰記／村谷正隆／／海鳥ブックス
海賊の系譜／別枝達夫／／誠文堂新光社
海賊の世界史／フィリップ・ゴス／朝比奈一郎／リブロポート
海賊列伝／小島敦夫／／誠文堂新光社
カウボーイの米国史／鶴谷壽／／朝日選書
カリブの海賊／ジョン・エスケメリング／石島晴夫／誠文堂新光社
季刊文化遺産　第一号・創刊号　隊商都市パルミラ／／／(財)島根県並河萬理写真財団
季刊歴史読本WORLD総集編　世界の英雄とヒロイン百科／／／新人物往来社
奇跡の少女ジャンヌ・ダルク／レジーヌ・ペルヌー／塚本哲也監修　遠藤ゆかり／創元社
旧約聖書物語／／谷口江里也／株式会社アルケミア
旧約聖書物語　増訂版／犬養道子／／新潮社
ギリシア神話／アポロドーロス／高津春繁／岩波文庫
ギリシア神話案内──苛烈なる神々とその系譜／／小野塚友吉／風濤社
ギリシア神話小事典／バーナード・エヴスリン／小林稔／社会思想社
ギリシア神話と英雄伝説(上)(下)／トマス・ブルフィンチ／佐渡谷重信／講談社
ギリシア神話の女たち／楠見千鶴子／／筑摩書房
ギリシア・ローマ神話／トマス・ブルフィンチ／大久保博／角川書店
ギリシア・ローマ神話Ⅰ／グスタフ・シュヴァーブ／角信雄／白水社
ギリシア・ローマ神話Ⅱ／グスタフ・シュヴァーブ／角信雄／白水社
ギリシア・ローマ神話辞典／高津春繁／／岩波書店
ギリシア・ローマ神話事典／マイケル・グラント、ジョン・ヘイゼル／西田実ほか／大修館書店
近代インドの歴史／ビパン・チャンドラ／栗屋利江／山川出版社
ケルト神話／プロインシャス・マッカーナ／松田幸雄／青土社
ケルトの神話／井村君江／／ちくま文庫
ゲルマン・ケルトの神話／E・トンヌラ, G・ロート, F・ギラン／清水茂／みすず書房
原本現代訳29　関八州古戦録(下)／槇島昭武／霜川遠志／ニュートンプレス
航空戦史シリーズ35　出撃！　魔女飛行隊／ブルース・マイルズ／手島尚／朝日ソノラマ
講談社現代新書　平家物語の女たち　──大力・尼・白拍子／細川涼一／講談社
古事記(上)(下)／／次田真幸／講談社学術文庫
古代メソポタミアの神々　世界最古の「王と神の饗宴」／三笠宮崇仁監修　岡田明子、小林登志子／／集英社
シヴァと女神たち／立川武蔵／／山川出版社
シャルルマーニュ伝説／トマス・ブルフィンチ／市場泰男／現代教養文庫

参考文献

ジャンヌ・ダルク／アンドレ・ボシュア／新倉俊一／文庫クセジュ
ジャンヌ・ダルク／レジーヌ・ペルヌー、マリ゠ヴェロニック・クラン／福本直之／東京書籍
ジャンヌ・ダルク　愛国心と信仰／村松剛／中公新書
ジャンヌ・ダルクとその時代／清水正晴／現代書館
ジャンヌ・ダルクの実像／レジーヌ・ペルヌー／高山一彦／文庫クセジュ
ジャンヌ・ダルクの生涯／藤ుひとみ／講談社
女王エリザベス（上）（下）／クリストファー・ヒバート／山本史郎／原書房
城と女たち（上）（下）／楠戸義昭／講談社＋α文庫
神功皇后／肥後和男／アテネ新書
新釈　吾妻鏡（上）（下）／小澤彰／千秋社
新定　源平盛衰記　第四巻／水原一／新人物往来社
神統記／ヘシオドス／廣川洋一／岩波書店
人物世界史1～4／今井宏編／山川出版社
人物叢書　北条政子／渡辺保／吉川弘文館
スコットランド女王メアリ／アントニー・フレイザー／松本たま／中央公論社
【図説】海賊大全／デイヴィッド・コーディングリ／増田義郎監修　増田義郎、竹内和世／東洋書林
図説ギリシア神話　【神々の世界】篇／松島道也／河出書房新社
図説ギリシア神話　【英雄たちの世界】篇／松島道也、岡部紘三／河出書房新社
図説世界文化地理大百科　インド／／小谷汪之監修　石川寛ほか／朝倉書店
図説世界文化地理大百科　新聖書地図／ジョン・ロジャーソン／三笠宮崇仁監修　小野寺幸也／朝倉書店
聖書の旅／山本七平・白川義員／文芸春秋社
世界の女性史15　インド　サリーの女たち／田中於莵弥／評論社
世界の神話1　メソポタミアの神話　神々の友情と冒険／矢島文夫／筑摩書房
世界の神話6　インドの神話／田中於莵弥／筑摩書房
世界の大遺跡3　地中海アジアの古都／小川英雄／講談社
世界の大遺跡4　メソポタミアとペルシア／増田精一／講談社
世界の歴史1　人類の起源と古代オリエント／大貫良夫ほか／／中央公論社
世界の歴史4　オリエント世界の発展／小川英雄、山本由美子／／中央公論社
世界の歴史5　ギリシアとローマ／桜井万里子、本村凌次／／中央公論社
世界の歴史16　ルネサンスと地中海／樺山紘一／／中央公論社
世界の歴史17　ヨーロッパ近世の開花／長谷川輝夫、大久保桂子、土肥恒之／／中央公論社
世界の歴史19　インドと中近東／岩村忍、勝藤猛、近藤治／／河出文庫
世界を創った人々14　エリザベス1世／／別枝達夫／平凡社
瀬戸内風土記　大山祇神社をめぐって／木村三千人／風ブックス
全現代語訳　日本書紀／宇治谷孟／講談社学術文庫
大英博物館　古代エジプト百科事典／イアン・ショー、ポール・ニコルソン／内田杉彦／原書房
チェーザレ・ボルジアあるいは優雅なる冷酷／塩野七生／新潮文庫
筑摩世界文學大系1　古代オリエント集／杉勇ほか／筑摩書房
筑摩世界文學大系2　ホメーロス／／呉茂一、高津春繁ほか／筑摩書房
地名で読むヨーロッパ／梅田修／講談社現代新書
つる姫さま　原題海と女と鎧／三島安精／大山祇神社社務所
伝説のアメリカン・ヒーロー／西江雅之／岩波書店
トロイア戦記／クイントゥス／松田治／講談社
成田記／小沼十五郎保道／大澤俊吉／歴史図書社
西アジアとインドの文明／岩村忍／講談社
ニーベルンゲンの歌／／相良守峰／岩波文庫
日本古典文庫13　平家物語／中山義秀／河出書房出版社
日本武道史／横山健堂／島津書房
人間の世界歴史①旧約聖書の世界／池田裕／三省堂
年代記／コルネリウス・タキトゥス／国原吉之助／岩波文庫
パルミラの遺跡／アドナン＝ブンニ、ハレド＝アル＝アサド／小玉新次郎／東京新聞出版局
ビジュアル版　ギリシア神話物語／楠見千鶴子／講談社
ビジュアル版　聖書物語／木崎さと子／講談社
ヒンドゥー教／クシティ・モーハン・セーン／中川正生／講談社現代新書
ヒンドゥー教／マドゥ・バザーズ・ワング／山口泰司／青土社
ヒンドゥー教の聖典二編　ギータ・ゴーヴィンダ、デヴィー・マーハトミヤ／／小倉泰、横地優子／平凡社東洋文庫
ヒンドゥーの神々／立川武蔵、石黒淳、菱田邦男、島岩／／せりか書房
プラハ幻景　東欧古都物語／ヴラスタ・チハーコヴァー／新宿書房
別冊歴史読本13　世界　英雄と戦史／／／新人物往来社
別冊歴史読本62　海の戦国史　海賊大将の栄光／／／新人物往来社
ヘンリー八世の六人の妃／アントニア・フレイザー／森野聡子、森野和弥／創元社
北欧神話と伝説／ヴィルヘルム・グレンベック／山室静／新潮社
戊辰戦争／平尾道雄／新人物往来社
ボルジア家／イヴァン・クルーラス／大久保昭男／河出書房新社
ミリタリーエラクラフト7月号別冊　東部戦線航空戦(2)1943～45／／／デルタ出版
女神たちのインド／立川武蔵／／せりか書房

メソポタミアの神像　偶像と神殿祭儀／松島英子／／角川叢書
メソポタミアの神話／ヘンリエッタ・マッコール／青木薫／丸善ブックス
物語　ヴェトナムの歴史　一億国家のダイナミズム／小倉貞夫／／中公新書
物語　神功皇后(上)(下)／田中繁男／／展転社
物語日本史(上)／平泉澄／講談社学術文庫
ユダヤ教／マルサ・モリスン、スティーヴン・F・ブラウン／秦剛平／青土社
指輪物語／J.R.R.トールキン／瀬田貞二／評論社
読んで旅する世界の歴史と文化　インド／辛島昇／／新潮社
ラーマヤナ／岩本裕／平凡社東洋文庫
リグ・ヴェーダ讃歌／辻直四郎／岩波書店
ルネサンスの女たち／塩野七生／／新潮社
ルネサンスの女王エリザベス　肖像画と権力／石井美樹子／／朝日新聞社
歴史文化ライブラリー27　インド史への招待／中村平治／／吉川弘文館
歴史ライブ　北条政子／尾崎秀樹ほか／／福武書店
歴史を作る女たち①〜⑧／／／集英社
ローマ人の物語Ⅶ　悪名高き皇帝たち／塩野七生／／新潮社
わが友マキアヴェッリ　フィレンツェ存亡／塩野七生／／新潮社

参考映像

映像名／監督／製作
ロード・オブ・ザ・リング「二つの塔」(映画)／ピーター・ジャクソン／ニューラインシネマ

参考音楽

曲名／作曲者
交響曲《わが祖国》／ベドルジーハ・スメタナ

著者略歴

稲葉　義明

　1970年生まれ。神奈川県出身。文筆家。執筆活動のため明治学院大学を中退。執筆、翻訳に従事する。著書に『甦る秘宝』(新紀元社)、『信長の野望・新軍師録』『信長の野望・新名将録』『信長の野望・下克上伝』(光栄)など、訳書にオスプレイ・メンアットアームズ・シリーズ『百年戦争のフランス軍』『モンゴル軍』『ルイ14世の軍隊』(新紀元社)他多数がある。

佐藤　俊之

　1966年生まれ。東京都出身。東京造形大学中退後、執筆活動に入る。著書に『U-792潜行せよ!』(コスミックインターナショナル)、『アーサー王』『聖剣伝説』『聖剣伝説Ⅱ』(新紀元社)、訳書にオスプレイ・メンアットアームズ・シリーズ『アーサーとアングロサクソン戦争』『サクソン／ヴァイキング／ノルマン　ブリテンへの来寇者たち』『ナポレオンの軽騎兵　華麗なるユサール』(新紀元社)他多数がある。

青木　行裕

　1971年生まれ。大阪府出身。高野山大学卒業後、ゲーム会社にシナリオライターとして勤務。6年の勤務の後に退社し、フリーライターとなる。

Truth In Fantasy 59

剣の乙女 戦場を駆け抜けた女戦士

2003年7月5日　初版発行
2006年10月24日　第3刷発行

著者	稲葉義明（いなば よしあき）
	佐藤俊之（さとう としゆき）
	青木行裕（あおき ゆきひろ）
編集	株式会社新紀元社編集部
	有限会社ファーイースト・アミューズメント・リサーチ
発行者	髙松謙二
発行所	株式会社新紀元社
	〒101-0054　東京都千代田区神田錦町3-19　楠本第3ビル4F
	TEL.03-3291-0961　FAX.03-3291-0963
	郵便振替00110-4-27618
	http://www.shinkigensha.co.jp/
カバーデザイン	スペースワイ
本文デザイン	スペースワイ
	佐藤たかひろ
	田中信二
	李重燁
	有限会社ファーイースト・アミューズメント・リサーチ
カバーイラスト	佐嶋真実
本文イラスト	佐嶋真実
	有田満弘
	鈴木理華
	添田一平
	高梨かりた
	結川カズノ
印刷・製本	株式会社シータス

ISBN4-7753-0132-2
定価はカバーに表示してあります。
Printed in Japan

新紀元社のTruth In Fantasyの世界

幻想世界の住人たち
健部伸明と怪兵隊 著
本体1806円　A5判　296頁　ISBN4-915146-85-5

神話
伝承

ギリシア、北欧、ケルトなどの神話や民間伝承に伝わるドラゴン、エルフ、ドワーフ、ケルベロスといった架空の生き物たち。こうした不思議な生き物たちを棲んでいる場所で分類、彼らの歴史、宗教的背景も含めてわかりやすく解説。神話やファンタジーに興味を持つ人にとって絶好の入門書となってくれる一冊。

幻の戦士たち
市川定春と怪兵隊 著
本体1800円　A5判　276頁　ISBN4-915146-05-7

歴史
軍事

古代ギリシア、ローマ帝国、ビザンチン帝国、中国王朝、中世イスラム世界、ルネサンス期のヨーロッパなど、古代から中世に至る世界中の戦士たちの装備、戦術、軍制などを詳しく紹介。数多くの歴史、ファンタジー小説で活躍している古代、中世の戦士たちの真の姿を知りたいと思っている人にお薦め。

魔術師の饗宴
山北篤と怪兵隊 著
本体1505円　A5判　216頁　ISBN4-915146-06-5

精神
神秘

ヨーロッパ合理主義の陰にひそむ不可思議な魔法の数々。呪術、占星術、カバラ、ルーン、錬金術、魔術など、歴史の闇に葬られてきたこれらの事象を取り上げ、わかりやすく説明した解説書。さらに、ハイチのヴードゥー教、インドのヨガ、中国の神仙道、日本の修験道をも併せて紹介する魔術入門書。

幻想世界の住人たちⅡ
健部伸明と怪兵隊 著
本体1748円　A5判　328頁　ISBN4-915146-09-X

神話
伝承

本書では、東欧、古代メソポタミア、ペルシア、インド、バリ島、南北アメリカなど、西ヨーロッパが中心だった第Ⅰ巻目では紹介できなかった幻想生物を紹介。付録として、ヨーロッパの中世魔術書に書かれている悪魔たちを集めた「魔神紳士録」、幻想生物の生息地図、Ⅰ巻の項目も合わせた索引を収録。

幻想都市物語　－中世編－
醍醐嘉美と怪兵隊 著
本体1602円　A5判　248頁　ISBN4-915146-13-8

歴史
軍事

12～15世紀、中世ヨーロッパの都市とはどのようなものだったのか。本書では、マルクスブルクなる架空の都市を設定して、典型的なヨーロッパの中世都市の姿を再現する。市壁、町並み、市政、教会、商業、ギルド制度、大学、修道院、城の構造といった興味深い内容を、イラスト付きで簡明に紹介する。

虚空の神々
健部伸明と怪兵隊 著
本体1748円　A5判　344頁　ISBN4-915146-24-3

神話
伝承

紀元前からの古い歴史を持つケルト人。彼らの神話は、ゲルマン人やラテン人がヨーロッパを征服する過程で、歴史の表舞台から消え去ってしまった。本書では、断片的に残された彼らの神話を手がかりに、その神々を取り上げる。後半部分は、知る機会の少ない北欧、ゲルマン神話の神々を同様に紹介する。

新紀元社のTruth In Fantasyの世界

幻想世界の住人たちⅢ　－中国編－
篠田耕一 著
本体1748円　A5判　280頁　ISBN4-915146-22-7

神話
伝承

数千年の長い歴史を持つ中国は、幻想世界の住人たちにとって絶好の住処である。本書では、膨大な量の怪奇小説、奇怪な事件の記録から、代表的な神、神獣、妖怪、怪物、精、幽霊、不死者などを紹介。妖怪など、日本の架空の生き物が、いかに中国からの影響を受けているかということを再確認できる。

武勲の刃
市川定春と怪兵隊 著
本体1748円　A5判　312頁　ISBN4-915146-23-5

歴史
軍事

西洋の武器について、その起源、用法、歴史をイラストとともに解説した一冊。実用性を超えた大きさ、形状、装飾を備えた長剣類、防護用、暗殺用として発展した短剣類、特異な形状を持った長柄武器や棒状打撃武器、騎士とともに発展した騎槍、そのほか斧状武器、飛翔武器、特殊な用法の武器なども紹介。

幻想世界の住人たちⅣ　－日本編－
多田克己 著
本体1748円　A5判　392頁　ISBN4-915146-44-8

神話
伝承

インドの宗教感、中国の膨大な神話が流入し影響を受けた日本は、数知れないほどの妖怪変化、憑き物、怨霊が棲む土地となった。本書では、これらの無数の妖怪たちをイラストや江戸時代の図版と併せて紹介。400頁近い内容量で、日本の主要な妖怪のほとんどを網羅したボリュームある一冊である。

タオ（道教）の神々
真野隆也 著
本体1748円　A5判　304頁　ISBN4-88317-202-3

神話
伝承

シャーマニズムを基本として、老子哲学や儒教、仏教などの教義も取り入れて成立した中国特有の民間信仰、道教。そこでは、『三国志』で活躍する関羽や、小説『水滸伝』に登場する時遷など、多種多様な神々が信仰の対象となっている。本書では、道教の中からユニークなものを取り上げて紹介していく。

インド曼陀羅大陸　－神々／魔族／半神／精霊－
蔡丈夫 著
本体1748円　A5判　264頁　ISBN4-88317-208-2

神話
宗教

バラモン教の基礎の上に、インド先住民の民間信仰や習慣を大幅に取り入れて成立したヒンドゥ教。これらの神々は、他の宗教にはない、ダイナミックで人間くさいエピソードを数多く持っている。本書では、これらのヒンドゥ教の聖典に登場する魅力的な神々、魔族といったキャラクターを紹介していく。

英雄列伝
鏡たか子 著
本体1748円　A5判　260頁　ISBN4-88317-210-4

神話
伝承

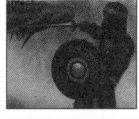

ヨーロッパの古代、中世には、多くの英雄神話や伝説が残されている。本書は、古代ギリシャのヘラクレス、ペルセウス、聖書の中のモーセやダビデ、ケルト伝説の英雄アーサー王、北欧伝説で活躍するシグルズなど数多くの英雄たちを紹介したヨーロッパの歴史を知る上で欠かせない神話・伝説の入門書。

新紀元社のTruth In Fantasyの世界

武器と防具　－中国編－

篠田耕一 著
本体1748円　A5判　324頁　ISBN4-88317-211-2

歴史／軍事

紀元前から17世紀まで中国で使われてきた武器や防具の歴史や使用法をイラストとともに紹介する一冊。刀剣や打撃武器のほか、戦車と呼ばれる馬車の上で振り回す武器・戈（か）、その上に槍の性能も付け加えた戟（げき）、ユニークな形の暗器など、中国でしか見られないユニークな武器と防具を集大成。

魔術への旅

真野隆也 著
本体1748円　A5判　240頁　ISBN4-88317-220-1

精神／神秘

物質文明に支配されている現代でも、世界中には今なお科学では説明できない魔術と呼ばれるものが数多く残っている。本書では、ストーリー仕立てで世界中の魔術を紹介する。主人公ケンとリュウの不思議な旅はエジプトからヨーロッパ、アフリカ、アジア、そして日本へと進む。二人の前には何が起こるのか…。

武器と防具　－日本編－

戸田藤成 著
本体1845円　A5判　328頁　ISBN4-88317-231-7

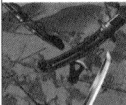

歴史／軍事

中国編に続いて、日本の武器と防具について紹介する一冊。オーソドックスな日本刀から、打撃武器、投擲武器、槍、飛翔武器、火器、防具、さらに日本独特なものとして、戦国時代の忍者が使用した忍具、江戸時代の警察・町奉行が捕物のときに使用した捕物道具など、興味深い武器と防具を満載。

ギリシア神話　神・英雄録

草野巧 著
本体1845円　A5判　316頁　ISBN4-88317-247-3

神話／伝承

数多くの神や英雄が登場するギリシア神話。その中でも特に活躍する神や英雄をピックアップ。全体の構成は神・英雄・アルゴー探検隊・トロイア戦争の順になっており、英雄たちの紹介もギリシア神話の物語にそっているため、彼らの特徴だけでなく、物語自体も楽しめる内容になっている。

天使

真野隆也 著
本体1748円　A5判　228頁　ISBN4-88317-250-3

神話／宗教

天使、エンジェルといえば神の御使いとして、ユダヤ教、キリスト教、イスラム教に登場する存在である。しかし日本では天使のイメージだけが先行するばかりで、その実像を知る人は少ない。本書では、天使のすべてを知ることを目的として、旧約・新約聖書、コーランから多くの天使たちを紹介する。

堕天使　－悪魔たちのプロフィール－

真野隆也 著
本体1748円　A5判　256頁　ISBN4-88317-256-2

神話／宗教

堕天使とは、神に逆らう反逆者なのか。あえて嫌われ役を買って出た神の忠実な下僕なのか。本書ではキリスト教、さらにはイスラム教に登場する数多くの堕天使、悪魔を詳しく紹介する。キリスト教における彼らの出自、役割を知ることはヨーロッパ精神を知るための一助ともなるはずである。

新紀元社のTruth In Fantasyの世界

占術 －命・卜・相－

占術隊 著／高平鳴海 監修
本体1748円　A5判　259頁　ISBN4-88317-260-0

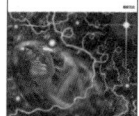

精神／神秘

はるか彼方の昔から人間は占いが大好きだった。西洋占星術、四柱推命、カバラ数秘術、易占い、タロット占い、トランプ占い、ルーン占い、コイン占い、手相、人相、風水術、家相学など誰もが知っている占いからちょっと風変わりな占いまで、その歴史や理論、哲学を紹介する占いを深く知るための一冊。

武器と防具 －西洋編－

市川定春 著
本体1845円　A5判　312頁　ISBN4-88317-262-7

歴史／軍事

『武勲の刃』の著者が全面改訂して決定版としたのがこの一冊。古代オリエントの時代から中世にいたる幅広い時期の武器を紹介。中国編、日本編に続く西洋編だが、完結編の意味もあってトルコ、インドといったアジア地域やオーストラリアの武器も紹介。もちろんヨーロッパに関しては充実の内容となっている。

地獄

草野巧 著
本体1748円　A5判　256頁　ISBN4-88317-264-3

神話／宗教

地獄・冥界は世界中に共通の概念として存在している。本書では、キリスト教や仏教といったさまざまな宗教、日本、中国、ヨーロッパ、古代エジプト、メソポタミア、マヤ・アステカなどの神話から、テーマ別にその地獄・冥界、そこに棲む住人たちを紹介。さまざまな地獄の構造もイラストで解説している。

楽園 －追想の彼方へ－

真野隆也 著
本体1748円　A5判　216頁　ISBN4-88317-275-9

神話／伝承

人々は誰でも危険や苦痛のない"至福の場所"を夢見ることがある。本書では古くから伝わる楽園伝説を紹介する。アダムとイブが追放されたエデンの園、チベット仏教に伝わるシャンバラ国、道教思想の色濃い桃源郷、アーサー王が体を癒すというアヴァロン島、黄金郷エルドラードなど、世界楽園紀行である。

覇者の戦術 －戦場の天才たち－

中里融司 著
本体1748円　A5判　339頁　ISBN4-88317-278-3

歴史／軍事

アレクサンドロス大王、カルタゴの勇将ハンニバル、源義経、織田信長、ナポレオンほか、戦場における天才達が残した戦術の数々。古代の戦車戦・攻城戦、少数部隊による機動作戦、象を使った作戦など様々な戦いを豊富な図版で分かりやすく紹介。当時の兵士達の姿や兵器などのイラストも充実。

召喚師 －陰陽師からデビルサマナーまで－

不動舘ほか 著／高平鳴海 監修
本体1800円　A5判　263頁　ISBN4-88317-282-1

精神／神秘

錬金術師として病人を治したというパラケルスス。悪魔に魂を売り渡す代わりに強大な力を得たという悪魔召喚師（デビルサマナー）アグリッパ、ファウスト。式神を自在に扱う陰陽師安倍晴明。自分の魂を自らの肉体に召喚するチベット密教の最高僧ダライラマなど、さまざまな召喚師を紹介する一冊。

新紀元社のTruth In Fantasyの世界

封神演義 －英雄・仙人・妖怪たちのプロフィール－
神話/伝承

遙遠志 著
本体1800円　A5判　256頁　ISBN4-88317-288-0

三千年前の中国で起こった「易姓革命」を下敷きとして、仙人や妖怪たちが魔法の戦いを繰り広げる中国三大奇書のひとつ、「封神演義」。本書では個性豊かな登場人物のプロフィールを中心に、彼らが使う秘密兵器「宝貝（ぱおぺい）」も紹介。小説の背景にある中国の歴史・文化・宗教観などにも触れていく。

黙示録 －人と神との出会い－
神話/宗教

真野隆也 著
本体1800円　A5判　238頁　ISBN4-88317-290-2

人は大昔から神と出会い、啓示を受け、それを黙示録として記してきた。本書では、新約聖書の中に残されているヨハネ黙示録、旧約聖書の中のダニエル書、旧約聖書偽典として残るエノク書、バルク黙示録、第4エズラ書を紹介。またその本質を知る上で重要なアニミズム、シャーマニズムなどにも触れていく。

世紀末 －神々の終末文書－
神話/伝承

草野巧 著
本体1800円　A5判　256頁　ISBN4-88317-293-7

本書では、19世紀末のヨーロッパに端を発した「ファン・ド・シエクル（世紀末）」を解説しつつ、世紀末思想を知るためには欠かせない神話・伝承の終末文書を詳しく紹介している。世界に現存する終末文書を紐解きながら世界の創世と終末を考える一冊である。

中世騎士物語
歴史/軍事

須田武郎 著
本体1800円　A5判　240頁　ISBN4-88317-295-3

中世盛期のフランスに生まれたジェラールという架空の人物を案内役として、騎士の本当の姿を語っていく。騎士についてだけでなく、彼らが生きた中世ヨーロッパがどのような時代であったかについても紹介。さらに、武器や戦術といった要素も重視（『武勲の刃』の著者、市川定春氏協力）。

幕末維新 －新撰組・勤皇志士・佐幕藩士たちのプロフィール－
歴史/軍事

幕末研究会 著／高平鳴海 監修
本体1800円　A5判　348頁　ISBN4-88317-294-5

幕府、朝廷、薩長土佐、肥前、新撰組…。様々な立場で己の信念を貫こうとする幕末の人物群像を、関連事項も加えて紹介していく人物ガイド。重要人物はその実力を軍事力、知識、交渉などの面からレーダーチャート化。重要歴史事項に関しても、図表でわかりやすく説明。幕末維新を概観するには最適の一冊。

聖剣伝説
神話/伝承

佐藤俊之とF.E.A.R. 著
本体1800円　A5判　224頁　ISBN4-88317-302-X

エクスカリバー、ホーリースピア（ロンギヌスの槍）、村正、七支刀…、古今東西、神話や歴史に伝わる聖剣、魔剣、名剣、槍、弓など数々の武器をそのエピソードとともに紹介していく。英雄の運命を左右する聖剣の力は、その物語の中心部分でもあり、この本だけで様々な神話のエッセンスが楽しめる。

新紀元社のTruth In Fantasyの世界

八百万の神々 －日本の神霊たちのプロフィール－

神話/伝承

戸部民夫 著
本体1900円　A5判　334頁　ISBN4-88317-299-6

森羅万象の世界を生み出し、司るという数々の日本の神々。神たちはその数の多さから「八百万の神」として、古くから日本人に親しまれてきた。本書では『古事記』『日本書紀』に登場するそれらの神々のエピソードを性格別に紹介。併せて別称・系譜・神格・祀られている神社のデータも付記。

ヴァンパイア －吸血鬼伝説の系譜－

精神/神秘

森野たくみ 著
本体1800円　A5判　224頁　ISBN4-88317-296-1

小説、映画などでおなじみ、ドラキュラ伯爵のモデルとなった、15世紀ルーマニアの人物ヴラド・ツェペシュ大公をはじめ、その残虐な殺人方法から「吸血鬼」と呼ばれた殺人者たち、世界各国に伝わる吸血鬼を紹介する。また、オカルト、民間伝承、科学の面などからヴァンパイアとは何なのかを探っていく。

守護聖人 －聖なる加護と聖人カレンダー－

神話/宗教

真野隆也 著
本体1800円　A5判　296頁　ISBN4-88317-301-1

「神と人間の仲介者」、これがキリスト教における聖人の役割である。庶民にとっては、身の回りの様々な願いを神に伝えてくれる橋渡し役として、古くから親しみのある存在でもあった。ここでは多くの聖人たちの苦難に満ちたドラマチックなエピソードを紹介していく。聖人の祝日がわかる聖人カレンダー付き。

モンスター退治 －魔物を倒した英雄たち－

神話/伝承

司史生／伊豆平成 著
本体1800円　A5判　264頁　ISBN4-88317-307-0

アーサー王対巨人、ヘラクレスの12の偉業、オイディプス対スフィンクス、須佐之男対八岐大蛇、俵藤太対大百足、ギルガメシュ対フンババ、クリシュナ対カーリヤ…。世界中の神話・伝説から英雄のモンスター退治の物語を集めて、地域別に編集した一冊。時代、出典などもデータとして表記。

女神

神話/伝承

高平鳴海＆女神探究会 著
本体1900円　A5判　344頁　ISBN4-88317-311-9

ギリシア神話の神々の母・ガイア、国生みの神・伊邪那美命（いざなみのみこと）など、世界を生み出した女神、アフロディーテ（愛と肉欲）、ドゥルガー（戦）、ブリージット（春）など、男神にはない魅力や能力を持つ女神たち。時にはやさしく、時には恐ろしい世界中の女神を地域別に紹介。イラストも多数。

聖書人名録 －旧約・新約の物語別人物ガイド－

神話/宗教

草野巧 著
本体1800円　A5判　274頁　ISBN4-88317-313-5

『旧約聖書』『新約聖書』に登場する多くの人物を、物語の流れに沿って紹介していくガイドブック。人名辞典として使うことはもちろん、順に読んでいくことで、聖書の物語部分の粗筋も理解できる。章の初めには理解を深めるため、歴史的背景を説明、興味深い事項についてのコラムなども多数掲載。

新紀元社のTruth In Fantasyの世界

イスラム幻想世界 －怪物・英雄・魔術の物語－
桂令夫 著
本体1800円　A5判　242頁　ISBN4-88317-308-9

神話/宗教

コーラン、千一夜物語、王書などイスラム世界の宗教・神話・伝承から、興味深いエピソードを紹介していく。ジン（妖霊）、イフリート（魔神）、グール（食屍鬼）といったおなじみの怪物から歴史上の英雄たちの活躍、アラビア魔術、占星術、幻術などに関することまで、イスラム世界がよくわかる入門書。

帝王列記 －西洋編－
磯田暁生とF.E.A.R. 著
本体1800円　A5判　273頁　ISBN4-88317-317-8

歴史/西洋

類いまれなる頭脳と勇気と行動力で権力を握り、歴史をみずからの手で動かそうとした人物たち。王、皇帝、ツァーリ、カリフなど様々な名称で呼ばれる彼らの帝王としての活躍を紹介していく。さらに近代に近づき凋落していく王たち、アメリカ王朝を夢見た大統領・JFKも紹介。

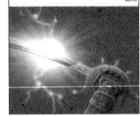

聖剣伝説Ⅱ
佐藤俊之とF.E.A.R. 著
本体1800円　A5判　233頁　ISBN4-88317-320-8

神話/伝承

聖剣伝説の続編。「ストームブリンガー」や「ライトセイバー」など、前作では紹介できなかった、SFやファンタジー小説に登場する武器を取り上げた。また、従来のカテゴリーである神剣、聖剣、魔剣、名剣に、新しいカテゴリーとして宝剣を加え、歴史上実在した武器も掲載している。

予言者
高平鳴海と第666部隊 著
本体1800円　A5判　257頁　ISBN4-88317-319-4

精神/神秘

古今東西の予言者カタログ。ノストラダムスやエドガー・ケイシーなどの有名予言者から、ヨハネをはじめとするキリスト教の預言者まで、19人の予言者を一挙紹介。解説のポイントは、「どんな予言者か？」「どうして予言者になったか？」「どんな予言者をしたか？」である。

古代遺跡
森野たくみ／松代守弘 著
本体1800円　A5判　289頁　ISBN4-88317-322-4

歴史/神秘

「ギザのピラミッド」や「バビロンの空中庭園」など世界の七不思議から、「トロイ」や「ストーンヘンジ」まで、計73に及ぶ世界各地の遺跡を地域ごとに紹介。ムーやアトランティスなど伝説の大陸、宇宙考古学、遺跡の年代測定法など、考古学の予備知識もコラムで解説した、誰にでも読める遺跡の入門書。

日本の神々 －多彩な民俗神たち－
戸部民夫 著
本体1800円　A5判　281頁　ISBN4-88317-324-0

神話/伝承

エビス神、招き猫、河童神、鬼子母神、カマド神、照る照る坊主……。日本には、いわゆる民俗神と総称される民間信仰に根づいた神霊が多い。本書は、このような「日本の神様」を広く紹介し、霊力や御利益、その力を発揮してもらうための呪い・儀式・祭具などに関しても具体的に解説する。

新紀元社のTruth In Fantasyの世界

三国志 人物事典
歴史／中国

小出文彦 監修
本体1900円　A5判　393頁　ISBN4-88317-310-0

古代中国の壮大な歴史物語『三国志』。その中で活躍する約500人(三国の英雄・豪傑、『演義』のみの登場人物、後漢の群雄たち、方術師・女性・文人など)のプロフィールを『正史』を中心に、『三国志演義』などの関連資料のエピソードもあわせて紹介した人物事典である。

星空の神々 －全天88星座の神話・伝承－
神話／伝承

長島晶裕／ORG 著
本体1800円　A5判　296頁　ISBN4-88317-328-3

星座は古代の人々が季節や方位を知るために誕生し、やがてギリシアで神話と結びつけられ、今日我々の知るものへと発展してきた。本書では全88星座すべての神話・伝承、エピソードの紹介を中心に、星座史や占星術との関係についても解説。また春夏秋冬の夜空で見られる星座の観測ガイドも掲載している。

剣豪 －剣一筋に生きたアウトローたち－
歴史／軍事

草野巧 著
本体1800円　A5判　220頁　ISBN4-88317-325-9

上泉信綱や塚原卜伝、宮本武蔵、千葉周作など、剣のみにしか生きることのできなかった不器用な豪傑から、剣一筋に生き極めることで人生の悟りをも開く達人まで、際だつ個性と魅力を持つ60人の剣豪たちを紹介。戦国から江戸、幕末と時代を追い、剣豪たちに受け継がれる技や精神の流れが感じられる一冊。

甦る秘宝
神話／伝承

稲葉義明とF.E.A.R. 著
本体1800円　A5判　248頁　ISBN4-88317-340-2

古より世界各地に伝わる様々な秘宝や遺物の伝説は、錬金術師が追い求めた「賢者の石」や、アダムとイブが食べてしまった「知恵の果実」、持ち主に呪いをかける宝石「ホープダイヤモンド」など、数え上げればきりがない。本書では様々な秘宝のひとつひとつを、楽しいエピソードと交えて紹介している。

鬼
神話／伝承

高平鳴海ほか 著
本体1800円　A5判　251頁　ISBN4-88317-338-0

人を殺して喰う鬼、三十五人力の怪力を持つ鬼、炎の息を吐く鬼、美女や老女に化ける鬼、大食漢の鬼、酒飲みの鬼、慈悲深く弱者の助けとなる鬼……。日本には数多くの鬼の伝承がある。本書は、さまざまな鬼たちの容姿、特殊能力、エピソードなどを解説する、「鬼」のカタログである。

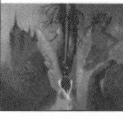

妖精
神話／伝承

草野巧 著
本体1800円　A5判　271頁　ISBN4-88317-345-3

勇者や魔法使い、異世界の怪物とともに、妖精はファンタジー世界に欠くことのできないキャラクターである。しかし、一言で「妖精」といっても、その存在は実に様々。本書では、人間の手伝いをする身近な妖精や、人間の命を奪う恐ろしい妖精など、ファンタジー作品に登場する妖精たちをすべて紹介する。

新紀元社のTruth In Fantasyの世界

封神演義Ⅱ　－太公望の兵法書－

遙遠志 著
本体1800円　A5判　216頁　ISBN4-88317-314-3

神話/伝承

中国三大奇書である「封神演義」。英雄、仙人、妖怪を取り上げた前作に続き、本巻では封神演義の「戦い」がテーマである。商から周への「易姓革命」（王朝交替）のダイナミズムを小説と史実の両面から紹介。戦闘の原因、戦略・戦術の分析、戦闘経過を物語のあらすじに沿って解説していく。

魔法・魔術

山北篤 著
本体1800円　A5判　247頁　ISBN4-88317-347-X

精神/神秘

世界に多数ある魔法・魔術の体系。そのなかでもファンタジーファンやTVゲームユーザー、占いなどに興味を持つ人たちにとって馴染み深い「魔女」「ドルイド」「占星術」「呪術」など15の魔法を選び、わかりやすく紹介する魔法・魔術の総合ガイドブックです。図版も多数掲載し、入門書としても最適の一冊。

水滸伝　－108星のプロフィール－

草野巧 著
本体2300円　A5判　575頁　ISBN4-88317-348-8

歴史/中国

宋江のもとに集まる108人の豪傑たち。広大な中国を背景にこの108人が織りなすドラマは、人々に感動を与え続け、現在も中国では三国志と並ぶほどの人気を誇る。本書はこの108星の一人ずつにスポットをあて、梁山泊への入山経緯や活躍場面などを詳しく解説している。

密教曼荼羅　－如来・菩薩・明王・天－

久保田悠羅とF.E.A.R. 著
本体1800円　A5判　299頁　ISBN4-88317-351-8

神話/宗教

日本の仏教の神々100尊あまりを掲載。如来・菩薩・明王・天の4部に分け、密教の仏を中心に仏教・密教の源流であるインド神話を含めて紹介している。巻末付録には世界観、曼荼羅、持物、用語集をもうけ、難しいとされる仏教の世界をやさしく解説している。

コスチューム　－中世衣裳カタログ－

田中天&F.E.A.R. 著
本体1800円　A5判　222頁　ISBN4-88317-350-X

歴史/西洋

ファンタジー世界に登場するキャラクターの原形となった「歴史上存在する衣裳」を中世のヨーロッパを中心に王侯貴族や騎士、聖職者、商人など職業別に取り上げ、イラストと文章で解説しています。衣裳の変遷のほか、デザイン、素材、製法の詳細、アクセサリーなどの装飾品の紹介もしています。

神秘の道具　－日本編－

戸部民夫 著
本体1900円　A5判　333頁　ISBN4-88317-356-9

神話/伝承

魂の宿る「門松」、依り代となる「人形」、悪霊・災厄を祓う「団扇」、異界をのぞき見る「鏡」など、人々の生活に密着している道具には、神秘的な機能や役割が与えられている場合が少なくありません。本書では、人間の生活を支えてきた、さまざまな道具たちの神秘的なエピソードを紹介します。

新紀元社のTruth In Fantasyの世界

拷問の歴史

歴史／宗教

高平鳴海と拷問史研究班 著
本体1800円　A5判　261頁　ISBN4-88317-357-7

拷問の歴史は「陰の歴史」とも言い換えることができる。過去に、そして現在でも、多くの犠牲者を出しているからこそ、軽々しく扱うことは許されないテーマだが、それが常に人類の歴史とともにあったという事実も忘れるわけにはいかない。本書では、拷問具を中心に、さまざまな拷問について解説する。

ドラゴン

神話／伝承

久保田悠羅とF.E.A.R. 著
本体1800円　A5判　237頁　ISBN4-7753-0082-2

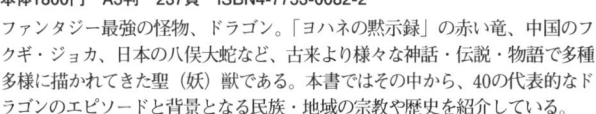

ファンタジー最強の怪物、ドラゴン。「ヨハネの黙示録」の赤い竜、中国のフクギ・ジョカ、日本の八俣大蛇など、古来より様々な神話・伝説・物語で多種多様に描かれてきた聖（妖）獣である。本書ではその中から、40の代表的なドラゴンのエピソードと背景となる民族・地域の宗教や歴史を紹介している。

魔法の薬　－マジックポーション－

歴史／伝承

秦野啓 著
本体1800円　A5判　277頁　ISBN4-7753-0095-4

古来より、医療とともに魔術と深い関係があるとされ、さまざまな人々を魅了してきた薬──。伝説の媚薬から権力争いに使用された毒まで、古今東西の歴史・伝承には、さまざまな薬が登場する。本書ではその中から45余の"魔法の薬"を取り上げ、使用された背景や効果などを詳しく紹介する。

アーサー王

歴史／伝承

佐藤俊之とF.E.A.R. 著
本体1800円　A5判　379頁　ISBN4-7753-0102-0

中世ファンタジーの原型といわれる「アーサー王」伝説。魔術師や妖精、王者の剣エクスカリバー、キャメロットと円卓の騎士、聖杯探求への道程……。本書では主要な四〇余人にスポットをあて、アーサーの誕生からその死に至るまでの、愛と剣と友情に満ちた壮大な物語を紹介している。

Truth In Fantasy事典シリーズ

武器事典　　DICTIONARY OF THE WEAPON

市川定春 著
本体2427円　A5判　360頁　ISBN4-88317-279-1

古今東西の歴史（古代〜近代）に登場した武器600点を長剣、短剣、長柄、打撃、射出、投擲、特殊、兵器の8つに分類し、すべてイラスト付きで紹介するボリュームある一冊。長さ・重さ・年代・地域のデータ付き。見開き4点の共通レイアウトで、大きさの比較もしやすくなっている。

Truth In Fantasy 事典シリーズ

幻想動物事典　DICTIONARY OF THE MONSTER
草野巧 著／シブヤユウジ 画
本体2500円　A5判　376頁　ISBN4-88317-283-X

古代の神話、宗教書から「フランケンシュタイン」「指輪物語」など現代の小説に至るまでの様々な文献から、現実にはあり得ない様相をしている精霊、妖怪、怪物など、世界中の幻想動物1,002体をすべてイラスト付きで50音順に解説。巻末には「出典情報」として、使用した主要な文献についても簡潔に紹介している。

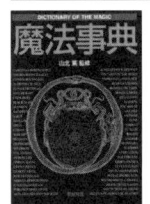

魔法事典　DICTIONARY OF THE MAGIC
山北篤 監修
本体2500円　A5判　342頁　ISBN4-88317-304-6

「黒ミサ」「ヴードゥー」「錬金術」「ホロスコープ」「ポルターガイスト」「セイレムの魔女裁判」「ストーンヘンジ」「阿倍晴明」「クリスチャン・ローゼンクロイツ」「奇門遁甲」「聖杯」……。古今東西の魔法・魔術・オカルティズムに関する人物、生物、作品、物品、現象、概念、体系など600以上の用語を詳しく解説した事典である。

西洋神名事典　DICTIONARY OF GODDESSES AND GODS
山北篤 監修／シブヤユウジ 画
本体2500円　A5判　379頁　ISBN4-88317-342-9

主項目として428、神名録では1000以上の神々を掲載。西洋編としてギリシア・ローマをはじめとするヨーロッパを中心にエジプト、オリエント、アフリカ、南北アメリカの諸神話・宗教、および創作神話の神々からピックアップ。主要神話の解題付きで神話入門に最適の一冊。

悪魔事典　DICTIONARY OF DEMONS AND DEVILS
山北篤／佐藤俊之 監修
本体2500円　A5判　485頁　ISBN4-88317-353-4

神の敵、あるいは人々を陥れる邪悪な存在、歴史の中に描き出された悪魔の全貌を紹介。世界の神話・伝説・宗教・フィクションから悪魔・邪神・魔王・悪霊などとされる456を主項目、890以上を悪魔紳士録として紹介。解題「主要神話・宗教の悪魔観」も掲載し、悪魔学の入門書としても格好の一冊。

魔導具事典　DICTIONARY OF HOLY AND MAGIC ITEMS
山北篤 監修
本体2500円　A5判　381頁　ISBN4-7753-0035-0

魔女たちの使う祭具、聖なる力を持つレリクス、神の力を得た武具、名人が作り上げた逸品、創作に登場する万能の道具……。古今東西の神話・伝承・民話・宗教から610の「不思議な力を持ったモノ」を紹介。総索引の他に、品目別、地域・出典別の索引も掲載。

東洋神名事典　DICTIONARY OF DEITIES AND DEVINES
山北篤 監修
本体2600円　A5判　639頁　ISBN4-7753-0123-3

好評既刊『西洋神名事典』の姉妹編。インド・中国・日本を中心に、中央アジア・東南アジア・モンゴル・韓国・環太平洋などを対象として、それぞれの神話、伝承、民俗および宗教から主項目744、神名録1800余の神々を紹介。アジアの大地と島々には無数の神々が今も息づいている。